KB235069

# 언론개혁 어떻게 했나?

즐거운지식 34

지역언론개혁의 현장, 그곳으로 출동한다!

# 언론개혁 어떻게 했나?

| 박동명 지음

이담 Books

지역사회에서 언론이 차지하는 영역은 참으로 대단하다. 여론형성 기능을 비롯하여, 정치적 비판기능, 주요의제를 형성하는 역할 등 그 중요성을 재론할 여지가 없다. 특히 참여민주주의를 실천하는 데 있어서 언론이 차지하는 부분은 놀라울 정도다. 그래서 풀뿌리 민주주의가 시작되어 지역의 중요성이 더욱 커지고 있으며 지방자치가 정착하기 위해서는 지역언론이 활성화되어야 한다. 그럼에도 불구하고 지역언론은 경영상 어려운 문제에 봉착하여 있으며, 광고 수주가 어렵고, 일부 언론사주의 언론관이 흔들려서 기자들이 사주의 눈치를 보거나 '모기업의 방패막이'로 전락한 경우도 있다.

저자는 난립된 지역언론이 건강한 모습을 갖고 생명력을 유지할 수 있도록 하기 위하여 민주언론운동의 중요성을 인식하게 되었다. 그리하여 언론개혁의 최대 분수령이라고 할 수 있는 2000년대 전반에, 왜곡된 지역언론의 여러 모습을 시정하기 위해 1인 시위, 계도지 예산철폐를 위한 버스투어 등 각종 언론개혁운동에 동참하였다.

저자의 활동이 언론개혁을 이룩하는 데 아주 작은 힘이었지만, 시민·언론개혁단체·언론노조·공무원직장협의회 등이 함께 힘을 합쳐 당시 산적한 문제였던 지방자치단체 계도지의 예산폐지, 지방자치단체의 기자실을 브리핑룸으로 전환하는 등의 성과를 이루어

내기도 하였다.

그리하여 광주전남지역의 언론개혁운동은 민주화의 흐름과 그 맥을 같이하여, 노무현 정권을 창출하는 데 일정한 영향을 끼치기도 했던 것이 사실이지만, 여기서는 특정 정권의 창출이라는 데에 초점을 맞추기보다는 시민들의 자발적인 노력이 밝고 정의로운 사회를 만들어 가는 데 어떤 역할을 했으며, 언론개혁운동을 어떻게 전개했는지에 대해 역점을 두려고 한다. 난립한 신문사 중 몇몇 신문사는 존립 자체가 위태로워 생존을 위해 몸부림쳤고, 극히 일부는 기자완장을 차고 각종 이권에 개입하는 광경을 보며 개혁을 외쳤던 모습을 전한다.

이러한 격동과정에서 언론개혁운동이 활발하게 전개되었던 호남지역, 특히 광주·전남지역의 민주언론운동의 단면을 살펴보는 것은 매우 의미가 있으리라 생각한다. 저자가 시민단체운동가로서 '미디어비평'을 할 수 있었던 기회를 가진 것은 커다란 의미와 기쁨이었으며, 약 3년간(2001. 4～2004. 2)에 걸쳐 방송한 내용을 중심으로 본서를 기술하게 되었다.

제1부에서는 PBC광주평화방송 <함께하는 세상, 오늘> 시사정보 프로그램에 언론개혁광주시민연대 '위원장' 자격(민언련 '의장' 자격 포함)으로 출연하여, 2001년 4월부터 2003년 4월까지 2년간에 걸친 방송내용을 정리하였다.

제2부에서는 CBS광주방송 <CBS 매거진> 프로그램에 광주전남민주언론시민연합 '의장' 자격으로 출연하여, 2003년 5월부터 2004년 2월까지 10개월간 주 1회 대담형식으로 방송한 내용을 서술하였다.

본서를 기술함에 있어서는 객관성과 중립성을 생명으로 하는 언론이 오히려 지역감정을 조장하는 형태, 갈등 부풀리기와 언론사의 자사이기주의, 모 기업의 방패막이로 전락한 형태, 고사 직전으로 내몰린 언론사의 살아남기의 모습 등을 생생하게 담으려고 노력하였다.

결국 특정 신문사가 폐간되고, 신생 언론사가 출현하는 등 거듭된 진화과정을 지켜보며 정리한 본서는 현재의 언론운동의 흐름을 되돌아보는 중요한 계기가 될 것이며, 최근 미디어법의 개정에 따른 여러 가지 논란을 재조명하는 데 작은 역할을 할 수 있으리라 생각한다.


본서를 출간하면서 저자의 방송에 진행과 제작을 맡아 주셨던 CBS광주방송, PBC광주평화방송 여러분께 감사를 드린다(이하 당시 직위임). CBS광주방송 유영혁 보도제작국장님, 조충남 PD님께 진심으로 감사드리고, 광주평화방송 김중광 본부장님, 박승호 차장님, 도철 기자님, 이창섭 기자님, 양복순 PD님, 양종열 PD님 또한 고마움을 잊을 수 없다.

그리고 광주전남지역의 언론활동을 주도하시면서 많은 지도를 해 주신 지남철 교수님(조선대)을 비롯하여, 류한호 교수님(광주대), 임동욱 교수님(광주대), 김덕모 교수님(호남대)을 비롯한 언론개혁 단체를 이끄시는 교수님들께 머리 숙여 감사드리며 현장 운동가들에게도 박수를 보낸다. 또한 한국학술정보(주) 채종준 대표이사님을 비롯한 관계자 여러분께도 감사를 드린다.

마지막으로 하나님의 사랑과 기쁨이 이 책을 접하는 여러분과 함께하시길 기원한다.

2010. 1.
저자 박동명

# 제1부

# 위기는 곧 기회다

광주평화방송(PBC 광주99.9Mhz 여수99.5Mhz)의 〈함께하는 세상, 오늘〉(시사정보프로그램)에서 방송한 내용이다.

진행은 시기별로 김중광 본부장, 박승호 차장(보도제작국), 노절 기사 등이었고, 제작은 양복순 PD, 양종열 PD가 함께 하였으며, 저자가 언론개혁광주시민연대 신문방송위원장 자격으로 참여하여 2년간 생방송한 내용을 정리한 것이다.


* 주) 언론개혁광주시민연대(약칭 언개연)는 YMCA 등 광주지역 시민단체들이 연대하여 만든 단체로서 지남철 상임대표(조선대 교수)를 비롯하여, 류한호 공동대표 겸 운영위원장(광주대 교수), 문병훈 집행위원장, 박동명 신문방송위원장, 염정호 사무처장 등이 활동하였다.

<table><tr><td>제1장</td><td>모기업을 보호하라</td></tr></table>

## 제1절 〈시민의 소리〉 편집권을 침해했나

**1. 요즘 광주지역신문계에서는 주간신문인 〈시민의 소리〉에 대한 얘기가 많습니다. 광주일보사가 〈시민의 소리〉의 편집권을 침해했다고 하는데 자초지종이 어떻습니까?**

☞ 기사를 작성한 기자는 물론 편집인, 편집장도 모르는 상태에서 기사가 다른 기사로 대체된 사태가 발생했습니다. 이것은 '타 신문사 기사'에 자신들 신문사의 자본잠식 기사가 포함되어 있기 때문에, 그 신문을 "인쇄해 줄 수 없다."고 하면서 문제가 되었습니다.

자세히 살펴보면, 4월 18일자 <시민의 소리> 1면에 보도될 예정이었던 '광주일보, 전남일보 완전 자본잠식' 관련 기사가 인쇄과정에서 삭제되고, 다른 기사로 대체되어 인쇄된 것입니다.

앞으로 자세한 것은 시민단체 차원에서 그 일련의 과정을 조사해 보아야겠지만, 4월 18일 새벽에 <시민의 소리> 신문을 광주일보사에서 인쇄하고 있었는데, 광주일보의 윤전팀이 자신의 회사(광주일보)의 재산 상태가 '바닥'이라는 기사를 발견하고, 이 기사가 활자화될 경우 자사에 부정적인 영향이 있을 것으로 판단한 모양입니다.

그래서 인쇄를 중단하고 <시민의 소리> 측과 실랑이가 벌어졌다는 것입니다.

이 과정에서 광주일보의 수뇌부와 <시민의 소리> 신문의 광고와 영업을 맡고 있는 '광주 교차로'(대표 김창훈, 시민의 소리 인쇄인)가 관여한 걸로 알려지고 있습니다.[1]

## 2. 두 신문사의 재정상황이 구체적으로 어떻다는 것입니까?

☞ 지역 대부분의 신문사가 그렇듯이 <광주일보>와 <전남일보>의 재무상태가 극도로 악화되고 있는데요. 이것은 금융감독원에 제출(3월 10일)된 위 양 사의 2000년도 외부감사보고서에서 밝혀지고 있습니다.

광주일보는 지난해 당기 영업 손실 및 당기 순손실(과소 계상된 감가상각비 및 퇴직급여 포함)이 각각 28억 2천만 원과 41억 3천4백만 원에 이르고 있다는 거예요.

특히 유동부채가 유동자산을 무려 138억 원이나 초과하고 있으며, 이대로 가면 자본이 완전 잠식될 것 같다는 겁니다.

## 3. 언론단체에서 성명을 내고 시위도 하고 있지요?

☞ 그렇습니다. 신문개혁국민행동 광주전남본부는 4월 19일 '시민의 소리 사태에 대한 우리의 의견'이라는 제목으로 성명을 냈습니다. 그리고 어제(4월 20일) 열린 집행위원회에서는 23일 오전 10시에 '광주일보사'를 항의 방문하기로 했고, 오후(2~4시)에는 전일빌딩 앞에서 항의 집회를 갖기로 결정했습니다.

---

1) 〈시민의 소리〉는 '(사)시민의 소리(이사장 문순태)'가 제작권을, 편집위원회가 편집권을 갖고 있음. 그러나 제작비를 대는 곳은 생활정보지인 〈광주 교차로(대표이사 김창훈)〉이다.

## 4. 시민의 소리 내부적으로는 이 문제에 대해서 어떤 입장입니까?

☞ 내부적으로 진상조사를 하고 있는 것으로 알려지고 있는데요. <광주 교차로>의 대표이사 김창훈 씨의 '독자적인 결정'으로 문제의 기사가 삭제되고, 다른 기사로 대체되었다고 해서, 편집진들에게 사과한 것으로 전해지고 있습니다.

그런데 여기서 우리가 알 수 있는 것은, '지역신문의 현실'인데요. 지역에서 오래되고 거대한 자본을 가진 신문사가 자본이 침식될 정도로, 지역신문이 어렵다는 것이고요. 또 신생신문사의 편집권 침해가 문제가 되는 것입니다.

(2001 - 04 - 21 방송)

# 제2절 사실 확인도 없이 기사를 쓰나

## 1. 오늘은 어떤 얘기를 해 주시겠습니까?

☞ 오늘은 ① 최근 광주매일 여수시청 출입기자(부장) 김 모 기자(46)가 사표를 낸 것과 관련해서, 여수지역 시민사회단체가 '언론과 기자정신을 심각하게 훼손한 사태'로 규정하고 있다는 내용, ② '(주)캐리어 본사 이전 검토' 제하(무등일보 1일자, 8면)의 3단 기사가, 확인취재도 않고 '흘러나온' 사실을 기사화해서 사실성과 객관성이 결여되었다는 내용, ③ 계도지 예산과 관련된 내용으로, 광산구 공무원직장협의회가 '신문 구독부수 줄이기 운동'을 벌이고 있다는 내용입니다.

## 2. 먼저 광주매일 여수 주재기자가 사표를 내게 된 내용은 무엇입니까

☞ 아시다시피, 광주매일의 모기업이 금광기업(주)인데요, 이 금광기업이 공사수주와 관련해서, 특정 공사를 낙찰받지 못했습니다. 그래서 여수 주재기자에게 (여수시의 특혜의혹에 대한) "비판기사를 써라"고 했고, 이를 거부하자, 본사에서는 주재기자에게 '밀린 지대'(본사가 주재기자에게 매일 내려 보내는 신문의 대금)를 내라고 요구했으며, 이 과정에서 사표를 썼다는 것입니다.

이 일은 금광기업(주)이 자신들의 이권을 위해서 신문사(광주매일)를 동원하였고, 신문사는 해당 지역 주재기자에게 일정한 역할을 요구했다는 점에서 문제가 있다고 생각합니다.

여수지역 시민단체에서도 여수주재 신문기자 사표제출사건을 언론개혁, 신문개혁운동의 계기로 삼아야 한다고 주장하고 있습니다.

## 3. 그리고 무등일보가 지난 1일 주식회사 캐리어에 대한 기사를 확인하지 않고 썼다는 얘기는 무엇입니까?

☞ 무등일보 1일자 18면(사회 2면)에 게재된 '(주)캐리어 본사 이전 검토' 제하의 3단 기사로 '하청노조 공장 점거 장기화'란 부제까지 곁들여 '캐리어가 본사 이전을 검토하고 있다'는 민감한 내용이 실려 있습니다.

이 기사에는 몇 가지 문제가 있다고 생각합니다.

첫째, 구체적인 취재원이나 근거를 제시하지 못하고 있어요. 상식적으로 제목이 '(주)캐리어 본사 이전 검토'라고 되어 있지만, 본문에는 누가 검토를 한다는 것인지 얘기가 전혀 나와 있지 않습니다.

둘째, 논리상의 모순이 드러나 있습니다. 기사의 본문 중간 이하에서, (주)캐리어 관계자가 "공장 이전 등을 검토하고 있는 것이 아니며, 와전된 것 같다."며, "이 소식을 전해들은 광주시가 대책회의를 가졌다."고 표현하고 있어서, (주)캐리어 관계자가 공장 이전을 검토하고 있지 않고 있다고 하는데, 광주시가 대책회의를 가졌다는 것은 논리 전개상의 모순이 현격하게 드러나고 있어요.

셋째, 기사 제목을 처리하는 데 커다란 실수를 한 것 같습니다. 확인되지도 않은 기사를 실으면서, 단정적으로 표현하고 있어요. 즉, 제목에 " "를 붙이지 않고 마치 사실이 확인된 것처럼 표현하고 있는 것은 문제라고 봅니다.

마지막으로, 제가 어제 이 문제의 기사를 쓴 기자와 통화로 확인한 결과, 해당 기사가 사실성에 바탕을 두고 작성되었는지에 대한 명확한 답변을 하지 못했습니다.

### 4. 근거 없는 보도를 해서 캐리어 하청노조원들을 자극했다는 것입니까

☞ '원청 노조원'들의 위기감을 조장할 목적으로 제작 살포된 것 같다는 의혹이 제기되고 있어요. 이해를 돕기 위하여, 잠깐 사실관계를 말씀드리자면, 본래 노사갈등으로 인한 노동쟁의는 '노사' 간의 분쟁으로 야기되는데요. (주)캐리어의 경우는 특수한 경우입니다. 즉 원청 노조원과 하청 노조원들 간의 '노노' 갈등이라고 할 수 있어요.

여기에는 (주)캐리어의 사측, 원청 노측, 하청업체의 노측 등 세 개 축이 존재합니다.

그래서 매우 복잡한 양상을 띠고 있는데요. 이것을 좀 더 정리하면, ① 확인 취재도 않고 흘러나온 사실을 무등일보가 기사화했고, ② (주)캐리어 원청 노조원들이 '캐리어 본사 이전검토' 기사를 보고, 만약 회사가 다른 곳으로 이전된다면, 자기들의 대량실직 내지는 생존에 위협을 느낀 것이지요. 그래서 원청 노조원들이 자극을 받았고, (주)캐리어 하청노조원들에 대한 강제진압에 상당한 영향을 미쳤다고 보는 겁니다.

**5. 광주시 광산구 공무원 직장협의회가 신문구독 부수를 줄이는 운동을 벌이고 있다면서요? 좀 더 자세히 소개해 주시겠습니까?**

☞ 우리 지역에 신문이 난립되어, 구독하기 싫은 신문까지 봐야 하고, 또 심지어는 주민홍보지 예산으로 지역신문을 먹여 살린다는 말이 나올 정도입니다. 그래서 광산구의 이러한 활동이 주목을 받는데요.

광산구의 경우에는, 주민홍보지(계도용 신문) 예산의 경우 광주광역시 5개 자치구 중 가장 많은 7천212만 원(남구의 3배 이상)이 책정되어 구민들의 혈세가 신문사와 주재기자의 호주머니로 들어가고 있으며, 구청에서 각 부서별로 구독하고 있는 신문도 타 자치구에 비해 월등히 많습니다.

동구, 남구, 북구의 경우 각 부서별(실·과·소별) 평균 1~2부 정도인데 광산구의 경우 중앙지 3.5부, 지방지는 무려 22부에 이르고 있고, 그 예산도 8천191만 원이나 됩니다.

광산구 공무원 직장협의회가 '신문 구독부수 줄이기 운동'을 시작하면서 중앙지 109부를 40부로, 지방지 717부를 122부로 줄여 지난달 30일 각 신문 지국에 신청한 바 있다고 합니다. 광산구 공무원들의 신문부수 줄이기 운동, 주재기자제도 폐지운동 등은 신문개혁 차원에서 이해할 수 있습니다.

(2001 − 05 − 05 방송)

## 제3절 계도지 예산을 추경예산에 또 편성하다

### 1. 오늘 말씀해 주실 내용을 먼저 간추려 주시겠습니까?

☞ 먼저, 요즘 이슈가 되고 있는 계도지를 예산 추가 편성한 영광군의회와 집행부의 시대착오적인 발상에 대한 것, 광주시 광산구 직장협의회의 주재기자 폐지운동 사례, 그리고 버스를 타고 전남지역을 순회하면서 언론개혁운동을 벌이려는 계획에 대한 내용입니다.

### 2. 먼저 계도지 예산에 대하여 알아보겠습니다. 영광군이 계도지 예산을 추경예산에 또 편성했다면서요?

☞ 네, 영광군은 16일부터 23일까지 열리는 추경에 1천280만 원의 계도지 예산을 추가로 편성했습니다. 본 예산에서 1억 2천840만 원(중앙지 100부, 지방지 1천 부, 지역신문 300부)을 전액 승인한 뒤 새로 창간한 호남일보와 호남매일 2개 신문사분 각각 100부씩에 대한 구독료를 추가로 편성해 놓고 있습니다.

문제는 다른 자치단체들(여수시, 순천시, 광양시, 화순군)은 계도지 예산을 삭감하고 있는데, 유독 영광군에서만 추경예산으로 계도지 예산을 편성하고 있다는 겁니다. 이것은 시대의 흐름에 역행하는 발상이라고 할 수 있는 것이지요.

### 3. 언론단체나 시민단체 대표들이 영광군을 방문해서 항의했다고 들었습니다. 어떻게 된 일입니까?

☞ 지난(5월) 16일에 신문개혁국민행동 광주전남본부 임동욱 본부장을 비롯한 시민단체 대표들이 영광군의 계도지(시책홍보용 신

문구독료) 추경예산 편성과 관련하여 영광군의회, 영광군청을 항의 방문하였습니다. 그래서 영광군의 계도지 추경예산 편성에 관한 1천280만 원을 즉각 삭감할 것을 주장하였습니다

**4. 영광군의회 입장은 어떤 것입니까? 부정적이지요. 이를테면, 군의회 의장(강종만)이 의원들과 상의해 보겠다는 정도의 답변뿐이죠. 예산 심의를 의회에서 하게 되는데 말이죠?**

☞ 영광군의회가 추가경정예산을 심의할 권한이 있습니다. 저희(신문개혁국민행동)는 영광군의회가 심의하는 추경예산 심의를 지켜보고, 앞으로 항의 집회도 열고 강력히 대응할 것입니다.

**5. 김봉열 영광군수는 "누군가 고양이 목에 방울을 달면 최선을 다하겠다."고 말했다는데, 영광군은 계도지 예산을 추가하는 것을 달갑지 않게 생각하는 것 같습니다. 어떻습니까?**

☞ 김 군수는 "지금까지 계도용 신문이 관행적으로 구독되고, 예산이 편성되고 집행되었다."는 답변을 했는데요. 그래서 '관행'을 강조하고 있고, 민선지방자치단체장이니만큼, 상당히 '수혜자들의 입장'을 고려하고 있는 것 같습니다. 그래서 '누군가가 고양이 목에 방울을 달아 주라.'는 의미겠죠? 아마 우리 시민들이나 시민단체들이 나서 준다면, 내년(2002년) 계도지 예산을 폐지할 수도 있다는 얘기로도 이해할 수 있습니다.

6. 영광군 전체 예산 가운데 계도지 예산이 상당한 것으로 압니다. 중앙지, 지방지, 지역신문 합쳐서 1억 2천4백만 원을 책정했다는데, 이번에 호남매일과 호남일보를 위해서 또 예산을 책정하려는 것 아닙니까?

☞ 그렇습니다. 영광군은 양 신문사에 각각 6백만 원씩 1천2백만 원의 계도지 예산을 추가로 편성했습니다. 이것은 본예산에서 1억 2천840만 원(중앙지 100부, 지방지 1천부, 지역신문 300부)을 전액 승인해 놓고도, 새로 창간한 호남일보와 호남매일 2개 신문사를 위해서 각각 100부씩에 대한 구독료를 추가 책정하려는 것이지요.

7. 1억 2천4백만 원이면, 영광군 전체 예산의 몇 %입니까?

☞ 올해 영광군 전체 예산은 1천4백3십7억여 원이니깐, 약 0.1% 정도 됩니다. 그런데 주민들의 혈세인 지방세만을 놓고 비교해 본다면, 올해 영광군에서 거두어들일 지방세 수입은 약 110억 7천여만 원이니깐, 지방세의 1%가 넘는 액수가 되겠네요. 이것은 영광군의 열악한 지방재정자립도 16%를 감안해 볼 때, 결코 적은 돈이 아닐 것입니다.

8. 광주시 광산구 직장협의회는 주재기자를 폐지하자고 했다면서요? 어떻게 된 얘깁니까?

☞ 아시다시피 광주시에는 다섯 개의 구청이 있는데, 이 다섯 개 구 가운데 유일하게 주재기자제도를 두고 있습니다. 광주시에 편입된 지가 오래되었는데도, 과거(편입 이전에는 '광산군청'임)에 설치해 놓았던 주재기자제도를 그대로 두고 있는 겁니다.

이 주재기자제도는 여러 시민단체에서 거론되고 있듯이, 여러 문제점이 노출되고 있지요.

광산구 공무원 직장협의회가 최근(10일) 회원들을 대상으로 실시한 설문조사에서도 주재기자의 △공사이권개입 △인사개입 △기자접대에 따른 예산낭비 △신문사 관련 책자 강제구독 요구 △업무개입에 따른 직원위화감 조성 등을 지적하고 있어요.

**9. 다음으로 언론 관련단체들이 버스를 타고 전남지역을 순회하면서 신문개혁운동을 한다고 하셨지요? 언제 어떻게 하는지 소개해 주시겠습니까?**

☞ 언론개혁운동을 특색 있게 버스를 타고 전개할 예정입니다. 이번 8월 6일부터 11일까지 모두 6일간으로 전남 22개 시군을 여행할 예정입니다.

운동단체에는 노래팀과 풍물패 등도 함께 하는데요. 영광, 장성, 담양, 곡성, 구례 등 전남 전역을 돌면서, 언론개혁의 필요성을 주민들을 만나 직접 홍보하고, 각 지방자치단체를 방문해서 계도지 예산이 편성되지 않도록 촉구할 것입니다.

(2001 - 05 - 19 방송)

# 제4절 방송국장과 언론교수의 격론

1. 먼저 광주전남 언론학회 학술심포지엄 소식을 전해 주시겠습니까?
   이번 주 화요일, 그러니까 29일 전남대에서 열렸지요? 어떤 얘기들
   이 나왔습니까?

☞ 이날 김성재(조선대학교 신문방송학과 교수) 등 세 명이, 각각 계도지 문제, 지역 공영방송의 취재시스템의 문제점, 광주지역 언론인들의 직업의식에 대한 조사 내용에 대해 얘기가 있었습니다.

이것을 좀 구체적으로 살펴보면, 최근에 문제 되고 있는 계도지의 역기능의 문제, 계도지가 '관언유착'의 연결고리가 된다는 주장이 나왔습니다. 즉, 자치단체는 예산을 배정해 계도지를 사 주고, 신문사는 반대급부로 그들의 비리를 은폐하거나 업적을 과대 포장해 준다는 것입니다. 그래서 세금이 낭비된다는 겁니다.

또, 김성재 교수는 <KBS광주 '광주전남패트롤(2001년 3월 6일 방영) – 광주여대, 무엇이 문제인가?'> 사례를 중심으로 발표하면서, 공영방송의 취재시스템이 편파보도와 사실이 왜곡되었다고 주장했습니다. 그리고 우리 지역언론인들의 임금 및 근로조건들이 매우 열악하다는 것에 대한 지적도 나왔습니다.

2. 조선대 신방과 김성재 교수와 토론자로 참석한 KBS 광주방송총국
   김종일 보도국장이 격론을 벌였다고 하셨는데 어떤 얘기를 한 것입
   니까?

☞ 김 교수의 주제발표에 대하여, 김종일 보도국장(KBS광주방송) 은 반론을 제기했는데요.

먼저, 학술발표회에서 자신이 속한 방송사의 프로그램이 도마에 오른 점에 대해 매우 불쾌한 감정을 표출했지요. 학술발표회의 제목으로서는 특정의 방송사 프로그램만 대상이 되어, 객관적이지 못하고, KBS광주방송이 '패트롤' 하나를 가지고, 방송의 모든 부분이 평가되는 것을 매우 경계했습니다.

또, 발표자인 김 교수가 공영방송의 공익침해와 편파보도를 보고 시청자들이 취해야 할 태도로 여러 가지를 지적하였습니다. 이를테면, 시청료 거부운동, KBS 광주 총국장 및 보도국장 퇴진운동, 주 업무 시간대에 KBS광주 편성 및 제작국에 항의 전화운동, KBS 본사 사장에게 항의 편지 보내기 운동 등을 주장했어요.

이에 대해, 김종일 국장은 시청자들이 벌이는 운동들이 상식적으로 납득이 안 되는 사항들로 나열되어 있다고 하면서, 합법적인 절차에 의하여 언론중재위원회에 재소할 것을 주장하였습니다.

### 3. 광주일보 기자가 발표한 내용이 관심을 끌었는데 어떤 내용인지 소개해 주시겠습니까?

☞ 광주전남지역 기자들은 월급이 적고, 기자생활보다는 다른 직장으로 옮겨서 새로운 직업에 종사하고 싶다는 의견들이 많은 것으로 발표(김옥렬 기자)되었고, 가장 중요하게 생각하는 것은 '보수'였습니다. 근무시간도 주당 57.58시간이어서, 노동법상 주당 44시간의 법정근로시간과는 거리가 매우 멀다고 했습니다.

특히, 눈에 띄는 것은 전체 응답자의 67.4%가 자신이 속한 신문사에서 '광고 등 각종 영업활동을 강요받았다.'는 것입니다.

4. 또 광주전남기자협회에서 기자협회에 가입한 신문사와 방송사 기자
들을 대상으로 조사한 결과를 발표했지요? 이른바 언론백서라고 하
는데 어떤 내용이었습니까?

☞ 지난해 11월부터 2월 7일까지 광주시 소재 12개 신문·방송
사 기자 138명을 대상으로, 전남대언론홍보연구소가 분석을 맡았습
니다(표집오차는 95% 신뢰수준에서 오차범위는 ±8.34%).

이 조사항목은 지역언론사 중에서 "언론기능에 충실한 언론사"
를 방송사와 신문사 구별 없이 각각 3개씩을 복수 응답하게 해 통
계를 낸 것으로 전체 200개(신문사 110, 방송사 90) 응답 중에서
KBS가 46.3%(38명)로 가장 높았고, 이어 광주일보 37.8%(31명),
광주타임스 26.8%(22명), MBC 24.4%(20명)로 나타났다는 겁니다.

그래서 각 신문사별로 반응이 엇갈려서, '언론기능 충실도' 순위
에서 1위, 2위에 해당하는 신문사는 1면·사회면에 그 내용을 크
게 보도하고, 나머지 순위가 낮은 해당 신문사들은 문제가 있다면
서 기자협회에 항의하는 소동이 벌어졌습니다.

5. 논란이 됐던 대목은 무엇입니까?

☞ 첫째는 '언론기능 충실도'는 공개하고, '언론기능 불충실도'가
공개되지 않았다는 것이고, 둘째는 이번 조사의(95%신뢰수준에서)
오차범위는 ±8.34%이라는 논란이 있어요.

('언론기능 충실'과 관련) 1위와 2위와의 차이는 오차범위를 고려
할 경우 불과 3% 포인트. 이 밖에 아래 순위 신문사들 간 격차는
모두 오차범위 안에 있게 되어, 순위를 매기기 힘들다는 것이죠.

한마디로 말해서, 순위를 매기기가 어려운 대목이 있는데, '언론

기능 충실도'가 공개되어 언론기관 상호 간에 상처가 되었다는 것입니다.

(2001 - 06 - 02 방송)

## 제5절 신문사가 제작한 연감판매, 강제성 있나

**1. 먼저 오늘 말씀해 주실 내용을 간단히 설명해 주시죠.**

☞ 오늘은 ① 호남신문과 목포시청 공무원들 간의 보도기사를 둘러싼 갈등문제, ② 신문에 게재된 외부칼럼에 대해 필자의 아무런 동의 없이 사과문을 게재한 '광주전남 내일신문' 파문문제, ③ 지역신문사들의 임금 공동교섭 소식, ④ 신문사에서 제작한 '연감'을 사실상 강매와 관련된 광산구직장협의회의 대응에 대하여 알아보겠습니다.

**2. 네, 그럼 순서대로 알아보죠. 호남신문과 목포시청 공무원들 간의 갈등이 있다고 말씀해 주셨는데요. 어떤 일이 있었는지 설명해 주시겠습니까?**

☞ 호남신문 목포주재기자가 작성한 기사를 놓고, 양쪽의 주장이 팽팽하게 맞서 있습니다.

신문사 쪽에서는 '언론자유 침해'다, 다른 한쪽(목포시청 직원들)에서는 목포주재기자의 청탁(해외배낭여행)을 들어주지 않으니까 보복성기사를 작성한 것이라고 주장하고 있습니다.

문제의 기사는 호남신문 6월 1일자 지역 면에 보도된 "옥수수

북한 보내기 '배보다 배꼽'"이라는 제목의 기사인데요, '북한 옥수수 보내기' 사업이 구체적인 계획 없이 이뤄져 '뜬구름 잡기식 행정'이라는 비난이 일고 있다는 등의 내용입니다.

여기에는 광주·전남기자협회에서도 성명을 내어, '국민의 알 권리 침해'라고 호남신문 쪽을 두둔하고 있지만, 이와 관련해서는 좀 더 객관적이고 중립적인 기관에서 조사가 이루어져야 할 것으로 생각됩니다.

**3. 주간 신문인 광주전남 내일신문의 외부칼럼이 문제가 되자, 필자의 동의도 없이 내일신문이 '사과문'을 게재해 논란이 있다고 했는데요, 어떤 내용인지요.**

☞ 내일신문(6월 5일자)에 게재된 외부인 칼럼에서, 광주시장을 빗대어 쓴 '허수아비'와 '우물 안 개구리'로 비유를 한 부분이 문제가 되자, 필자(김영집 참여자치연구소장)의 아무런 동의도 없이 '내일신문 광주전남본부' 명의로 '사과문'(6월 12일자)을 게재했습니다.

보통 신문의 외부칼럼이 '필자 개인의 의견'이라는 것은 이미 잘 알려진 사실이고, 이를 명확히 하기 위해서 "본지 편집방향과 일치하지 않을 수도 있습니다."라고 문구를 넣기도 합니다.

그런데 내일신문이 필자의 동의도 없이 외부칼럼에 대해 언론사가 자의적으로 '사과문'을 게재한 것은, 언론기관이 취할 태도와는 거리가 멀었다고 생각합니다.

제 생각에는, 칼럼을 쓴 필자에게 반론권을 주고, 토론과 논쟁을 유도했더라면, 좀 더 성숙한 언론의 모습이 될 수 있었을 것이라는 생각이 듭니다.

**4. 지역신문사 사상 첫 공동 임금교섭이 추진되고 있다는데, 주축은 어디고 사업주 측의 반응은, 그리고 앞으로의 전망은 어떻습니까?**

☞ 이 지역신문사의 근무조건이 매우 열악하다는 사실을 여기서도 지적한 바 있습니다.

기자들이 근로조건의 향상, 특히 임금향상을 위해서 공동으로 임금을 교섭하기 위하여 모였습니다(지난 13일 낮 12시 광주역 광장에서 열린 '언론개혁 쟁취를 위한 6월총력투쟁 및 공동임단협승리를 위한 출정식').

임금 공동교섭에 참가하는 신문사는 언론노조 소속인 광주일보(위원장 유재관)와 전남일보(김중태), 광주매일(신동일) 등 3개 신문사인데요. '공동교섭단'은 이들 3개사 외에 4명이 더 추가되어 7명으로 구성되어, 공동으로 임금교섭을 벌이게 됩니다.

공동 임금교섭 소식에 지역언론계에서는 무척 고무되어 있는 상황이고, 실제적으로 같은 회사 내에서 경영자와 감정적으로 직접 부딪칠 필요가 없기 때문에, 개별 회사 내에서 교섭하는 것보다 훨씬 유리할 것으로 짐작됩니다.

반면에 회사 측에서는 긴장할 것으로 생각됩니다. 왜냐하면, 언론노조 공동교섭단이 제시하는 임금이, 전국적인 임금수준으로 제시될 것이기 때문입니다. 열악한 재정구조를 가진 이 지역신문사주들의 대응이 주목됩니다.

**5. 광산구 직장협의회와 광주매일신문 간의 연감구입과 관련하여, 연감이란 무엇입니까? 강제성이 있었는지요?**

☞ 연감이란, 1년 동안에 일어난 사회 전반의 모든 사항에 대해

주요 자료·통계 등을 요약 정리하여 활용할 수 있도록 해마다 간행하는 정기간행물인데요.

그런데 문제가 된 광주매일의 연감은, 대부분 기사와 사진자료로 편집되어 있는데요. 컬러 520쪽 분량(가격은 15만 원)인데, 전체 분량의 절반 이상이 130여 개 자치단체와 기관 소개문, 광고 등이 주 내용이어서 '뉴스연감이 아닌 기관 홍보지' 성격이 매우 짙습니다.

광주매일의 직접적인 강제는 없었지만, 아직 언론사의 눈치를 볼 수밖에 없는 공무원들의 현실을 잘 말해 주는 예라고 할 수 있습니다.

그런데 광산구 직장협의회에서 "광매 연감 구입 맙시다."라는 홍보와 함께, 반납운동을 펼치고 있어서 주목이 됩니다.

(2001 − 06 − 23  방송)


## 제6절 왕따 사건, 소설을 쓴다


### 1. 먼저 오늘 말씀해 주실 내용을 간단히 설명해 주시겠습니까?

☞ 오늘은 ① 전남매일신문의 광주시내 모 중학교 '왕따 사건' 보도, ② 시민의 소리의 삼성 홈플러스 보도, ③ 광주매일·전남일보·광주일보 산별교섭 상황, ④ 무등일보의 호남인물연감 발행 소식 등입니다.

### 2. 먼저 '왕따 사건'은 어떤 것이고 어떤 문제가 있었습니까?

☞ 왕따, 집단따돌림을 당한 학생에 대한 사건이, 신문에 선정적으로 보도되었는데요. 해당 학교 학생들이, 신문기사가 잘못되었다

고 사이버시위를 벌이면서 파문이 확대되고 있습니다.

광주시 광산구 첨단지역 Y(월계)중학교에 재학 중인 A 양(여학생)이, 같은 반 친구들로부터 욕설과 따돌림을 당했다는 것인데요, 이 학생 학부모가 학교에서 담임교사에게 항의하는 과정에서 학생들에게 험담을 했고, 교사와 학부모 사이에 폭행이 일어났고요.

학교 내에서 교사가 학생들의 화해를 주선하고, 이런 과정에서 신문에 사실이 확인이 안 된 내용을 보도해 문제가 커지고 있습니다.

문제가 된 신문 기사는, 전남매일 6월 30일자 15면에 있는 "학교 가기, 죽기보다 싫다"라는 제하의 기사에서, '왕따를 당한 이 여학생(A 양)이 두 번이나 학교 옥상에서 자살을 기도했다.'는 것으로 보도했습니다.

그러나 교사들의 주장에 의하면, "학교 옥상은 잠겨 올라갈 수 없고, 옥상으로 올라가려면 교무실에서 열쇠를 가지고 가야 한다는 것"입니다.

이것을 종합해 보면, 결국 기자가 현장 확인이나 사실에 근거하지 않은 기사를 작성했다는 의미인데요. 이렇게 사실에 근거하지 않고 기사를 작성하는 것은 커다란 문제일 것입니다.

### 3. 시민의 소리에서 보도했던 삼성 홈플러스 관련 기사는 어떤 내용입니까?

☞ 신문이 행정의 일관성 없는 정책을 비판한 내용입니다.

즉, 시민의 소리 6월 27일자 2면 '광주시가 삼성에 시유지 안 파는 이유'란 제하의 기사에서, 삼성 홈플러스 주월점 입점을 둘러싸고, 광주시가 행정의 합리성과 일관성을 갖지 못하고 있다고 지적하고 있습니다.

광주시는 교통영향심의 과정에서 홈플러스 입주는 안 된다는 결정을 내렸습니다. 홈플러스 부지는 동아병원 앞의 건너편 네거리에 위치하려고 했던 대형할인점 부지인데요. 이 부지는 72년부터 터미널부지로 묶여 있다가 지난 98년 폐지되면서 상업용지로 전환한 경우입니다.

이 부지 내에는 '기역' 자 형태의 작은 길이 두 개 있습니다. 이 작은 길이 시 소유의 도로(시유지 2필지 577평)입니다. 그런데 교통영향심의위원회가 두 차례 열렸는데, 1차(3월 24일) 때에는 시유지가 있는 것 자체를 모르고, 교통개선 대책을 세우라고 하면서 입점할 수 있도록 의결하려고 했는데, 2차(지난 8일) 때에 시유지가 있는 걸로 알고 심의대상이 되지 않는다는 결정(즉 할인점 신축불가결정)을 내린 것입니다.

### 4. (시민의 소리 기사에 대한) 광주시의 입장은 무엇이고 결국 어떻게 된다는 것입니까?

☞ 이 기사에 대해, 비공식적인 비판을 하고 있습니다. 이것은 광주시의 공식적인 반론은 아니고, 광주시청의 공무원 개인의견 형식으로 기고를 했습니다(광주시 관계자, 6월 29일, "홈플러스 기사, 나는 이렇게 생각한다.").

기사에 대한 반론 내용을 보면,

첫째, '내년 선거의식 이례적인 결정', '행정일관성 상실' 비판 제기라는 제목이 있는데, 얼핏 기사제목만 읽은 독자들은 삼성 홈플러스 주월점에 대한 광주시의 조치가 선거만을 의식한 잘못된 결정으로 생각하기 쉽다는 것이라고 주장하고 있고,

둘째, 교통 혼잡이 문제라면 '홈플러스와 협상'을 통해 할인점의

규모를 줄여야 한다는 대목에 대하여, 특정회사의 입장을 비호하는 듯한 보도를 한 것이라고 하고 있습니다.

이렇게 신문사의 보도에 대해 비판하고 있고, 또 시청관계자가 대응하는 것은 이례적이라고 생각합니다.

### 5. 광주일보와 전남일보, 광주매일의 산별교섭상황은 현재 어떻게 되고 있습니까?

☞ 전국언론노동조합은 전남일보, 광주매일, 광주일보 등 3개 신문사에 대한 산별교섭에 들어갔습니다. 공동교섭에 들어가기 때문에, 언론노조에서 개별 회사의 입장을 고려하여 단체교섭을 벌이고 있습니다.

5일에 광주일보, 광주매일, 6일에 전남일보의 산별교섭이 있었어요. 그런데 광주일보에서는 5일에 임단협 상견례를 가졌고, 사측에서 18일 사측 임단협안을 내놓기로 하였습니다.

전남일보의 경우는 2차 교섭에 들어갔는데, 어제(6일) 결렬되었다는 소식을 들었습니다.

광주매일의 경우는 교섭에 들어가, 사측이 제시한 임단협안을 긍정적으로 평가하고 있는 것으로 알려졌습니다. 이것을 좀 살펴보면, 사측이 제시한 '전년도 총액대비 5% 인상안'이 제시되고 있고, 이것이 실시될 경우 광주매일 10년차 기자의 연봉이 100여만 원 인상되는 효과를 가져올 것이라고 합니다.

임단협 교섭은 앞으로 개별 신문사의 여건에 따라, 계속될 것으로 보입니다.

## 6. 무등일보가 대대적으로 홍보하면서 펴낸 호남인물연감은 어떤 것입니까?

☞ 지난번에는 광주매일의 연감판매와 관련된 문제를 전해 드렸는데, 오늘은 무등일보의 호남인물연감과 관련된 내용입니다.

그런데 이 연감의 '인물 선정에 대한 객관적 평가기준'이랄지, '내용의 불충실성'이 문제가 되고 있어요.

무등일보가 발간한 호남인물연감은 "호남 출신으로 정치·경제·사법·행정·교육·예술계 등 사회 각 분야에서 활발히 활동하고 있는 인사들을 총망라했다."고 소개하고 있는데요(가격은 12만 원으로), 4×6배판 크기에 1천5백여 페이지 분량, 등재된 인물은 6천여 명입니다.

신문사에서 발행되는 연감이니만큼 사회적인 공신력을 갖출 수 있도록 등재된 사람들의 일정한 기준이 있어야 할 것입니다. 그런데 그런 게 부족하다는 생각이 듭니다.

예를 들면, 실제 연감에는 기초의원은 등재되어 있는데, 기획예산처 장관은 빠져 있는 경우가 있고요, '호남 출신'이라는 근본기준에 맞지 않게 경남 출신이 등재돼 있기도 합니다.

사회적 평가도 없이 특정인을 실어 놓고, 그 사람들에게 판매하는 것은 다분히 장삿속이 엿보인다고 할 것입니다.

(2001 − 07 − 07 방송)

## 제7절 모기업을 보호하라

1. 오늘 말씀해 주실 내용은 광주지하철 공사와 시도통합에 대한 보도 내용입니다. 또 신문개혁국민행동의 릴레이 시위와 협상이 진행되고 있는 임단협 소식과 지역신문사에 대한 세무조사에 대한 얘깁니다. 먼저 광주지하철 공사에 대한 얘기부터 하지요. 광주일보와 광주매일의 보도 내용이 차이가 있었다면서요? 실제 어떻게 달랐습니까?

☞ 지하철 공사 진행에 대한 양쪽의 기사가 하루 간격으로 보도된 내용이 서로 정반대로 나왔습니다.

광주일보(지난 5일자)는 "광주지하철 개통보류·공기연장 검토, 공사비 없고 수백억 운영적자 예상"이라고 1면 머리기사로 보도했어요. 그러나 다음 날(6일) 광주매일 1면 기사는 정반대로 나왔습니다. "지하철 공사 차질 없이 진행, 광주시 '1호선 1구간 2003년 말 완공 확실시'"라는 큰 제목으로 뽑았어요.

2. 왜 그럴까요?

☞ '자사 이기주의' 때문이라고 봅니다.

즉, 광주매일의 입장을 보면, 광주매일의 모기업으로 있는 금광기업이, 지하철공사에 참여하고 있기 때문에, 그 기업을 보호하려는 '자사 이기주의'가 드러나고 있습니다.

자사에 불리한 내용이 타(광주일보)에 보도되자, 뉴스 밸류를 가장 크게 판단하여 1면 머리기사로 취급하고 있는 겁니다.

광주일보 기사 역시 보도기사의 정확성에 문제가 있었다고 생각해요. 기사가 보도되기 전날, 광주시가 출입기자들과 함께 지하철 공구를 직접 시찰하고, 관계자의 설명을 듣고 기사를 작성했을 것인데, 유독 광주일보만이 "지하철 개통보류 검토"라고 기사를 쓰고 있지요.

### 3. 독자입장에서는 상당히 혼란스러운데 문제점이라면 무엇일까요?

☞ 최근 가뜩이나 신문에 대한 공정성과 객관성이 문제가 되고 있는데, 이런 상반된 보도가 나온다면, 신문을 구독하는 독자입장에서 신문에 대한 불신이 더욱 증폭될 것입니다.

### 4. 광주시의 입장은 공사를 계속한다는 것이었지요?

☞ 광주시는 예정대로 개통할 것이라고 합니다.

광주지하철 1호선 1구간이 오는 2003년 말 완공되고, 2구간이 2007년 말까지 차질 없이 진행된다고 합니다.

### 5. 시도통합(도청 이전 반대 및 시·도 통합추진)에 대한 보도가 3일 전부터, 1면 머리기사로 등장하고 있습니다. 신문사마다 보도하는 시각이 다릅니까? 어떻습니까?

☞ 크게 도청 이전 '반대'와 '찬성', '신중', '의혹' 그리고 도지사와 광역시장의 발언에 대해 "무책임한 선거용 발언"이라는 등 여러 가지 시각이 있습니다.

도청 이전 반대(및 시도통합을 추진하고) 시각을 드러내고 있는 신문사는 '광주일보', '광주매일'로 집약되고 있습니다.

광주일보는, <광주·전남 통합 재추진>(1면, 2001. 7. 19.), <의회 동의·주민투표 절차 밟을 듯>(3면, 2001. 7. 20.), <예산·재정·인사 등 불이익 없게 '시도 통합 특별법' 추진>(1면, 2001. 7. 20.), <'지역발전차원서 추진해야'>(3면, 2001. 7. 20.), <사설 −

‘시·도 통합의 새 전기로’>(2001. 7. 20.) 등 제목을 ‘시도 통합’ 쪽으로 하여 기사와 사설을 싣고 있습니다.

광주매일도 <사설-시·도 통합원칙 환영한다.>(2001. 7. 20.)를 통해 통합에 찬성하고 있습니다.

그렇지만 대부분의 신문은 ‘의혹’의 시각을 나타내고 있어요.

전남매일, 2001. 07. 21. <누구 맘대로…쿠데타적 발상-통합합의 반발 확산->

전남매일, 2001. 07. 20. <사설-간단치 않은 시·도 통합>

전남매일, 2001. 07. 20. <도청 이전사업 중단은 있을 수 없는 일>

전남매일, 2001. 07. 20. <시도통합 말잔치공산 크다>

호남신문, 2001. 07. 20. <사설-도지사 쇼 하지 마라>

광주타임스, 2001. 07. 20. <사설-지역민 우롱하는 소모적 논쟁>

광주타임스, 2001. 07. 20. <시·도지사 지역민 혼란, 파문 확산 시, 도지사 지역민 혼란만 부추겨> 등의 사설과 기사가 있습니다.

그런데 여기에서 문제가 되는 것은 ‘자사의 이익’을 크게 고려하고 있는 신문이 있다는 겁니다. 아시다시피, 전남도청 이전 문제는 93년(김영삼 전 대통령이 현 도청자리에 5·18 기념공원을 조성하기 위해 전남도청을 이전한다는) 담화를 발표하면서 촉발되었지요.

그때부터, 도청 앞에 큰 빌딩을 가지고 있는, 광주일보는 끈질기게 도청 이전을 ‘반대’하고 있어요. 그 이유는 ‘도심공동화의 위기’라는 것인데, 시민들이나 다른 언론들의 보도 태도와는 사뭇 차이가 있음을 알 수 있습니다.

언론이 ‘자사의 이익’을 떠나서, 시민들의 의견 형성기능을 충실하게 수행해야 할 것입니다.

6. 신문개혁국민행동에서 지금도 1인 릴레이 시위를 벌이고 있지요?
   지금은 어떻습니까?

☞ 신문개혁국민행동 광주전남본부에서, 언론사주를 구속하라며,
광주지방검찰청 앞에서, 낮 12시부터 1시까지, 1시간 동안 시위를
합니다.

7월 11일부터 시작되어 계속되고 있는데요. 특히 어제(20일)는
제가 '집행위원장' 자격으로 피켓을 목에 걸고 시위를 했는데요.
검찰청과 법원직원들의 반응이 상당했고, 어떤 대학생은 "아저씨
힘내세요."라고 하면서 음료를 건네는 사람도 있었어요.

7. 1인 릴레이 시위는 언제까지 합니까?

☞ 일단은 8월 3일까지는 계속될 예정이고, 그 이후에도 시위성과
와 비리 언론사주의 구속 여부에 대한 추이를 지켜보면서, 소기의 목
적을 달성하기 위해 참여단체 대표급으로 해서 계속 이어갈 것입니다.

8. 지역신문사에 대해서 국세청이 세무조사를 한다는 얘기가 시민의
   소리에 보도된 적이 있는데… 안정남 국세청장과의 인터뷰 기사에
   서 그렇게 나왔습니다. 이 소식도 전해 주실까요?

☞ 지방언론사에 대해서도 날짜는 결정되지 않았지만, 연내에 세
무조사를 하겠다는 겁니다. 안정남 국세청장이 한나라당 의원들의
방문을 받고 이같이 세무조사의 필요성을 강조했습니다.

이 지역 시민단체에서도 이런 부분에 대하여 환영하고 있고요. 모든
시민들이 납득할 수 있도록 조사다운 조사가 이루어지면 좋겠습니다.

(2001 - 07 - 21 방송)

<table><tr><td>제2장</td><td>개혁을 위해 떠난 버스투어</td></tr></table>

## 제8절 신문개혁을 위한 버스투어

1. 오늘 얘기해 주실 내용은 이렇습니다.

   광주일보가 최근 며칠 사이에 하나의 주제를 상반되게 보도한 내용과 광주 언론사 세무조사에 대한 얘기, 또 신문개혁을 위한 언론단체들의 버스투어 소식, 그리고 영호남지역언론노조가 마련한 토론회 소식입니다.

   먼저 광주일보가 최근에 보도했던 '콜 밴'에 대한 것부터 알아보겠습니다. 두 차례 보도됐었지요? 어떤 내용입니까?

☞ 콜 밴 화물운송차와 관련된 기사인데요, 광주일보 7월 20일(금)자는 '콜 밴, 불법영업 극성'이라는 제목으로, 콜 밴이 '호객행위로 인해 교통 혼잡'을 유발하고 '승객 보험처리 안 돼 사고 땐 피해가 우려'된다는 내용의 기사를 실었어요.

그런데 광주일보 7월 25일(수)에는 '콜 밴, 소형화물운송 틈새 공략'이라는 기사가 실렸습니다. "6인승 밴형 화물차인 콜 밴이 다양한 장점으로 소형화물 운송시장의 틈새를 적극 공략하면서 이용객들의 호응을 얻고 있다.", 또 "콜 밴은 종합보험에 가입되어 있어 안전하다."라는 내용의 기사를 다루었습니다.

똑같은 사실의 내용이 5일 후에는 정반대의 논조를 보이고 있는데요. 언론이 '줏대'가 있었으면 좋겠습니다.

2. 첫 번째 보도에서는 부정적인 측면에서 다뤘고 나중에는 '틈새공략'
   이라며 약간 긍정적으로 다뤘는데 왜 이렇게 방향이 바뀌었을까요?

☞ 그 이유는 첫째는 사실 취재 없이 기사를 작성한 때문이고, 둘째는 사실과 다른 보도를 했을 때 어물쩍 넘어가려는 잘못된 습관 때문이라고 볼 수 있겠는데요.

똑같은 사실을 가지고, 5일 간격으로 전혀 다른 기사로 둔갑시킨 것은 독자를 완전히 우롱하고 있다고 생각해요. 첫 번째(20일자) 기사가 잘못 보도되었다면, 자신들의 잘못된 보도내용을 인정하고, 또 정중하게 사과하고, 잘못된 부분에 대해 '정정보도'를 내는 자세가 있어야 했던 겁니다.

그러나 두 번째(25일자) 기사에서, 이전 보도를 전면 부인하고, 전혀 다른 기사를 내보내는 것은 책임 있는 언론기관에서 취할 태도가 못 된다고 생각합니다.

3. 현재 언론사 사주들에 대해서 검찰이 수사를 하고 있습니다. 어제도
   동아일보 전 명예회장이 검찰에 나가 조사를 받았는데 광주 언론사
   에 대한 세무조사 소식도 있지요? 어떻습니까?

☞ 안정남 국세청장이 "지방언론사에 대해서도 중앙언론사에 준해 예외 없이 조치할 것이며 현재 준비 중이다.", 또 "최근 5년 동안 조사받지 않은 지방언론사 가운데 대상을 선별, 연내에 세무조사를 실시할 방침이다."고 말해 왔습니다.[2] 그래서 광주지역의 언

---

2) 한나라당 언론자유수호비상대책특위(위원장 박관용·朴寬用)와 언론국정조사 준비특위는 7월 16일 국세청을 방문해 안정남(安正男) 청장을 상대로 언론사 세무조사에 대한 현장조사를 벌였다. 안 국세청장은 답변을 통해 "… 지방언론사에 대해서도 날짜가 결정되지 않았지만 연내에 세무조사를 실시할 계획"이라고 밝혔다. 동아일보 및 조선일보 2001. 7. 17. 참조.

론사들이 긴장하고 있어요.

그 시기는 세무당국에서는 '연내'라고 밝히고 있기 때문에, 광주지역언론사에 대한 세무조사 착수시점은 대략 10월이나 11월쯤이 되지 않겠나 하는 예측이 나오고 있어요.

이것은 중앙언론사 사주의 사법처리로 사실상 중앙언론사 세무조사가 마무리되고 있기 때문입니다.

### 4. 모든 신문사에 대해서 하는 것일까요?

☞ 일단 광주지방국세청에서는 세무조사의 구체적인 내용에 대해서는 언급을 자제하고 있습니다. 그래서 확실하게 답변할 수 있는 성질은 아니지만, 광주지방국세청 조사 1, 2국 직원 150여 명이 투입되어 2~3개월 진행된다고 할 때는, 전 언론사가 포함될 가능성이 많은 것으로 보고 있습니다.

### 5. 세무조사를 하게 되면 광주의 신문업계가 재편되는 것이 아니냐는 얘기도 나오고 있는데 언론단체에서는 어떻게 전망하고 있습니까?

☞ 언론개혁단체에서, 세무조사 후 신문업계의 재편을 과학적으로 조사 분석한 자료는 없습니다. 그렇지만 세무조사와 관계없이, 광주지역 주요 신문사들의 재무구조는 지난 97년을 전후로 급격히 악화되고 있는 것으로 알려져 있어요. 그래서 광주지역신문들에 대한 강도 높은 구조조정이 필요하다고 생각해요.

재무구조를 획기적으로 개선하지 못하는 신문사는 경영파탄을 맞이할 것이고, 살아남기 위한 재편이나 통합이 이루어질 걸로 봅니다. 완전통합이 어려우면, 예컨대 인쇄나 판매 등 부분적 통합 또는 특성화 통합이 이루어지리라 생각합니다.

6. 다음으로 버스투어에 대해서 알아보겠습니다.

   언론단체들이 신문개혁을 하자면서 전남지역 22개 시와 군을 순회
   하셨지요? 언제 끝납니까?

   ☞ 오늘 나주와 화순을 마지막으로 끝나게 되고, 오후 2시경에
해단식을 하게 됩니다.

7. 성과가 큰 것으로 알고 있습니다. 어떻습니까?

   ☞ 네, 저도 버스투어에 일정기간 참여를 했었는데요. 가는 곳곳
마다 주민들과 시민단체들의 큰 호응을 받았습니다.

   전국에서 최초로 계도지 예산 철폐 운동과, 조선·중앙·동아일
보 거부를 촉구하는 버스투어였다는 데 의의가 있습니다.

   장흥과 나주군이 내년에 계도지 예산을 전액 철폐하겠다고 약속
했으며, 다른 시와 군도 적극적으로 검토하겠다고 말하는 등 신문
개혁에 공감했어요. 많은 성과를 거둔 투어였다고 봅니다.

8. 평가회를 언제 갖게 됩니까?

   ☞ 일단, 버스투어단이 오늘 오후 2시에 돌아오면, 그동안의 활동
을 정리하여, 1주일 후에 '버스투어 관련 보고서'가 작성될 겁니다.

9. 영·호남지역언론노조가 토론회 소식을 전해 주실까요?

   어떤 토론회였습니까?

   ☞ 전국언론노조(위원장 최문순)가 지난 26일 광주 북구 문화의
집에서 '위기의 지방신문, 대안은 없는가'라는 주제로 토론회를 열
었어요.

송정민(전남대) 교수와 황용석(언론재단) 연구위원이, 각각 '광주
지역신문의 위기와 대처방안', '지역신문의 위기와 시민저널리즘'
등의 발제를 맡았고, 여러 토론이 있었어요.

광주지역이 다른 지역에 비해 유난히 지방신문사가 많다는 점(10
개), 'IMF관리체제' 이후 신문사 경영이 어려워졌는데 신문사가 더
생겨났다는 사실, 그리고 신문사 또는 그 모기업이 부도 처리되었
음에도 신문 발행은 중단되지 않았다는 점 등 세 가지 점에서 신문
시장의 왜곡을 가져왔다고 지적되었습니다.

## 10. 어떤 의미가 있다고 보십니까?

☞ 우리 광주지역신문의 위기가 심각하고, 이 위기에 적극적으로
대처해야 한다는 논의를 했다는 점, 그것도 언론노동조합 차원에서
시도되고 있다는 점에 의미를 부여할 수 있습니다.

그리고 이 자리에서 극복할 수 있는 몇 가지 대처방안이 제시되
었지요.

첫째, 광주지역신문들에 대한 구조조정이 필요하다.

둘째, 신문의 판매를 투명하게 함으로써 부조리를 통해 존립해
온 신문들을 제거해야 한다.

셋째, 신문사들 간의 통합을 고려해 볼 필요가 있다.

넷째, 신문의 정체성을 확실하게 세워야 한다.

다섯째, 독자들의 감시 기능의 강화가 필요하다. 등인데요.

참석자의 대부분은 이 방안에 공감하는 분위기였습니다.

(2001 - 08 - 11 방송)

제9절 섬진강, 어린이 참사사고

**1. 최근에 일어났던 섬진강 어린이 참사사고는 우리에게 충격적이었습니다. 지역신문사들도 며칠 동안 주요 기사로 보도를 했는데 보도 내용이 어땠습니까? 전체적으로 보도 흐름을 평가해 주실까요?**

☞ 15일에 섬진강 어린이 참사사고가 발생해서 오늘까지 열흘이 흘렀는데요.

사실 확인 없이 일방적인 진술에 의존하여 기사를 작성하거나, 형평성, 객관성 보도에 문제들이 있었습니다.

시간의 흐름에 따라 그 문제점을 살펴보면, 사고 다음 날인 16일과 17일의 기사 내용 중 몇 가지 쟁점 "모래 채취로 수심이 깊었다. 아이들이 후송된 하동병원에 주최 측의 관계자가 보이지 않았다." 등에 대해서 '사실 확인'을 거치지 않은 보도 내용이 있었어요.

18일 보도부터는 형평성을 잃은 부분이 있었습니다. '유족'과 'YMCA'의 두 당사자 중에서, 주로 한쪽(YMCA)에 대해 집중포화가 쏟아졌습니다. 주로 유족들의 진술에 크게 의존하는 보도 태도를 보여 주고 있습니다.

대형사건일수록 균형 있는 보도가 중요한데요. 이번 경우에는 그런 모습은 찾아볼 수 없었습니다.

20일에는 참다못한 'YMCA'가 기자회견을 열고, 신문사의 보도 내용 중 사실과 다른 점이 있다고 하면서, 시민들이 잘못 알고 있는 부분을 알리려고 노력했어요.

이에 대해서, 어떤 신문(광주타임스)의 경우는, "광주 YMCA가 밝힌 반박문 내용 중 상당수가 사실과 다르다.", "참사에 대한 반성 대신에 책임회피에만 급급하다."는 등의 보도를 하고 있습니다.

일단, 숨진 어린이 네 명의 합동 영결식이 21일 치러지면서, 외형적으로는 일단락되었지만, 신문보도의 공정성 시비와 관련해서 후유증이 생길 것으로 생각됩니다.

**2. 그런데 광주YMCA에서는 신문보도 내용이 사실과 다른 점이 있었다고 이의를 제기했는데 어떤 내용입니까?**

☞ 주로 사실관계와 관련 있는 16일과 17일 보도내용에 관한 것인데요.

몇 가지만 살펴보겠습니다.

－보도내용: 김범수(고 김태오 군 아버지) 씨는 "섬진강은 모래채취로 인해 수심이 깊어…."

＊사실(YMCA의 주장): 당일(8월 15일) 행사장은 모래채취를 하지 않은 장소임.

－보도내용: 행사를 진행하기 위해 단체들이 구명조끼를 갖춰 놓고도 아이들에게 나눠 주지 않아….

＊사실: 점심식사 후 구명조끼를 나누어 주고 있었음.

－보도내용: "아이를 찾아 달라"는 방송요청을 수차례 했으나 주최 측은 사적인 방송을 할 수 없다고 함.

＊사실: 펜팔교류자를 찾는 방송요청을 거절한 적은 있으나, 아이 찾는 방송요구를 거절한 적은 없음.

－보도내용: 주최 측은 어린이들에 대한 어떠한 주의 조치 없이 행사를 강행한 것으로 알려졌다.

＊사실: 주의 조치를 함. 지도자 배치 계도 방송을 통해 안전을 당부함.

등과 관련한 내용입니다.

## 3. 언개연(이하 '언론개혁광주시민연대'라 함)에서는 이 점을 어떻게 평가하십니까?

☞ 슬픔을 당한 '유족'과 'YMCA' 양쪽의 이해 당사자 사이에, 신문이 보도의 '균형성'이나 '형평성'을 잃은 보도였다고 생각해요. 한쪽의 진술에 의존하여 보도하는 자세를 취하여 상당부분이 객관성을 상실했고, 또 사고경위에 대한 사실 확인보도가 부족했다고 생각해요.

도덕적 책임이 있기 때문에, 제대로 목소리를 내지 못했던 쪽(YMCA)의 의견도 참작되었어야 했어요. 특히, 언론 보도와 관련해서 '쟁점'이 된 부분에 대해서는 보다 세밀한 조사가 이루어져야 할 겁니다. 이것만이 어린 영령들의 죽음을 헛되이 하지 않고, 고통을 당한 유가족이나 YMCA 모두가 원하는 길이라고 생각합니다.

그래서 시민들에게 잘못 알려진 부분이 있다면 바로 알려져야 하고, 시민들도 당연히 '알 권리'가 있는 것입니다. 사실이 조금이라도 왜곡되어서는 안 되고, 특히 일부에서 제기하는 음해적인 부분이 있었다면 그런 부분은 바로잡아야 한다고 생각합니다.

## 4. 전남일보가 본인의 허락도 없이 칼럼 집필자를 일방적으로 정해서 물의를 빚었지요? 어떤 내용입니까?

☞ 전남일보가 새로운 칼럼 집필자를 구성하면서, 언론개혁광주시민연대 상임대표(지남철)를 일방적으로 선정해서, 몹시 불쾌하고 정신적으로 피해를 입었다는 겁니다.

문제는 전남일보가 본인에게 사전에 동의를 얻지 않고, 자기 신문사 '광고'로 냈어요. 또 이 문제는 단순히 여기서 끝나질 않고, 시민단체들 사이에 불신이나 갈등이 조장될 수 있었던 것입니다.

언론개혁시민단체가 전남일보에 대해서, 작년에 총선 불공정보도와 관련해서 투쟁을 벌인 적이 있기 때문에, 아마 작년에 전남일보를 공격했던 시민단체 관계자를 힘들게 하려는 의도가 있었던 것 같습니다.

## 5. 언개연에서는 어떻게 대처하셨습니까?

☞ 언론개혁광주시민연대는 전남일보의 일방적인 칼럼 집필자 선정에 대하여 엄중 항의한다는 '논평'을 냈습니다.

그래서 전남일보에 대해서 엄중한 자기반성을 촉구하고, 아울러 책임자 문책과 유사사태의 재발방지를 요구했고요. 계도지 신문 폐지운동에 적극 동참할 것을 촉구했습니다.

## 6. 광주지역 3개 신문사의 공동임금교섭은 지금 어떻게 되고 있습니까?

☞ 전국언론노동조합의(2001년 임금 및 단체협상 광주지역) 산별교섭단이 광주일보, 전남일보, 광주매일 등 3개 신문사와 산별교섭을 벌이고 있는 상황을 이미 방송을 통해 전해 드렸는데요. 역시 회사 측의 성의 없는 태도에 조합원들이 분노하고 있다는 겁니다.

언론노조 교섭단은 12%(민주노총 인상지침 12.7%) 인상안을 일괄 제시했으나, 세 개 신문사는 오히려 삭감안을 제시하고 있어요.

전남일보 사측의 경우, 전년 총액대비 무려 27%의 삭감안, 광주일보 사측은 24% 삭감안, 광주매일의 사측은 15% 정도의 삭감안을 주장하고 있어요.

지금도 지역신문기자들의 임금구조가 매우 열악하고, 이들 3개 신문사는 150%에서 200% 올해의 상여금을 체불하고 있는 상황입니다.
부디 성실한 임금교섭이 될 수 있기를 기대합니다.

**7. 광주시내 5개 구청이 계도지 예산을 전액 철폐한다고 들었습니다.
그렇습니까?**

☞ 신문개혁 버스투어단 면담에서 각 단체장이 약속을 하고 있
습니다.

22일 광주광역시 남구청장이 계도지 전액 철폐 약속을 했고요.
23일 북구와 동구 단체장 역시 계도지 예산 전액 철폐를 약속했습
니다. 광산구와 서구 단체장은 타 자치구와 보조를 맞춰 개선하도
록 하겠다고 밝히고 있어서 실질적으로 광주광역시 5개구에서는
2002년 계도지가 사라질 것으로 예상됩니다.

(2001 - 08 - 25 방송)


## 제10절 국정감사인가? 정파싸움인가

**1. 오는 10일 그러니까 다음 주 월요일부터 국정감사가 시작됩니다.
10일 행정자치위원회가 광주시에 대해서 국정감사를 벌입니다.
이것을 필두로 광주전남지역 행정기관에 대한 국정감사가 27일까지 계
속됩니다. 해마다 이 시기가 되면 언론사마다 국정감사 내용을 보도합
니다. 언개연에서는 국정감사 보도의 문제점은 무엇이라고 보십니까?**

☞ 한마디로 말씀드리자면, 광주지역의 대부분의 언론사들이 '전
라남도' 또는 '광주시'를 대변하는 듯한 인상을 지울 수가 없다는

겁니다.

예를 들면요.

첫째는, 언론사들은 허경만 도지사의 국정감사 참석 여부에 대해서, 도지사의 국정불참을 기정사실화하고, 불참이유에 대한 전라남도의 발표만을 보도하고 있었어요.

전라남도지사가 '어제', 국정감사 '불참'에서, 국정감사 '참석'으로 결정했지만, 그 발표 전까지는 도지사가 "국정감사에 성실하게 참석해야 한다."는 보도나 논조는 찾아볼 수가 없었지요.

둘째, 국회의 국정감사를, '여당'의 텃밭인 광주전남지역에 대한 '야당'의 공격으로 보는 시각이 문제라고 생각해요.

국정감사에서 정치성을 일체 배제할 수는 없지만, 언론마저도 국회의 행정부 '감시기능'을 단지, '정파 간의 견제' 시각으로 국정감사를 접근하는 것은, 올바른 보도 태도가 아니라고 생각해요.

## 2. 바람직한 보도방향은 무엇이라고 생각하십니까?

☞ 언론기관의 역할 중에는 정부나 지방자치단체를 감시하는 역할도 있다고 생각해요.

첫째, 이번 국정감사를 통해서, 전남 도정(道政)이나 광주 시정(市政)에 대한 '잘못된 행정' 또는 현재의 열악한 '상황'을 지역주민들에게, 사실 그대로 알려야 한다고 생각합니다.

둘째, '정치적인 사안'도 중요하겠지만, 국민생활과 직결되는 경제문제, '민생문제'에 대해서 관심을 갖고 보도해야 할 것입니다.

셋째, 도청 직장협의회가 국정감사에 대한 주장(국회가 '지방고유사무'까지 간섭하는 것은 부당하다랄지, 국회의 자료요

청이 지나치게 많고, 불필요하거나, 중복되는 것들이 많
다.)에 대해, 언론사들이 단순히 이 협의회의 주장을 대변
할 것이 아니라, 구체적으로 어떤 게 불필요하고, 중복된
것인지, 정확한 사례에 입각한 보도가 되어야 한다고 생각
해요.

### 3. 광주에 있는 동아병원이 무등일보에 대해서 거액의 손해배상 청구 소송을 냈다고 하던데 어쩌다 이렇게 된 것입니까?

☞ 손해보험협회는 잘못된 보도 자료를 언론사에 배포했고, 무등
일보는 이를 확인하지 않은 채 사실과 다른 내용을 그대로 내보냈
고, 이 때문에 동아병원의 명예와 이미지를 크게 훼손시켰다는 것
입니다. 그래서 '동아병원' 쪽에서, '손해보험협회와 무등일보'에 2
억 원대의 손해배상소송을 제기했습니다.

문제의 기사는 "교통사고 '가짜 환자' 수두룩" 기사(무등일보, 4
월 12일자, 사회면)인데요. 결국, 손해보험협회는 동아병원의 교통
사고 부재환자율(당초 60%) 정정 자료(9.9%)를 다시 분석한 후, 정
정 자료를 다시 냈어요. 무등일보는 다음 날 지면에 정정 보도를
냈습니다. 그렇지만 동아병원에서 명예훼손에 대한 손해배상을 청
구했습니다.

### 4. 지금은 어떻게 됐습니까?

☞ 지금 여전히 소송이 진행되고 있는 중이지요.
일단 ① '손해보험협회'와 ② '무등일보' 두 군데 중에서,
① 손해보험협회는 명예훼손에 대한 소송 절차를 계속 진행할
것이 예상되고,

② 무등일보는 이미 언론정정 보도를 냈기 때문에, 취하가능성이 있습니다('조정'이나 '타협'이 이루어질 가능성이 많다고 생각해요.).

**5. 목포일보가 차기 목포시장에 나설 예상 후보들에 대해서 지지도를 조사해서 보도를 했다고 하던데 이 소식도 전해 주실까요?**

☞ 목포일보는, 지난달 27일, 내년 목포시장 선거 입후보 예상자에 대한 여론조사를 실시하여, 그 결과를 보도했는데요. 문제가 있는 조사란 겁니다.

① 조사기관이 애매해요. '바다 리서치'라는 기관을 제시하고 있는데요. 이게 실제 존재하는지의 여부가 불확실하다는 거죠.

② 조사내용도공직선거 및 선거부정방지법에 따른 선거 관련 여론조사보도 시 지켜야 할 기준에서 벗어난 것 같아요. 조사 의뢰자와 조사기관, 피조사자 선정방법, 표본의 크기, 조사지역 일시와 방법, 표본오차율, 무응답률, 질문내용 등 8가지 기준을 공표하도록 규정하고 있으나 이 같은 규정을 지키지 않았다는 것이고요.

③ 시민단체와 공동으로 했다고 했는데 이것도 문제가 있지요. 여론조사 보도 시에 "목포시민단체연대와 공동으로 여론조사를 의뢰했다."고 공표했는데, 그러나 목포시민단체연대는 "그런 적이 없다."라고 하고 있거든요. 결국 목포일보에서 시민단체의 명의를 도용한 겁니다.

결국 여론 조사결과의 신뢰성에 문제가 있다고 생각해요.

**6. 주재기자를 채용하면서 보증금을 받은 전광일보 사주에게 실형이 선고됐지요? 지금까지 과정을 소개해 주시겠습니까?**

☞ 언론개혁시민단체에서는, 그동안 '계도지 예산 철폐', '주재기

자 제도의 폐지'를 요구해 왔는데요. 결국, 주재기자를 채용하면서 보증금 명목으로 금품을 받은 언론사주(전광일보)에게, 실형(징역 1년 6월, 직업안정법 위반죄)이 선고됐습니다.

이 언론사주는 주재기자를 채용하면서 보증금 명목으로 모두 20명으로부터 1억 660만 원을 받은 혐의를 받고 있습니다. 언론개혁시민단체에서는, 이런 식으로 '기자'를 채용하는 행태에 대해 감시하고, 단호하게 대처할 것입니다.

### 7. 안정남 국세청장이 건설교통부 장관에 임명됐습니다.

그래서 항간에는 지방 언론사에 대한 세무조사가 이제 물 건너간 것이 아니냐는 얘기가 나오고 있습니다. 언개연에서는 어떻게 전망하고 있습니까?

☞ 어제, 안정남 건교부장관 입각 발표가 있었지요.

아마, 언론사 세무조사를 책임지고 밀어붙인 데 대한 '포상'의 성격이 짙다는 지적이 있는데요.

국세청장으로 있을 때, "지방언론사도 연내에 세무조사를 실시할 방침이다."고 밝혔고, 이미 검찰이 9월 4일에, 6개 언론사 법인과 사주 3명 등을 일괄 기소했기 때문에, 이젠 지방언론사에 대한 '세무조사' 순서가 되리라고 봅니다.

언개연에서는, 지방 언론사의 세무조사 여부를 예의주시하고 있고, 만일에 이번 개각으로 지방언론사의 세무조사가 유야무야된다면, 언론개혁시민단체에서는 결코 좌시하지 않을 겁니다.

(2001 – 09 – 08 방송)

## 제11절 미국언론만 중계하면 되는가

1. 미국에서 테러참사가 난 다음부터 지금까지 지역신문들도 날마다 대서특필하고 있습니다. 그런데 일부에서는 '지역신문에서조차 이렇게까지 매달릴 필요가 있는가'라는 지적도 있는데 언개연에서는 어떤 평가를 하셨습니까?

☞ 분명히 미국 대참사가 세계적인 뉴스이긴 합니다. 그런데 보도의 자세나 내용에 문제가 있다고 생각해요. 우리 지역의 일부 신문사에서 외국의 보도를 그대로 인용하거나, 베껴 쓰는 경우가 많습니다.

근데, 문제는 '외신'에 지나치게 의존하다 보니깐, 우리 지역 대부분의 신문사들이 자신들의 목소리를 내지 못하고, 미국의 시각인 '보복 전쟁'에만 초점을 맞춰서 객관적인 시각을 상실했다는 지적이 있어요.

언론이 균형감각을 가지고 보도를 해야 하는데요. 미국의 보복전쟁에 대한 강경한 주장도 보도를 하고, 반대 목소리에도 관심을 가져야 되는데, 이런 반대 목소리는 거의 드러나지 않고 있다는 겁니다. 보도에 한쪽 시각이 아닌, 좀 더 균형 잡힌 시각을 견지할 필요가 있다고 봅니다.

2. 또 너무 외신에 의존한 데다 일제히 전쟁분위기로 몰아가는 것 같
   았습니다. 이 점은 어떻게 봐야 할까요?


☞ 말씀하신 대로 외신에 너무 의존하다 보니깐 미국의 보복전
쟁 분위기가 여과 없이 전달되는 것 같습니다. 미국언론의 보도 태
도를 그대로 '중계'하고 있는 듯한 인상을 받게 됩니다.

미국의 테러참사에 대한, 아직 확실한 증거도 나오지 않았는데요
(정황증거는 있음). 그런데 이슬람 테러리스트 '오사마 빈 라덴'을
배후로 지목하고, 아프가니스탄에 대한 공격을 정당화하려는 시각
만 부각되는 것이 아닌가 하는 생각이 드네요.

언론이 이번 테러사건의 상황을 신속하게 전달하고, 국내에 미치
는 파장 등을 다루는 데는 성공했지만, 부시 행정부 출범 이후 대
외정책의 강경 기조 등 이번 사건의 원인과 배경을 짚는 데는 미흡
했던 것 같아요.

보다 신중한 보도 자세가 요청된다고 봅니다.


3. 일부 신문은 이른바 '가짜 특파원' 문제로 비판을 받고 있지요? 실
   상이 어떻습니까?


☞ 네, '일부' 신문사가 '미국 테러참사' 기사를 보도하면서, 저작
권문제가 제기될 수 있기 때문에, 가짜 특파원 문제가 나왔습니다.

보통 지방신문은 연합뉴스와 '기사전재계약'을 통해서, 연합뉴스
를 전재하는데요. 우리 지역의 일부 신문의 경우에, 자본구조가 열
악해서 '연합뉴스'와의 기사전재계약을 해지했습니다. 그렇다고 '외
신'을 그대로 베껴 쓰는 것은 '저작권' 침해라는 문제도 제기될 수
있는 겁니다. 그래서 편법으로 생각해 낸 것이, 이들 '특파원'이라

고 생각해요. 지역의 몇몇 신문은 특파원을 임명했습니다.[3]

문제는 이들 특파원이나 통신원들이, 전업 기자도 아니고, 직장인이나 유학생 신분인데, 테러참사 현장은 물론 백악관이나 국무성 등을 오고 가면서, 많은 기사를 작성할 수 있겠느냐는 논란이 있습니다.

이런 특파원이나 통신원이 일일이 기사를 쓰기는 어렵고, 이들의 이름을 걸고, 본사의 편집국에서 짜깁기를 한 것이 아니냐는 주장이 있고요, 또 한편에서는 외신 일부분만 약간 고쳐서 게재하는 것이 관행이라는 지적도 있습니다.

**4. 이러한 관행은 오래전부터 있었던 것 아닙니까?**

**그 신문사에서는 고육지책으로 한 것이라고 이해가 되지만, 지금도 그런다는 것은 아무래도 무리라는 생각이 듭니다. 그렇다면 어떤 방식이 바람직하겠습니까?**

☞ 가장 바람직한 방법이라면, '특별취재단'을 구성해서 파견하는 것입니다. 그래서 적정한 수의 자사 특파원을 확보하는 것이 최선책이라고 볼 수 있고요. 차선책으로, 연합뉴스와의 기사전재계약을 맺어서, 연합뉴스를 받아 게재할 수도 있습니다. 또 다른 방법으로는 지방 신문사들끼리 연합해서 특파원들을 구성하고, 이렇게 구성된 조직 내에서 역할을 분담하는 방법도 있겠습니다.

---

3) 호남신문은 특파원으로 호남신문사 사장의 장남을 위촉했고, 광주타임스는 미국에 유학 중인 것으로 알려진 최 모 씨를 특파원으로 등장시켰으며, 전남매일도 미주 통신원 최 모 씨를 등장시키고 있다.

5. 광주일보와 광주매일 노조가 다음 주부터 파업에 들어간다고 하던
   데 이 소식도 전해 주십시오.

☞ '광주일보'와 '광주매일' 노조는 19일 전체 노동조합원이 참
석한 가운데, 각각 비상총회를 갖고 파업 찬반 투표를 실시해서,
'파업'강행을 결의했다(투표결과 광주일보는 56 대 3이라는 93%의
높은 찬성률로, 광주매일은 37 대 14라는 73% 찬성률로 각각 파업
을 결의)는 소식입니다.

그래서 광주일보는 27일부터, 광주매일은 이르면 내일(23일)부터
파업에 들어갈 것 같습니다.

파업결의는 언론노조의 광주지역신문3사 임단협 공동교섭 결렬
이후, 9월 17일 전남지방노동위원회가 조정을 했지만, 노사 양측의
주장에 차이가 있어서 조정이 안 된 것 같습니다.

6. 광주지하철 공사현장에서 작업인부 한 명이 숨지는 사고가 났는데
   쉬쉬했다는 소문이 있더군요. 어떤 얘깁니까?

☞ 지하철공사장에서 작업하던 인부가 숨진 사고가 (17일)발생
했는데요, 사고가 난 공사구산은 '광주매일'의 모기업인 '금광기업'
이 총괄하고 있었던 곳입니다.

그래서 자사의 이미지 손상을 우려한 신문사 사장이 직접 다른
언론사에 전화를 걸어서, 언론에 보도되지 않도록 협조를 부탁했다
는 겁니다.

결국 이런 중요한 기사가, 지역신문 중에 일부(무등일보와 전남
매일)에만 보도되었던 겁니다(이 구간에서는 지난 3월 1일에도 작
업 인부 2명이 사망하는 사고가 있었는데요, 이때는 '광주매일'만

빼놓고, 대부분의 언론사가 기사로 처리한 적이 있음).

이러한 신문사의 형태 때문에, 일부 신문이 '모기업의 방패막이'로 전락했다는 비판을 받지 않나 하는 생각이 듭니다.

(2001 - 09 - 22 방송)


## 제12절 신문사가 파업했다

**1. 이용호 사건에는 광주전남지역 사람들이 많이 관련돼 있습니다. 지역언론사들은 이 사건을 어떻게 보도를 했습니까?**

☞ 이용호 씨가 이 지역 출신이고, 이 사건에 호남지역의 사람들이 연루되어 있다는, 야당의 일방적인 주장이, 기사에 많이 반영되어 있다고 생각합니다.

검찰의 수사가 진행 중인데, 야당(한나라당) 쪽에서 흘러나오는 많은 얘기들이 기사화되고 있어요. 즉, '야당'이 국정감사 과정에서 '의혹'을 제기하면, 언론이 이를 여과 없이 '보도'하는 형태가 진행되고 있어요.

이 씨가 M&A(기업인수합병), 주가조작이나 펀드운영을 통해 일부 인사들에게 돈을 건넸다는 것인데요. 그 로비대상이 주로 호남지역 출신에 집중되어 있다는 것입니다.

또한, 부풀리기 내지는 폭로성 기사가 눈에 많이 들어오고 있어요.

뿐만 아니라, 이러한 보도 가운데, 제목 기사부터가 '의혹'이라는 기사가 상당수 눈에 띄고 있어요. 예를 들면,

이용호 게이트 꼬리 무는 의혹(호남신문, 9. 23.)

금감원 이용호 봐주기 의혹(광주일보, 9. 28.)

이용호 자금 아태재단 유입 의혹(광주일보, 9. 26.)

이용호 씨 CB 정·관계 고위층 로비의혹(광주일보, 9. 21.)

이용호 씨 각계에 '구명로비' 의혹(무등일보, 9. 14.)

이렇게 일부 언론이 '정치적 의도'를 바탕에 깔고, '의혹'만으로 보도하고 있습니다.

**2. 그렇다면 문제점은 무엇이고, 개선방향은 무엇이라고 생각하십니까?**

☞ 앞서 말씀드린 대로, 일부 신문에서는 주요 지면에 '의혹'이라는 제목이 자주 등장하고 있는 것이 큰 문제라고 생각해요.

물론, '의혹'을 보도하지 말아야 한다는 것은 아니지만, 좀 더 신중할 필요가 있다는 것이죠. 또 '의혹'을 계속 부풀리기보다는, 사실을 파헤쳐서 보도하려는 태도를 지녀야 할 것입니다. 의혹도 최소한의 확인이나 판단절차를 거쳐야 할 것입니다.

**3. 광주매일이 파업에 들어가면서 신문제작을 중단했습니다.**
**그동안 파업을 했어도 신문은 나왔는데 이번 광주매일의 경우는 처음 있는 일입니다. 또 이틀 전부터 전남일보도 파입을 하고 있습니다. 그렇지만 신문은 나오고 있습니다. 이 소식을 자세히 전해 주실까요?**

☞ 광주매일은 지난달 26일부터 파업에 들어갔는데요. 그 다음 날인 지난 27일부터 계속 신문을 발행하지를 못하고 있어요.

전남일보도 추석 연휴 후 10월 4일부터 전면파업에 들어갔어요. 전남일보는 윤전부가 '전남산업'으로 분사되면서 이번 파업에 참여하지 않아, 20면으로 발행되는 지면을 16면으로 축소해서 발행하고 있어요. 현재는, 부장급 이상(간부급)의 비노조원으로 지면을 채우고 있지만, 언제까지 나오게 될지는 의문입니다.

## 4. 광주매일과 전남일보 노사 양측이, 앞으로 협상을 타결할 가능성은 어느 정도입니까?

☞ 어제(5일) 광주매일에서는 비조합원과 지역주재기자들이 참석한 사원총회를 열어서, 회사 쪽에서 '직장폐쇄'를 공표하고, 노동청과 전남지방노동위원회에 이미 신고한 것으로 전해지고 있어요.

그래서 제가 어제 확인을 해 보았는데요. 광주매일 노조에서는 다음 주 월요일(8일)에 '노조쟁의 대책위원'과 '사장'이 만나서, 대화를 하기로 되어 있습니다.

부디 노사 간에 서로 양보하여, 원만한 타협이 이루어지기를 기대해 봅니다.

## 5. 두 신문사 외에 다른 신문사의 경우는 어떻습니까?

☞ 임단협 협상을 벌였던 세 개(광주매일, 광주, 전남일보) 신문사 중에서, '광주일보'는 협상이 타결되었어요.

당초 지난 27일부터 파업에 들어갈 예정이었지만, 26일 오후 최종협상을 한 결과 '임금 동결'과 '회사 측 비전제시' 등 주요 2개 항에 합의가 된 것입니다.

그 외, '호남신문'의 경우에는 단체협상은 다음 주 수요일까지 마무리가 될 예정이고, 임금협상에 들어갈 예정이라고 밝히고 있고, 다른 신문사의 경우도 상황이 비슷하고, 또 일부 신문사(광주타임스, 무등일보)는 노조가 결성되지 않은 경우도 있습니다.

**6. 신문개혁운동은 지금 어떻게 진행되고 있습니까? 조 · 중 · 동에 대한 구독반대운동이 요즘은 시들해진 것 같은데, 어떻습니까?**

☞ 좀 느슨한 느낌이 있습니다.

그렇지만 신문개혁 국민행동 사업을 대중들에게 적극 홍보하기 위해서, 매주 금요일 캠페인을 벌이고 있어요. 매주 금요일('언론개혁의 날' 선포)에 유인물(10만 장)을 배포하고, 조선 · 중앙 · 동아일보의 언론왜곡 실태를 고발하는 전시판, 퍼포먼스, 어깨띠를 하고, 구독반대운동을 벌이고 있어요. 언론개혁을 위해서, 시민단체들이 힘을 모아야 할 것으로 생각됩니다.

(2001 – 10 – 06 방송)

## 제13절 미군의 공격, 부상자는 없다

**1. 미국이 테러를 당한 뒤에 그 보복으로, 아프가니스탄을 공격하고 있습니다.**
**이 내용을 지역신문들도 크게 보도하고 있는데, 전체적으로 보도 내용이 어떻습니까?**

☞ 전체적으로 미국 공습 첫날인 8일자에 카불이 공습받는 상황을 '불꽃놀이'로 묘사한 사진, 미국 전투기 발진과 미사일 발사 장면을 싣고 있습니다.

미국 전폭기들이, 지난 7일(현지시간) 공격 후, 오늘(20일) 현재 13일째 아프가니스탄을 초토화시키고 있고, 지금까지 수백 명(600

여 명)의 민간인이 희생되었지요.

그런데 전쟁에서 피해를 당한 '무고한 죽음'이나 '공격으로 인한 참혹한 현실'은 신문지면에서 찾아볼 수 없어요. '죽은 사람'이나 '피 흘리는 부상자들의 사진'은 찾아볼 수 없었습니다. 다음 날에도 대부분 전날과 마찬가지로 미군 전투기나 미사일 사진으로 메우고 있었습니다.

첨단무기에 의해 폭격받은 참혹한 전쟁모습을 전하는 언론의 역할은 부족했다고 봅니다.

**2. 언개연에서는 지역신문들의 이러한 보도 내용에 어떤 문제가 있다고 보십니까?**

☞ 첫째, 전쟁을 오락처럼 묘사하고 있는 것이 큰 문제라고 생각해요.

전쟁에는 군인들뿐만 아니라, 민간인들이 피해를 당하게 마련인데요. 우리 언론에서는 첨단무기들을 나열해 놓고 있고, 참혹한 전쟁장면을 거의 싣지 않고 있다는 겁니다.

둘째, 미국에 너무 기울어 있다(편향성)는 겁니다. 전쟁에 대한 반대 목소리를 거의 보도하지 않았다는 거예요.

셋째, 시민의 반응이나 여론조사보도가 없다는 겁니다. 큰 이슈가 생기면, 시민반응이나 여론조사를 보도하는 것이 보통인데요. 이번의 경우는 그런 모습이 거의 보이지 않는다는 거예요.

예외적으로, 물론 시·도민의 반응에서, 전쟁에 대한 반응이 아닌 '경제적인 악화에 대한 우려'의 목소릴 담긴 했어요. 무등일보 10월 9일자 "미, 아프간 공격 '보복테러의 악순환 서민 경제 악화

우려'" 등의 일부 기사만 눈에 들어옵니다.

넷째, 미국의 훌륭한 첨단 무기나, 첩보위성을 반복적으로 보도해서, 감각적인 흥미만을 자극하고 있어요.

그래서 신문보도가 매우 왜곡되어 있다는 것이 문제입니다.

**3. 이제는 지역신문계 소식을 전해 주시겠습니까? 광주매일 노조의 파업이 계속되고 있고 회사 측은 직장을 폐쇄했는데 지금 어떤 상태에 있습니까?**

☞ 직장폐쇄를 해서, 비노조원까지 출근을 못 하고 있습니다. 그렇지만 노조 사무실만 사용하고 있습니다. 오늘 현재, 파업 25일째를 맞이하고 있는데요, 여전히 노사가 대립양상을 보이고 있습니다.

그동안 사용자 측에서는 시민단체 관계자들을 초청해서 상황을 설명했고, 노조 측에서도 파업에 대한 경과보고를 통해 자신들의 주장을 설명하고 있습니다.

그런데 15일에 고경주 사장과 최문순 전국언론노동조합위원장이 독대를 했다고 하는데요. 이 자리에서 언론노조의 입장과 요구사항을 고경주 사장에게 전달 했고요, 노조 측에서는, 다음 주 월요일(22일)에 사측과 다시 접촉할 예정이라고 합니다.

**4. 사태가 좋아질까요? 언개연에서는 어떻게 전망하고 계십니까?**

☞ 지금은 누구도 예측할 수 없는 상황인데요.

일단은 노사 간의 접촉이 시도되고 있기 때문에 상황을 좀 더 지켜봐야 할 걸로 생각이 됩니다. 양측 모두 특단의 대책이 없는 한 어렵지 않겠나 하는 생각이 들어요.

특히, 파업을 주도한 노조 측에서는 이 파업을 언론개혁 차원에서 접근 하고 있습니다.

표면적으로는 '임금인상'을 내걸고 있지만, 사실적으로는 '편집권 독립' 등을 위한 것이라고 주장하고 있거든요. 그래서 파업의 이유 가 꼭 '경제적인 것'만이 아님을 분명히 해 두고 있습니다.

또 협상의 당사자인 회사 측에서도, 반성을 해야 한다고 생각해 요. 그동안 광주매일이라는 언론을 권력화해서, 모기업을 보호하는 '방패막이'로 사용했던 것을 반성해야 된다는 것이죠, 이것이 우리 언개연의 입장입니다.

### 5. 전국 보건의료노조가 지역신문사에 대해서 정정보도,[4] 중재신청을 했다고 하던데 어떤 내용입니까?

☞ 전국보건의료노조가 5개 언론사(KBS광주, 호남신문, 광주타 임스, 전남매일, 전남일보)의 보도내용을 문제 삼고, 언론중재위원 회 광주사무소에 (9월말) 중재신청을 했어요.

문제의 기사는 지역언론사에서 보도한 내용인데요. 노조간부가 파업불참 노조원에게 전화로 협박했다는 요지의 보도기사입니다.

호남신문 등은 지난 8월 28일자 보도를 통해 '노조파업에 참여 하지 않았다는 이유로 조합원의 집에 전화를 걸어 협박을 했던 40 대 여성 노조간부가 전화추적 끝에 한 달여 만에 꼬리가 잡혀 경찰 서행'을 했다는 기사입니다.

전국보건의료노조의 주장은 '파업에 참여하지 않은 것을 이유로 의료노조간부가 노조조합원을 전화로 협박을 했다는 보도'는 사실 과 다르고 합니다. 파업불참을 이유로 통화한 내용은 없었다는 것

---

4) 정정보도청구권이란, 언론기관의 잘못된 보도 때문에 피해를 받은 사람이나 그 대리인이 그 언 론기관에 정정보도를 청구할 수 있는 권리를 말한다.

이죠.

그 보도의 사실 여부는 차후로 밝혀지겠지만, 보도에는 사실관계의 확인이 반드시 뒤따라야 할 것입니다.

## 6. 요즘 신문개혁 운동은 어떻게 진행되고 있습니까?

☞ 광주에서는 매주 한 번씩 캠페인을 벌이고 있어요.

좀 더 효과를 거두기 위해서, 이러한 신문개혁운동을 전국적인 행사와 연대하려고 해요. 그래서 일반 국민을 대상으로 해서 선전활동을 하려는 두 가지 행사가 있는데요, 하나는 '언론개혁 전국 자전거투어'이고요, 다른 하나는 '마당극 공연'입니다.

전국 자전거투어는 29일 서울을 출발해 평택과 대전, 전주, 광주, 부산, 대구, 춘천 등 52개 도시를 거쳐 (11월 9일) 다시 서울로 돌아오는 행사인데요, 광주는 11월 1일로 계획되어 있습니다.

자전거 대행진은 언론노조 조합원들이 각 구간 코스에 참가해 이어 달리는 형식으로 진행되며, 장성 - 광주 - 화순 - 능주 - 순천으로 이어질 겁니다.

또, 언론개혁 마당극 '신문고를 울려라' 공연이 11월 초에 광주에서 개최될 예정이고, 이미 서울에서도 이 공연이 있었습니다. 그래서 이런 행사는 언론개혁의 당위성을 전 국민에 알리는 중요한 계기가 될 것 같습니다.

(2001 - 10 - 13 방송)

# 제14절 휴가도 맘대로 갈 수 없는 나라야

1. 먼저 민주당 김홍일 의원과 박종렬 대검공안부장의 제주도 휴가 동
   행과 관련해 보도내용들을 살펴봤으면 좋겠는데… 결국 이 사건은
   여야 공방에서 고소 사태[5]로까지 비화됐습니다.
   이 사건과 관련해 지역신문에서는 어떻게 보도했습니까?

☞ 우리 지역신문에서는 지난 24일 재·보선을 하루 앞둔 시점
에서, 3~4일 정도 거의 모든 신문에서 이것(김홍일 민주당 의원과
박종렬 대검 공안부장의 제주휴가 동행 보도)을 보도했어요.

예를 들면,

김홍일의원 제주여행 검찰간부 동행(광주일보, 10. 24.)

김홍일의원 제주휴가 '검찰간부 동행' 논란(전남일보, 10. 25.)

검찰간부 동행 비난(전남매일, 10. 25.)

김홍일 씨 '휴가보도' 울분(전남일보, 10. 25.)

김홍일 의원 휴가보도에 울분(광주일보, 10. 25.)

김홍일 의원 제주휴가 大檢간부 동행 공방(전남일보, 10. 25.)

"김 의원 현지서 만난 것일 뿐"(무등일보, 10. 25.)

그런데 이상하게도, 국회의원 재·보선이 있었던 지난 25일을
전후로 해서 보도가 '돌변'했다는 겁니다.

그리고 이 기사가 거의 야당 주장을 중계하는 듯한 인상을 풍기
고 있어요.[6]

---

5) 김홍일 의원은 자신의 제주도 휴가여행을 '총체적 부패여행' '김홍일 커넥션' 등이라고 주장한
   한나라당 권철현 대변인을 출판물에 의한 명예훼손 혐의로 서울지방검찰청에 고소했다. 김 의
   원은 손해배상소송도 함께 제기했다. 한편 10월 25일은 서울 동대문을과 구로을, 강원 강릉의
   국회의원 재·보궐선거가 실시되었다.

6) 양측의 주장을 비교해 보면 ▲ 한나라당 – 권철현 대변인은 성명에서 "대명천지에 대통령 아

실제로 각종 의혹보도에서, 언론이 자체적으로 확인한 사실이 별로 없는 것 같습니다.

**2. 이번 보도 방향에 대해서 언개연에서는 어떤 점들을 평가를 내렸습니까?**

☞ 두 가지 정도로 집약해 볼 수 있는데요.

첫째로, 야당이 뭔가를 폭로했다면, 언론은 이에 대한 사실 확인을 거쳐야 하는데, 사실 확인 노력이 없다는 겁니다.

지난 24일부터 3일 정도 보도를 하다가 지금은 전연 언급조차를 하지 않고 있는데, 이것은 사실보도에 책임 있는 언론의 도리가 아니라고 봅니다.

둘째로, 언론이 균형감각을 잃고 있다는 겁니다.

처음부터, 이 기사가 너무 크게 과대 포장한 것 같아요.

언론과 야당이 문제 삼은 것은 '김홍일 의원과 박종렬 대검공안부장이 제주휴가에 동행'한 사실인데요. 그러나 '동행 사실' 단 한 가지만을 가지고, 며칠간 보도하기엔 뭔가 균형이 맞지 않는다는 겁니다.

이와 관련 두 사람이 만나서 비난받은 일을 했으면, 비난의 대상이 될 수 있지만, '동행 사실'만을 비난의 대상으로 한 것은 설득력이 좀 부족한 것 같아요.

두 사람의 '사생활'의 자유도 나름대로 고려되었어야 한다고 봅

---

들과 대검간부, 그리고 조폭과 업자들이 어떻게 한통속으로 놀아날 수 있다는 말이냐"며 "이 정권은 썩어도 너무 썩었다."고 비난했다.

▲ 김 의원 측은 "미리 휴가계획을 같이 세워 '동행'한 게 아니라 현지에서 우연히 만난 것"이라며 "휴가철에 국내의 대표적인 휴가지에서 만난 것을 두고 의혹이 있는 것처럼 보도한 것은 유감"이라고 밝혔다.

니다.

3. 지난 26일 밤에 전교조 광주지부 소속 교사 380명, 그리고 전남지부 소속 700여 명이 27일 여의도에서 열리는 전국교사결의대회에 참석하기 위해 상경했습니다.
   이로 인해 결국 각 학교에서는 수업에까지 차질을 빚었습니다. 이 사건과 관련해 지역신문에서는 어떻게 보도했습니까?

☞ '전교조' 집회에 대한 보도에는, 두 가지 측면이 있습니다.

한 가지는 전교조 선생님들이 연가를 내고 투쟁하는 '투쟁의 불가피성'이고, 다른 한 가지는 선생님들이 결의대회에 참석하기 위해 상경하기 때문에, 학생들에게 '수업결손'이 생긴다는 점이지요.

그런데 우리 지역의 언론은 양쪽 측면 중에서, '수업결손'에만 초점을 맞추고 있다는 겁니다.

이를 테면,

전교조 연가집회 강행… 수업 차질(광주일보, 10. 27.)

전교조 '파업도 불사'… 갈등확산 조짐(광주일보, 10. 29.)

지역교육계 또다시 '회오리'(광주타임스, 10. 25.)

수업 파행 부작용 우려(전남매일, 11. 3.)

'교육갈등' 첨예 대립(전남일보, 10. 29.)

우리 교육 어디로 가고 있는가(광주타임스 - 사설, 10. 30.) 등의 기사와 사설을 볼 수 있습니다.

그래서 학교 선생님들의 '집단행동'에 대한 '편향된 시각'만을 부각했다고 봅니다.

## 4. 여기서는 어떤 문제점들이 지적됐습니까?

☞ 전교조의 연가투쟁이나 집회 때, '수업 차질'의 측면을 부각하고 있다는 겁니다.

교육현장에 대한 충분한 이해가 필요하고, 현장의 목소리를 보도하는 시각이 부족합니다.

교육정책에 대해 잘못된 부분을 '기사'에서 지적하고 있지만, '사설'에는 "그래도 집단행동만은 안 되고 교실로 돌아가라."고 주장하고 있어요.

그래서 저는 언론 보도에 있어서, 교육현장에 있는 교사들의 주장도 적절하게 보도되어야 한다는 지적을 하고 싶어요.

## 5. 끝으로 한 가지 내용만 더 살펴봤으면 좋겠는데… 광주매일 폐업사건과 관련해 보도내용들을 살펴봤으면 좋겠습니다. 지역신문사에서는 광주매일의 폐업 소식을 어떻게 다뤘습니까?

☞ 광주매일 신문사가, 지난 26일 서광주세무서에 폐업신고를 함으로써 역사 속으로 사라지게 됐어요.

광수매일의 사측은 "적자신문사 노태, 언론과 기업 병행의 어려움, 구성원 간 화합의 한계에 직면해서 폐업을 결정했다."고 밝히고 있어요.

한편, 광주매일 노조는 "사측의 폐업조치가 모든 책임을 노동자들에게 일방적으로 전가하는 기만적인 행위"이며 "500여 조합원과 가족들의 생계를 철저히 외면한 자본의 횡포"라고 주장했습니다. 또 "편집권 독립, 소유경영분리 등을 목표로 독립 언론을 쟁취하기 위해 계속 투쟁할 것"이라고 밝혔습니다.

광주매일의 폐업을 바라보는 언론계 주변의 시각이 미묘하게 엇갈리고 있는데요.

일부 견해는, 10개가 넘는 광주지역신문사의 난립에 대해서 이번 기회에 구조조정을 고려해 보는 것이 어떤가 하는 견해가 있고요. 다른 견해(한국기자협회)는 "광주매일의 폐업은 명분이 없다."는 견해입니다.

## 6. 광주매일 폐업과 관련한 문제점과 앞으로의 방향은?

☞ 폐업과 관련해서, 여러 단체에서 다양한 목소리가 나오고 있습니다.

그러나 언론개혁시민연대 차원에서 내부적으로 논의되거나, 결정된 내용은 없습니다.

광주매일 노조 쪽에서는 윤전기 등 생산기반시설을 노동조합에 무상 양도할 것을 주장하면서, "독립적으로 신문사를 만들겠다."고 하고 있고, 학자들 중의 일부는 '신문사 간의 인수 합병'을 얘기하는 교수도 있습니다.

또 일부 시민단체에서는 노조 측의 힘으로만 다시 신문을 시작하려는 움직임을 경계하기도 하는 발언이 나오고 있습니다.

현실적으로 다른 지역에 비해서 지역신문사가 많고, 언론기관에 종사하는 기자들의 급여수준이 낮다는 점을 고려할 필요가 있다고 생각해요.

개인적으로는, 작은 규모의 독자와 광고시장을 가지고 있음을 감안해서, 지역신문사 간의 결합(인수, 합병)이라는 해법이 바람직하다고 봅니다.

**7. 끝으로 신문개혁운동 소식 전해 주시기 바랍니다.**

☞ 광주 전남 신문개혁운동을 전국적인 행사와 연계한 행사가 있었어요.

지난 시간에도 말씀 드린 내용인데요. 자전거를 타고 달리면서, 전 국민을 상대로 홍보하는 행사입니다. 10월 29일에 여의도를 출발해서, 11월 8일까지 60개 시군(1500㎞)을 돌면서, 신문개혁의 목소리를 전하는 겁니다.

우리 지역에도 11월 1일에 도착해서, 도청 앞에선 오후 3시부터 전국언론노조가 '광주매일 부당폐업 철회와 독립언론 쟁취를 위한 언론노조투쟁 선포식'과 기자회견을 가진데 이어, 신문개혁국민행동의 신문개혁촉구 전국자전거대행진단이, '신문개혁법 개정과 광주매일 부당폐업철회 결의대회'를 연속해서 열었습니다.

(2001 − 11 − 03 방송)


## 제15절 아이들의 울음소리에 귀를 막았다

1. 앞서도 말씀드렸지만 일면 톱기사로 자주 등장하는 기사가 바로 각종 '의혹보도'가 아닌가 싶습니다. '의혹보도' 와 관련해… 독자들이 이런 '의혹'들을 어떻게 봐야 한다고 생각하시는지 전해 주시죠!

☞ '의혹보도'와 관련해서는 두 가지 시각이 있을 것 같습니다. 하나는 언론이 '의혹'만을 가지고, 무책임하게 보도해서는 안 된다는 시각이고요, 다른 하나는 '의혹제기'야말로 언론이 해야 할

일이라고 보는 시각입니다.

이 두 가지 시각 중에서, 첫 번째 시각에 무게를 두고 싶은데요. '문제는 폭로 기사를 보도한 뒤에 검찰 수사와는 별도로 언론 스스로 추적·탐사 보도에 노력을 기울이지 않는 것'이라고 볼 수 있어요.

사실, 지난 2주 동안에도 우리 지역언론에서는 많은 의혹을 제기하고 있습니다.

순천시 하수도 정비공사 부실 의혹(광주타임스, 11. 15.)

영산·황룡강 치수사업 특혜 의혹(광주타임스, 11. 5.)

광주시 80억 원대 시내버스 적자보전금 지원, 특혜의혹(광주타임스, 10. 30.)

등이 그것인데요.

언론은 진실규명을 위한 추적보도를 통해 '국민의 알 권리'를 충족시킬 의무가 있다고 생각해요. 언론에서 단순히 '의혹'만을 제기하지 말고, 진실하고 공정한 보도를 위해서 끝까지 '추적'하는 자세가 중요하다고 생각합니다.

2. 9·11 테러사건 이후 계속해서 중앙과 지역신문들이 아프가니스탄 전쟁 관련 소식들을 싣고 있습니다. 미국 전쟁보도와 관련해 지역신문에서 어떤 문제점들이 발견되고 있습니까?

☞ 전쟁보도와 관련해서, 문제는 우리 언론이 미국보다 더 '미국적인 시각'에서 접근하고 있다는 겁니다. 지난번 이 시간에도 말씀드렸는데요, 대부분 미국언론을 여과 없이 보도하고 있는 것이 큰 문제죠.

어떤 조사결과를 보면, 조선, 중앙, 동아, 한겨레신문을 9월 11일

사건발생부터 일주일간 분석한 결과 이들의 외신인용보도는 총 131건 중 CNN이 25건으로 가장 많았고, 뉴욕타임즈가 20회로 2위, AFP가 18회로 3위, 워싱턴포스트가 15회로 4위, 영국언론(BBC 더타임즈)이 12건으로 5위를 기록하고 있는데요. 이런 형태는 우리지역도 거의 비슷하다고 할 수 있습니다.

그래서 우리만의 독특한 목소리를 내지 못하고, 미국의 전쟁에 대한 정당성만을 부각시키고 있어요. 전쟁으로 죽어 가는 아프가니스탄 난민들, 어린이와 노인들, 여성들에 대한 관심이 부족한 것 같습니다.

실제로, 보도를 보면,

아프간 전쟁 핵전 가능성(광주일보, 11. 12.)

부시, 2단계 테러전쟁 선언/금주 대내외 연설 결연한 의지 재천명(광주일보, 11. 5.)

미 '알 카에다 탈레반 포위망 좁혀'(전남일보, 11. 16.) 등의 보도입니다.

신문보도가 매우 왜곡되어 있는 것이 큰 문제라고 생각해요.

**3. 내년 지방선거를 몇 개월 앞두고 예상 입지자들의 다양한 사전 선거 활동들이 신문에 실리고 있습니다. 그런데 이와 관련해서 최근 일부 특정신문이 특정후보에 편향된 보도를 집중적으로 다뤄 문제가 됐었습니다. 여기에 대해서 언개연에서는 어떤 의견을 가지고 계시는지 궁금합니다.**

☞ 내년 지방선거를 앞두고 입지자들의 발걸음이 빨라지고 있는데요. 일부 신문 특히, 광주타임스에서 '특정인사 편들기'를 하고 있다는 게 문제가 됩니다.

최근에 광주타임스에서, 전남도지사 선거전에 뛰어든 박태영 전 장관에 대해 비중 있게 지면을 할애하고 있어 문제가 되기도 했습니다. 표면적으로는 중립을 유지하고 있지만, 실제로는 특정후보를 밀고 있다는 인상을 지울 수가 없는 거죠.

"막오른 2002 지방선거, 제2부 – 뛰는 사람들 1"(광주타임스 11. 12.) 이 기사를 보면, "산자부 장관시절 전남지역 발전을 위해 꾸준히 노력해 왔다.", "최근에는 여권실세들이 '지사 후보감'으로 지지하고 있는 것으로 알려지고 있다." 등의 보도가 있습니다.

"박태영 건강보험공단이사장 지사출마 행보 본격화"(광주타임스 10. 24.)라는 기사도 그렇습니다.

행보마다 '획기적', '환영', '급부상' 등의 단어를 사용하며, 보도하고 있어요.

박 전 장관이 도지사공천경쟁에 본격 뛰어든 후부터는 눈에 띄는 편집을 하고 있어요.

지난달 16일 1면 머리기사로 "도지사 공천판도 획기적 변화예상", 18일에는 박 전 장관 출마에 무게가 실린 "경쟁력 있는 후보가 많아야 한다."는 사설이 실렸어요.

선거가 다가오고 있는 만큼, 언론의 공정한 보도가 요청된다고 할 수 있습니다.

**4. 지난 시간에도 잠시 전해 주셨습니다만 폐업 이후 현재 광주매일 사태는 어떻게 전개되고 있는지 궁금합니다. 끝으로 전해 주시죠!**

☞ 노조와 사원들, 시민단체, 언론학회 등의 움직임이 다양해지고 있습니다.

노동조합은 노조원뿐만 아니라, 부장단 비조합원 계약직 사원 등 전 사원들과 함께 공동투쟁을 벌이고, 시민사회단체와 연대, 독립 언론 쟁취를 위해 공동기구를 출범시키겠다는 겁니다.

노조 쪽에서는 독립 언론, 즉 자본가의 영향력으로부터의 독립, 편집권으로부터도 독립하여 신문을 만들겠다는 의지가 매우 강합니다. 오늘로 총파업 53일째, 폐업 23일째 투쟁을 벌이고 있는데요. 노조원을 비롯한 사원들은 고경주 사장에게 '제호', '시설 기자재(윤전기)' 등을 무상 양도할 것을 요구하고 있어요,

고경주 사장은 노조가 독자적으로 신문을 운영할 경우, 광주매일 제호를 넘기고 윤전기도 싼값에 임대해 줄 용의가 있다고 밝히고 있어요.

시민단체에서는 아직 의견이 조율되지 않았지만, 대체로 노조의 견해에 '지지' 또는 '비판적 지지'로 의견이 모아지고 있어요.

또한, 광주매일사태를 좀 더 연구 분석하기 위해서, 21일(수), 12월 6일 등 일정한 간격을 두고 이에 대한 토론이 있을 겁니다.

21일(수)에 광주 YMCA에서는 '광주매일사태를 통해서 본 지역언론개혁의 과제'를 주제로 언론재단 지원의 심포지엄이 개최될 예정인데요, 경향신문의 독립언론 건설사례 등이 발표되고 언론노조, 지역 시민단체, 언론학자 등이 패널로 참여해 종합토론을 벌이게 됩니다.

또, 광주전남언론학회도 12월 6일에 학술심포지엄을 열어서, 광주매일사태를 학술적으로 조명하게 될 것입니다.

(2001 - 11 - 17 방송)

# 제16절 교육정년 연장을 어떻게 생각하나요

## 1. 오늘은 어떤 내용들을 전해 주시겠습니까?

☞ 교육정년 연장과 검찰총장 국회출석 등에 대한 언론 보도 문제, 탤런트 황수정이 필로폰을 투여한 사건에 대한 언론 보도 태도, 광주매일사태와 관련된 세미나 소식, 그리고 내년에 광주 전남 자치단체의 계도용 신문 예산이 폐지되거나 삭감된다는 내용 등입니다.

## 2. 교육정년 연장에 대한 지역언론들의 보도에 대해 언개연에서 어떤 문제점을 제기하고 있는지 궁금한데… 먼저 교육정년 연장과 관련된 보도부터 살펴봤으면 좋겠습니다.

☞ 거대 야당(국회의석 136석) 정국으로 변화하면서, '언론의 역할'이 중요해졌다고 생각해요.

왜냐하면 정치권 역학관계가 변화되면서, 한나라당의 '정책 추진 양상'이 기사판단의 주요 '잣대'가 되고 있기 때문입니다.

그래서 '정부'에 대한 감시와 함께, '야당'에 대한 언론의 견제역할이 중요하게 등장하고 있는데요. 지금 현재 쟁점이 되고 있는 '교육정년 연장'에 관련된 보도도 '훨씬 비판적이고 신중한 보도'가 요청된다고 할 겁니다.

11월 21일(교육위)과 28일(법사위)에 한나라당과 자민련이 정년 연장안을 강행 처리했는데요.

우리 지역언론에서도 법안에 대한 '분석'과 '파장'보다는, '중계'나 '나열식 보도'가 많다는 겁니다.

이걸 살펴보면,

첫째, 한 정파에서 교원정년을 재연장하는 법을 강행 처리하고
있는데도, 언론에서 이것을 심층 분석하지 못하고 있어요.

둘째, 언론이 보수기득권층의 집단이익 극대화를 위한 집단 간의
갈등이나, 특정 정파의 정략으로 갈등을 심화시켜서는 안
된다고 봅니다.

언론에서 이러한 갈등을 조정하고, 해결할 수 있도록 역할을 했
으면 좋겠습니다.

### 3. 검찰총장 국회출석과 관련해서는 어떤 문제점이 지적되고 있습니까?

☞ 야당으로부터 사퇴압력을 받고 있는 신승남 검찰총장의 보도
와 관련된 문제도 김 대통령의 민주당 총재직 사퇴 이후 정치권의
역학관계가 변화하면서 나온 것이라고 볼 수 있는데요.

특히, 국회출석을 거부하고 있는 검찰총장이 호남 출신인이라는
것도 염두에 둔, 야당의 주장을 일부 언론이 거의 대변한 듯한 인
상을 받습니다.

국가의 법률에 입각한 '원칙 논리'가 '힘의 논리'보다 앞서야 한
다고 봅니다.

그래서 검찰총장은 헌법이나 국회법에 국무위원이나 정부위원이
아니고, 검찰의 정치적 '중립성'과 준사법기관이란 '특수성'을 감안
해야 할 것으로 생각됩니다.

이런 기본적인 시각을 무시하고, '힘의 논리'에 의해 국회에서
의결되었으니만큼 국회에 나가야 한다는 논리는 올바른 시각이라
고 볼 수 없습니다.

## 4. 탤런트 황수정 마약복용 사건과 관련한 언론 보도 태도! 언개연에서는 어떻게 평가하고 계십니까?

☞ 탤런트 황수정 씨가, 필로폰을 투여한 사건과 관련하여 언론이 많은 지면을 할애하고 있는데요.

그동안 모든 남성들이 '한국 여인상의 표상'으로, 모 방송극 드라마로 방영되었던 '예진아씨'를 생각해 왔었지요.

이 사건 이후로, 공인으로서 '국민의 알 권리'를 우선시하여 사생활의 모든 영역까지 파헤치며, 온갖 추측성 기사까지 많은 신문에서 보도하고 있는데요. 언론 보도에서 균형을 이루어야 한다고 봅니다.

언론에서 한쪽 측면, 즉 탤런트라는 '공인'으로서의 사회적인 책임을 강조하고 있지만, 또 다른 측면에서 개인의 '사생활 보호'라는 측면도 강조되어야 할 것입니다.

그런데 호남매일 11월 16일자에서는 "히로뽕만 했을까?"라는 기사에서, "황수정 말대로 최음제인 줄 알고 마셨으면 그 같은 환각 상태에서 섹스비디오인들 찍지 않았겠느냐"라는 추측보도와, 네티즌의 말을 인용하면서, "황수정의 문란한 사생활이 이렇게 커다란 화를 자초했다."는 인용을 여과 없이 보도하고, 구독자의 흥미를 자극하고 있어요.

어쩌면 언론이 판매 부수를 올리려고, 더욱 선정적으로 추측기사를 쓰고 있다는 생각이 듭니다.

5. 내년에 광주에서는 전면 사라질 전망이고 또 전남 대부분의 지방자
   치단체에서는 계도지 지원 예산을 전액 폐지하거나 삭감하는 등 점
   차적으로 계도지의 폐지 움직임을 보이고 있다고 들었습니다. 계도
   용 신문 폐지 움직임에 대해서 언개연에서는 어떤 입장을 취하고
   계십니까?

☞ 이와 같은 움직임은 매우 긍정적인 현상이라고 봅니다.

이것은 그동안 언론개혁운동을 벌였던, 시민단체들의 계도지 폐지운동에 대한 성과7)라고 생각합니다. 지금까지는 이런 계도지 예산이 부실한 지방 신문을 먹여 살리는 하나의 요인이 되어 왔는데요. 이제는 건실한 경영구조를 가진 신문만 살아남고, 부실한 신문은 퇴출되는 효과가 서서히 나타나게 될 겁니다.

특기할 만한 사실은, 광주시에서 계도지가 사라지게 됐다는 것입니다.

광주시 5개 자치구도 내년에는 계도지예산을 한 푼도 반영하지 않음으로써 계도지를 완전히 폐지했어요.

전남 5개 시도 목포시를 제외하고는 내년 예산에서 계도지 예산을 전액 삭감했어요. 군단위에서는 지난해 구례(군수 진경태), 장흥(군수 김재종), 진도(군수 박승만) 등 3개 군이 계도지 예산을 전액 삭감했습니다.

---

7) 광주지역 5개 구와 전남 22개 시군의 2002년도 집행부 예산편성현황을 조사한 결과 계도지 관련 예산은 2001년 16억 9천4백여만 원에서 10억여 원으로 40%가 줄어든 것으로 나타났음. 자치단체별로는 전체 27개 시군구 가운데 12개 단체가 계도지 예산을 전액 삭감, 2000년 4개 단체에서 3배로 늘었음.

6. 끝으로 광주매일사태와 관련해서 세미나가 열릴 예정이라고 들었는
   데… 행사 일정과 자세한 행사 내용 소개 부탁드리겠습니다.

☞ 네, 광주매일 사태를 언론개혁운동으로 이해를 하고, 이에 대
한 세미나가 열립니다.

전국언론노동조합 광주매일지부 주최로 '광주매일 사태로 본 지
역언론개혁의 과제'라는 제목으로, 12월 4일(화) 오후 2시에, 가톨
릭센터 7층 강당에서 열리게 됩니다.

(2001 − 12 − 01 방송)


## 제17절 선거철, 경마식 보도는 여전하다


1. 오늘은 어떤 내용들을 전해 주시겠습니까?

☞ 오늘은 내년 지방선거와 관련된 시도지사 후보에 대한 보도
문제, 대학수학능력시험 발표 후 언론의 보도 태도, '지역언론개혁
의 과제' 관련 세미나 내용, 온라인 대안매체인 DK21과 뉴스통이
사이트를 통합했다는 소식 등에 대한 내용입니다.


2. 내년 지방선거를 앞두고 최근 시도지사 선거 관련 예상후보자들의
   동향을 지역신문에서 앞다투어 보도하고 있는데, 이와 관련해 언개
   연에서는 어떤 문제점들을 제기하고 계십니까?

☞ 내년 지방선거 보도와 관련해서, 크게 세 가지 정도의 문제를
제기하는데요.

첫째로, 무분별한 '경마식' 여론조사 보도, 즉, 어떤 후보가 지금 제일 빨리 달리고, 그 뒤로 어떤 후보가 따르고 있다는 식의 보도가 문제입니다. 순위조사에만 치우쳐 정작 필요한 정당·후보들의 정책개발 유도에는 소홀하다는 것입니다.

광주타임스 12월 14일자, "시·도지사 2강구도"라는 제목 기사에서, "민주당 광주시장과 전남도지사 선거 후보 경선 판세가 광주는 '고재유 – 이정일', 전남은 '허경만 – 박태영'의 양강구도로 급속히 재편"되고 있다면서, '순위'에만 관심을 집중시키고 있습니다.

둘째로, 선거보도가 '백화점식'으로 나열되고 있어서, 각 후보들 간에 변별력이 없다는 겁니다.

후보자 간에 정당의 노선이나 지향점을 보여 주지 못하고 있고요, 공약이나 정책에 대한 강조점도 없습니다.

셋째로, 정당 간 혹은 후보 간 정책비교가 없어, 정책차별성을 드러내지 못하고 있다는 점입니다. 후보자 개인에 대한 검증이 사실 불가능하다고 볼 수 있습니다.

그래서 앞으로의 보도방향은, 정당·후보들이 제시하고 있는 '공약과 정책'에 초점을 맞춰서, 선거가 '정책경쟁'으로 이뤄질 수 있도록, 언론이 앞서서 유도해야 할 것입니다.


3. 대학수학능력시험 발표와 관련해 언론의 보도 태도에서도 많은 문제점이 제기됐던 것 같습니다.
   특히 시험만 끝나면 불확실한 합격 점수를 남발하는 태도… 대표적인 예가 아닐까 싶은데 어떻습니까?


☞ 그렇습니다.

학교를 한 줄로 세우는, 소위 '학교 서열화'는 문제가 많다는 점을 인정하고, 대학서열화를 막기 위해서 기자들 스스로가 대학입시 보도강령(97년 11월)을 만들었어요.

즉, △입시학원이 발표하는 '수능점수대별 지원가능대학' 예상표 △특정대학 특정학과 등 대학과 학과를 점수와 연계한 관련 기사 등을 보도하지 말자는 것인데요.

이런 강령에도 불구하고, 우리 광주 전남지역의 일부 신문에서는 무시되고 있습니다.

광주타임스 12월 5일자에는 "전남대 인기학과 310점 지원가능"이라는 기사에서, "내년도 대학입시에서 전남대와 조선대 인기학과를 지원하기 위해서는 각각 수능 성적(원점수 기준) 310점대와 290점대 이상을 받아야 한다."라고 보도하고 있어요.

무등일보도 지난 5일자에, 대학지원예상점수를 학과 학부별로 나열해, 공인된 기관도 아닌 모 입시학원의 자료를 제시하고 있어요.

이렇게 언론이 앞장서서, '대학 서열화'를 부치기고 있는 게 큰 문제라고 생각합니다.

**4. 이 시간에도 소개를 해 드렸던 행사인데… 이번에는 지난 4일에 열렸던 '광주매일 사태로 본 지역언론개혁의 과제' 세미나 소식 전해 주시죠!**

☞ 네, 지난 4일에 열린 세미나에서는, 현대자본주의는 자본과 노동의 태생적 대립이 존재하게 마련인데, 노사가 서로 화해를 전제로 질서를 유지한다는 겁니다. 그런데 노사 중 한쪽이 공존의 논리를 일방적으로 파기할 경우, 그 책임은 파기한 쪽에 있다는 겁니다.

그러면서 사용자 쪽의 책임을 묻고 있고요. 언론노동자의 단결을 강조하고 있습니다.

언론노조는 광주에서부터 신문개혁을 위한 구체적인 기획과 행동을 해야 한다고 주제토론에서 밝히고 있습니다. 광주매일이 독립언론으로 거듭나야 한다고 입을 모으고 있는 것입니다.

그러면서 언론사는 "민주적 경영구조를 정착해야" 하고, 언론인들은 "특혜의식에서 벗어나야 한다."고 강조했습니다.

5. 광주 · 전남지역 온라인 대안매체인 'DK21'과 '뉴스통'이 사이트를 통합했다는 소식 앞서도 말씀해 주셨는데… 언개연은 이런 움직임을 어떻게 해석하고 계신지 궁금합니다.

☞ 'DK21'과 '뉴스통'이 인터넷 사이트를 통합해서, 지난 10일부터 본격 서비스를 시작했어요.

그래서 우리 언개연에서는, 시민사회의 소식과 소외된 이들의 뉴스, 시민기자를 참여시켜 시민저널리즘을 구현하는 '대안매체'라는 것에 커다란 의미를 두고 있습니다.

그렇지만 온라인 매체가 공적인 언론기업임에도 불구하고, 고도로 훈련된 전문가 집단의 기반이 취약하다는 점이 문제라고 생각해요.

앞으로 이 사이트가 참신하고 창의력이 있다는 강점을 살려서, 지역온라인 대안언론으로 주목받기를 기대합니다.

(2001 − 12 − 15 방송)

<table>
<tr><td>제4장</td><td>보수와 진보, 그리고 개혁</td></tr>
</table>

## 제18절 기자들, 촌지거부를 결의하다

**1. 오늘은 어떤 내용들을 전해 주시겠습니까?**

☞ 오늘은 금년 언론개혁에 대한 평가와 내년 언론개혁운동의 방향에 대해서 말씀드리고, 광주매일 사주의 신문 재발행 움직임과 관련된 시민단체의 반응, 호남매일에서 기자들이 '촌지'를 받지 않겠다고 결의한 소식 등입니다.

**2. 먼저 연말연시를 맞아 사회 각 분야에서는 올해 결산 또 내년에는 어떤 방향으로 나아갈 것인지 전망해 보는 그런 시간들을 갖고 있습니다. 올해의 언론개혁에 대한 평가, 또 내년에 대한 전망, 언개연에서는 어떻게 하고 계십니까?**

☞ 올해는 한마디로 "언론개혁에 상당한 진전을 가져왔다."라고 할 수 있습니다.

언론개혁운동 가운데 특히, 막대한 권력을 가진 언론을 대중들이 나서서 개혁을 부르짖고, 조·중·동 언론족벌에 대한 개혁의 필요성이, 대중운동 차원으로 확산된 것은 매우 의미 있는 것이라고 할 수 있습니다.

성과를 간추려 보면, 첫째로 언론사 세무조사와 언론사 비리사주를 구속했다는 것, 둘째로 언론개혁에 대한 논의가 매우 활발해졌고, 언론사의 부조리가 드러나면서 '검은 언론'이라는 성역이 허물어 진 것은 커다란 수확이었지요.

우리 지역에서도 지난 4월에 신문개혁국민행동[8] 광주전남본부가 출범하면서, 조·중·동 거부(앤티조선)와 계도지 폐지운동으로 이어졌지요. 지난 8월에 버스투어를 통해서 광주·전남 22개 시군을 돌면서 했던 계도지 예산 철폐 운동은 지금도 기억에 생생합니다.

그래서 이런 운동의 성과가 나타나고 있는데요.

내년도 계도지 예산편성에, 광주광역시 5개 구와 광양, 나주, 목포, 순천, 여수 등의 전남 5개 시는 계도지 예산이 전혀 반영되지 않고 있고요.

전남의 17개 군 중에서 6개 군(구례 영광 장흥 진도 해남 화순)은 계도지 예산을 책정하지 않았습니다. 이것은 언론개혁운동의 커다란 성과라고 볼 수 있어요.

그러나 지방언론사에 대한 세무조사가 실시되지 않은 점 등은 매우 아쉬운 점이라고 할 수 있습니다.

내년 6월에 '4대 지방선거'와, 연말쯤 '대통령선거'가 치러질 것으로 예정되어 있기 때문에, 언론개혁에서도 선거와 관련된 언론의 공정보도와 관련된 감시활동이 언론개혁의 주요 방향이 될 것 같습니다.

---

8) 언론연대 활동은 언론법제 개선운동, 수용자 운동, 대안 매체 운동 등 3개 과제를 중심축으로 움직였다. 신문법과 통합방송법 제정안을 입법 청원하는 등 언론 자유 사수, 방송 독립 수호를 위해 활발한 활동을 벌였다. 특히 사회적 현안이 불거질 때마다 신문개혁국민행동, 언론개혁국민행동, 총선시민연대, 대선미디어연대, 미디어행동 등으로 변신해 의제를 확산시켰다. 한편으론 재정 및 인력운영 문제가 발생해 일정 기간 활동이 정지되는 아픔을 겪기도 했다. 한국기자협회보, 2008. 10. 1. 참조.

3. 광주매일 폐업 사태는 여전히 갈등 속에서 해결의 실마리를 찾지 못하고 있는데… 최근에는 광주매일 사주가 신문을 재발행한다는 얘기가 제기되고 있던데… 시민단체들이 크게 반발하고 있는 것으로 알고 있습니다. 어떻습니까?

☞ 신문사의 경영난 때문에 회사 문을 닫은 지, 두 달이 지났지만, '광주매일'의 제호를 반납하지를 않고 있고, 측근들을 앞세워서 '(주)광매출판'이라는 법인을 설립하려고 한다는 소문이 나돌고 있습니다.

그래서 신문을 계속 발행하려는 시도가 있고, 그런 시도에 '고경주 씨가 연결되어 있을 것이다.'라는 의혹이 있습니다. 이것은 어디까지나 의혹이기 때문에 좀 더 지켜봐야 하겠지만, 우리 지역의 몇 개 시민단체에서는 이와 관련해서 '성명서(27일, 광주매일 사주는 신문사업에서 철저히 손을 떼라)'를 내놓고 있습니다(광주전남민주언론운동시민연합, 민주노총광주전남지역본부, 전국교직원노동조합 광주전남지부, 참여자치21).

사실, 지난 10월 광주매일 고경주 사장은 광주매일을 일방적으로 폐업하면서 노조와 시민 그리고 독자 앞에서 다시는 신문을 발행하지 않겠다고 약속을 했기 때문에, 고경주 씨가 어떠한 형태(대리인을 내세우는 형태 포함)로든 다시 신문을 발행하지 않겠다는 약속을 지켜야 할 겁니다.

4. 호남매일에서 '촌지거부'를 결의했다. … 구체적으로 어떤 소식입니까?

☞ 호남매일은 내년 1월 1일자 1면 사고를 통해 '촌지 없는 회사'라는 것을 선언할 계획인데, 이 같은 결정은 광주전남지역의 언

론개혁 신호탄으로 작용할 것으로 보입니다.

호남매일이 12월 17일 사원총회를 열고 "새해부터 어떠한 촌지도 받지 않겠다."는 결의를 했습니다. 이와 함께 촌지를 주는 사람과 받는 사람 모두를 자사 지면에 공개하는 등 촌지수수 근절을 위한 감시자 역할도 할 계획이라고 합니다.

사실, 촌지수수 관행은 당연히 없어져야 하지만, 기자 사회에서 암묵적으로 존재했는데요, 자정 노력은 언론사 내부의 자정운동이기에 다른 언론사에도 영향을 미칠 것으로 예상됩니다.

(2001 - 12 - 29 방송)


## 제19절 선거 보도, 태도와 관점을 고쳐라


### 1. 오늘은 어떤 내용들을 전해 주시겠습니까?

☞ 오늘은 올해 선거에 대한 언론의 선거보도 방향에 대해서, 호남매일에서 촌지수수자 명단을 공개했는데요. 이와 관련한 소식, 또 광주매일 복간 의혹과 관련된 내용, 끝으로 영광과 함평군청의 지역 기자실이 폐쇄되었다는 소식 등입니다.

2. 올해는 어느 해보다 유독 선거가 많은 해죠!
   이 시간에도 여러 차례 지방선거 각 부문의 동향을 살펴봤는데…
   아무래도 선거와 관련해서는 무엇보다 언론에서는 보도 태도라든지
   방향에 대해 좀 더 신중해야 하지 않을까 싶습니다. 자세한 얘기
   부탁드립니다.

☞ 올해는 '선거의 해'라고 할 수 있는데요. 무엇보다도 중요한 것은, 언론 보도의 공정성과 함께, 어떠한 보도 시각으로 보도하느냐가 중요하다고 봅니다.

그래서 보도시각을 '후보자나 소속 정당의 입장'이 아니라 '국민과 유권자들'의 시각에서 보도해야 한다고 생각합니다.

언젠가 이 시간에도 말씀드렸는데요. 언론 보도 중에서, 어느 후보가 먼저 달리고, 뒤이어서 어느 후보가 달리는지에 초점을 맞추는 '경마식 보도'를 하지 말아야 하고요, '후보 개인의 홍보성 기사'랄지, '색깔론이나 검증 안 된 의혹을 중계'해서는 안 될 겁니다. 뿐만 아니라, '지역 갈등을 조장'하는 정치인이랄지, 정치적인 행태에 대해서도 엄중한 비판이 있어야 하고, '정책이나 인물 중심'의 경쟁을 유도해야 할 것으로 생각합니다.

한편, 시민들이 진정으로 바라는 것이 무엇인지를 수시로 파악해서, 지면에 반영해야 하고, 시민들의 참여를 유도해서 '시민 저널리즘'을 확대해 나가야 할 것입니다.

그래서 올 한 해는 '공정하고 중립적인 선거보도'를 이룩하는 한 해가 되기를 바랍니다.

3. 전 광주매일 주재기자들이 주축이 되고 있는 광주매일 '복간' 추진
   에 대해 여러 시민단체에서 조직적인 반대운동을 펼치고 있는데…
   이와 관련해 자세한 소식 부탁드립니다.

☞ 폐업한 광주매일의 '복간' 움직임 소식은 지난 시간에도 전해
드렸는데요. 여전히 일부 주재기자들을 주축으로, 사무실과 전산시
설을 임대해, 복간 움직임이 있다는 겁니다.

광주매일의 복간 움직임은 '주식회사 지역물산' 설립으로 구체화
되고 있는데요.

광산구 송정동(836 – 2 명선빌딩 4층)에 120평 규모의 사무실을
임대해서, 지난해 말 그곳에 전산장비 일체를 옮겨온 것으로 알려
지고 있어요. 이들 전산장비는 기존 광주매일 소유로 고경주 사장
과 월 1천만 원에 임대계약을 했으며, 1인당 최대 2천만 원씩 지분
을 출자한 우리사주형태로 주재기자와 본사기자 등을 합쳐 전체직
원 대략 70명 정도 규모로 이달 말께 복간할 것으로 알려지고 있
습니다.

이러한 광주매일 복간 움직임과 관련해서, 광주전남민주언론운동
시민연합 등 시민사회노동단체들은 "광주매일 사주는 신문사업에서
철저히 손을 떼라."고 촉구하고 있습니다(작년 12월 27일 성명발표).

4. 새해부터 호남매일이 촌지 추방운동을 전개하면서 이미 언론계의
   상당한 주목을 끌었는데… 최근에는 국회의원과 지역 내 타사 기
   자 사이의 촌지수수 사실을 실명으로 공개했었죠? 자세한 내용 소
   개해 주시기 바랍니다.

☞ 호남매일이, '국회의원과 지역 내 타사 기자' 사이의 촌지수

수 사실을 실명으로 공개했습니다.

호남매일은 지난 8일자에 실린 '촌지 수수자 명단 공개'라는 제목의 사고를 통해 민주당 천용택 의원(전남 강진·완도)이 지난 3일 완도지구당 사무실에서 신년 기자간담회를 갖고, 10개 신문사 기자에게 각각 20만 원씩 모두 200만 원의 촌지를 지급했다면서 제공자와 수령자 명단을 공개했습니다.

이 촌지 수령자 명단에는, 광주에 본사를 둔 지역 일간지 6곳, 완도군 지역신문 3곳, 특수지 1곳 등 모두 10개 신문사 소속 기자와 발행인 10명의 실명과 직위가 기재되었으며, 여기에는 수령 후 반납한 기자도 1명 포함되어 있어요.

호남매일이 올 1월 1일부터 "촌지수수 사례 적발 시 관련자의 실명을 지상에 공개하겠다."고 선언한 뒤 실행에 옮긴 첫 번째 사례인데요.

언론개혁시민단체에서는 이러한 호남매일의 언론개혁 시도를 계속 예의 주시하고 있고, 이러한 움직임이 '일회성'에 그치지 않기를 바랍니다.

### 5. 지역 기자실이 폐쇄됐다는 소식은 어떤 내용입니까?

☞ 전남 영광군청과 함평군청의 기자실이 폐쇄되었습니다.

어제 제가 전화로 확인한 결과, 기자실 간판이 내려졌고 실제로 기자실이 다른 용도로 사용되고 있음을 알 수 있었습니다.

지난 2일 영광군 출입기자들은, 전남도 내 최초로 기자단을 스스로 해체하고, 기자실 자진폐쇄를 결의했고, 함평군은 지난달 31일 군수와 기자단이 간담회를 갖고 기자실을 폐쇄하기로 결정해서 이루어진 것입니다.

이것은 언론개혁시민단체에서 지속적으로 요구해 온, 주재기자실 폐지를 수용한 것인데요. 이러한 기자실 폐쇄는 지역 직장협의회를 중심으로 더욱 확산될 전망입니다.

광주시 공무원직장협의회는 여론수렴을 거친 다음 임시총회에서 최종 방침을 확정, 공식 기자간담회를 통해 입장을 밝힐 계획이라고 합니다. 또 전남 공무원 직장협의회연합도, 올해 주력 사업으로 기자실을 폐쇄하고 시민토론방으로 전환할 예정이라고 합니다. 그래서 지역기자실 폐쇄는 계속될 것으로 예상됩니다.

(2002 − 01 − 12 방송)


## 제20절 믿어도 되나요. 촌지거부

**1. 오늘은 어떤 내용들을 전해 주시겠습니까?**

☞ 오늘은 '정부의 금강산관광 지원' 발표와 관련한 우리 지역신문 사설의 내용, 호남매일 촌지수수 명단을 공개한 것과 관련해서, 시민단체에서 공개질의를 했는데요. 그 내용을 말씀드리고요, 이에 대한 언개연의 입장, 마지막으로, 서울에서 열리는 조선일보 왜곡보도에 대한 '민간법정'에, 광주지역에서도 참여한다는 소식 등입니다.

**2. 정부의 금강산관광 지원 발표와 관련해 우리 지역신문 사설에서는 어떻게 보도가 됐으며 또 어떤 문제점이 지적됐는지 자세히 전해 주시죠!**

☞ 자금난으로 중단 위기에 빠진 금강산 관광 사업에 정부가 지

원할 방침이라는 발표와 관련해서, 중앙과 지방 일간지들이 이에 대한 '찬성'과 '반대'의 입장을 보이고 있습니다.

중앙지에서는, 사설을 통해 조선, 중앙, 동아일보가 '반대' 의견을 밝혔습니다.

이와 대조적으로 우리 지역의 신문에서는, '광주일보'와 '호남신문'이 '찬성' 의견을 내놓고 있고, 우리 지역의 나머지 신문들은 '침묵'을 지키고 있습니다.

그런데 문제는 사설이 이런 사안에 대해서, '반대'이든 '찬성'이든 나름의 근거들이 있어야 하는데요. '기본적 관점'이 부족하다는 인상이 듭니다.

정부가 '금강산 관광 사업은 시장원리에 따르겠다'는 원칙이랄지, '북한이 현대와 합의한 금강산 육로관광 및 특구지정이 실천에 옮겨질 때'라야 추가지원이 가능하다는 걸 밝혀 왔지만, 정부가 그 약속을 스스로 번복한 것이거든요.

그러나 우리 지역신문은 그런 부분에 대해서, 아무런 언급이 없이 '지원에 대한 찬성입장'만을 보이고 있습니다.

예를 들면,

호남신문, 25일자, <사설 – 통일로 가는 '금강산 뱃길'>에서, "북한을 개방의 길로 유도할 수 있다면, 지금보다 더 많은 돈이 들지라도 우리는 그 길을 가야 한다."고 보도했고,

광주일보, 22일자, <사설 – '금강산 투자는 평화사업'>에서, "금강산 지원은 단순한 경제논리로 설명할 수 없는 평화를 위한 투자"다 등의 논조를 유지하고 있습니다.

우리 언개연에서는, 앞으로 정부의 금강산 관광사업 지원에 대한 '찬성'과 '반대'의 사설이, 국민의 여론에 어떠한 영향을 미칠지 주

목하고 있습니다.

**3. 호남매일 촌지수수 명단공개와 관련하여 민언련(민주언론운동시민연합 약칭)에서, 공개질의를 제시했는데… 먼저 그 내용부터 살펴봤으면 좋겠습니다.**

☞ 지난 이 시간에 '호남매일에서 촌지수수자 명단을 공개했다.'는 소식을 전해 드렸는데요.

지난 14일 민언련이 호남매일에 보내는 공개질의서를 냈습니다. 이에 대해서, 호남매일에서 답변을 보내왔는데요. 이 내용을 세 가지로 간단히 소개해 드리겠습니다.

촌지를 받지 않아도 될 물적 토대가 갖추어져 있는지에 의문을 갖고 호남매일에 대해서 질문을 했어요.

[질의 1]

언론노동자의 급여를 어떻게 개선할 것인가. 그리고 언제까지 개선할 것인지에 대한 시기를 명확히 제시하고 연차에 따른 급여액 수준을 밝혀라.

[답] 호남매일은 현재 언론노동자의 급여수준의 개선에 최선의 노력을 다하고 있다. 언론인으로서 최소한의 품위를 유지할 수 있도록 급여체계를 개선해 나가고 있다. (외부에 비공개를 조건으로 급여액도 밝혀 왔음).

[질의 2]

촌지뿐만 아니라, 우호적인 기사나 광고를 대가로 한 촌지는 물론이고, 각종의 향응제공도 거부할 것인지 밝혀야 한다.

[답] 우리는 어떤 내용의 촌지, 선물, 향응 제공도 단호히 거부한다. 물론 우호적인 기사, 광고를 대가로 한 촌지도 마찬가지이다.

[질의 3]

촌지(금품, 향응)를 제공받는 자사 기자(주재기자 포함)를 적발했을 때의 '조치내용'과, '타사 기자'의 촌지관행도 철저하게 감시하고 그 정보를 모두 공개할 것을 다시 한 번 천명해라.

[답] 자사 기자(주재기자포함) 촌지수수 사실이 적발될 경우 즉각 본지에 '공개하고 해임'시키기로 결의했으며 당사자는 무조건 퇴사하기로 개인별로 각서를 제출했다. 타사 기자에 대한 촌지수수에 대해서도 '철저하게 감시'해 인지 시 촌지수수자 쌍방 모두를 실명으로 공개할 것이다.

### 4. 그렇다면 호남매일 촌지수수 거부운동에 대해, 언개연은 어떤 입장이십니까?

☞ 이번 호남매일의 촌지수수 거부운동에 지지를 보내고 있고, 공개 질의에 대한 답변에 대해서 만족하고 있습니다.

그래서 이제는 호남매일뿐만 아니라, 다른 방송사 및 신문사에 대해서도, 촌지수수 거부운동을 벌일 예정입니다. 광주지역의 방송사와 신문사 등 전 언론사에 대한, 촌지수수 거부 운동을 확대하기 위해서, 촌지근절 촉구를 위한 결의대회를 준비하고 있습니다.

오는 29일(화) 오전 11시, 광주시청 앞에서 행사를 벌일 예정인데요. 이번 행사로 인해서 광주지역기자들 사이에 촌지 거부운동이 확산되기를 기대합니다.

5. 서울에서 열리는 조선일보 왜곡보도에 대한 '민간법정'에, 광주지역에서도 참여한다는 소식이 있었는데… 자세한 설명을 부탁드립니다.

☞ 오는 30일 오후 1시부터 5시까지 프레스센터 20층 국제회의장에서 열릴 '민간법정' 행사를 준비하고 있습니다.

이 행사는 조선일보의 반민족·반통일 행위에 대해서, '민간법정에서 심판하겠다'[9]는 겁니다.

현재 민간법정에 참여한 추진위원은 모두 천여 명(1,013명)인데요. 언론개혁단체들을 비롯한 다양한 단체와 개인이 참여하고 있어요.

우리 광주지역에서도 언론개혁시민단체 관계자들이, 오는 30일 민간법정에 추진위원 등으로 참여할 예정인데요, '안티조선 운동'이 신문개혁운동으로 확산되기를 희망합니다.

(2002 – 01 – 26 방송)


## 제21절 언론은 그렇게 보수적인가


### 1. 오늘은 어떤 내용들을 전해 주시겠습니까?

☞ 오늘은 부시 대통령의 대북강경 발언 이후에 나타난 우리 지역신문의 논조를 살펴보고, 인터넷 신문의 대선주자 인터뷰와 관련

---

9) 조선일보 왜곡보도에 대한 민간법정이란, 민간법정 개최를 통해서 그동안 진행되어 온 각계각층의 조선일보 반대활동과 여론을 하나로 모아 낸다는 것임. 조선일보의 왜곡보도에 대한 국민적 여론을 조선일보반대운동으로 확산한다는 것임. 구체적인 구성을 보면, 판사단에 고영구 변호사와 오종렬 민간법정 상임공동대표, 검사단에 김인회 변호사(반통일 기소 담당), 김승교 변호사(반민족 기소 담당), 임종일 조선반대시민연대 집행위원장(반민주 기소 담당), 최규엽 씨(모두 기소)가 위촉됐다. 변호인단에는 최민희 민언련 사무총장(반통일 기소 변론), 김동민 민간법정 상임공동대표(반민주 기소 변론), 오한홍 옥천신문 편집장(반민족 기소 변론)임.

해서 광주지역 시민단체가 성명서를 발표했는데 그 내용, 광주지역의 시민단체에서 15개 언론사에 대해서 촌지근절을 촉구했다는 소식, 마지막으로 민간법정에서 조선일보를 유죄판결을 내렸다는 소식 등과 관련된 내용 등입니다.

2. 최근 우리나라뿐만 아니라 세계적인 이슈가 아닐까 싶은데, 부시 대통령의 대북강경 발언… 사실 중앙 방송 3사에 대한 단순보도 행태도 미디어 비평 전문가들에게 지적됐었습니다.
   그렇다면 우리 지역신문들은 어떤 보도 태도를 보이고 있는지 궁금합니다. 언개연에서는 어떻게 분석하고 있습니까?

☞ 부시 미 대통령의 '악의 축' 발언 이후, 우리 언론에서 여러 논조의 보도 태도를 보이고 있습니다.

일부 중앙지에서는 미국에 대해 적극적으로 대처하자는 입장으로, 부시의 군사적 모험주의에 맞서자(한겨레 5일자 사설)는 주장이랄지, 우리나라의 자주외교를 주장(한국일보 2일자 사설)하고 있는데, 우리 지역의 신문들은, 미국을 향해 적극적인 목소리를 내기보다는, 한미 공조복원이 시급하다고 주장하여, 미국에 대해서 직접적인 반박을 피하는 태도를 취하고 있는 것을 볼 수 있습니다.

예를 들면,

광주일보 2월 5일자, <사설 - "韓·美, 대북 공조 나서라">라는 제목에서, "벌어진 한·미 간 간극을 메우는 작업이 최우선 과제"라고 하면서, "양국 간 이견이 심각하더라도 주권국가로서의 당당함을 유지해야 한다."라고 하여, 자주외교를 강조하는 논조를 보이고 있고,

호남신문 2월 8일자, <사설 - "꼬이는 북미관계, 커지는 우려">라는 제목에서, "대미 종속외교를 탈피하지 못한 우리 정부의 외교

능력도 문제"라고 지적하고, "해법을 찾는 능력도 한심스럽다"며, 정부비판의 논조를 취하고 있어요.

전남매일 2월 8일자, <사설 - '부시독트린'에의 대응논리>란 제목에서, "정작 발등에 불이 떨어진 것은 한국 정부이다."라고 하면서, "여야를 떠난 초당적 합의하에 대북정책의 진로를 확고히 다잡아야 한다."라고 정부의 대응을 주문하고 있어요.

호남매일 2월 8일자, <사설 - 전쟁 먹구름 超黨的 대처를>이라는 제목에서, "평화를 열망하는 국민들의 뜻을 담아 강도 높은 '결의안'을 부시 방한전에 채택해야 한다."며, "정부와 정치인, 국민 모두가 다 같이 옷깃을 여밀 때다."고 하면서, 정치권과 정부의 역할을 강조하고 있습니다.

이렇게 '신문'들이 미국 대통령의 발언에 대한 미온적인 대처와 정부의 비판을 주로 하고 있는 것과는 달리, 우리 지역의 '시민단체'에서는 직접적으로 '부시의 발언'을 규탄하고 있습니다.

우리 지역신문에서는, 부시 미국대통령의 발언에 대해, 시민사회단체와 국민들의 반대 목소리를 보도해야 할 것이고, 뿐만 아니라 '미국적 시각'에 길들여진 보수적인 보도 태도에 대한 변화를 촉구해 봅니다.

3. 최근 '오마이뉴스의 민주당 대선주자 초청 인터뷰'가 선관위에 의해 무산됐었죠? 이번 사건을 계기로 오프라인 매체 중심으로 제정된 정간법과 선거법 등 관련 법규를 인터넷시대에 맞게 개정해야 한다는 목소리가 높아지고 있는데… 한편 이와 관련해 광주 시민단체에서도 성명을 냈었죠? 자세한 소개를 부탁드립니다.

☞ 인터넷신문 오마이뉴스[10]가 민주당의 대선주자들을 초청해 2

월 5일부터 갖기로 한 '특별 열린인터뷰'에 대해 선거관리위원회가 "선거법 위반"이라면서 50여 명의 직원을 보내 인터뷰를 무산시킨 일이 있었습니다.

선관위의 제재 사유는, 오마이뉴스가「정기간행물의 등록 등에 관한 법률」(정간법)에 따라 등록된 언론사가 아니기에, 선거법을 위반한다는 것입니다.

이런 선관위의 해석에 대해서, 우리 지역 시민단체들은 '지극히 구시대적이고도 편의주의적인 발상'이며, '언론자유에 대한 침해'라고 성명서를 내놓았습니다.

즉, "선관위가 해야 할 것은 '특별 열린인터뷰' 자체를 막는 것이 아니라, 그 열린 인터뷰가 얼마나 공명하게 집행되는가를 감시하는 것이다. 선관위의 존재 이유는 공명선거에 있다."고 하면서, "선관위가 엄연한 언론기관인 오마이뉴스의 언론활동을 제지하려 든다면 이는 헌법에 보장된 언론자유를 침해하는 일이다."라고 주장하고  있습니다(광주전남민중연대회의·광주전남민주언론운동시민연합·광주전남자치연대·광주전남여성단체연합·참여자치21·광주경제정의실천시민연합·오마이뉴스광주전남).

### 4. 다음은 광주지역의 시민단체에서, 15개 언론사에 촌지근절을 촉구했다는 소식인데… 자세한 소식 부탁드립니다.

☞ '호남매일'의 촌지거부 선언을 계기로, 우리 광주전남지역 내 언론인들의 자정을 촉구하는 움직임이 확산되고 있는데요.

지난 29일 광주전남 민주언론운동시민연합을 비롯한 시민사회단체는, 광주시청 앞에서 '촌지근절 촉구를 위한 결의대회'를 열고, "기자

---

10) 오마이뉴스는, 2000년 2월 '인터넷신문'으로 창간되었고, 하루 평균 50여만 명이 찾고 있다.

들이 스스로 각성하고 언론사는 촌지를 받지 말라.”고 밝혔어요.

또, 공개질의서를 지역언론사에 보내고 (오는 15일까지) 답변을
해 달라고 요청했습니다.

요구내용은

① 촌지뿐만 아니라 각종의 향응 제공을 거부할 것인지의 여부
   를 사고를 통해 선언하라는 내용
② 촌지(금품·향응)를 제공받은 자사 기자(주재기자 포함)를 적발
   했을 때의 조치내용과 타사 기자의 촌지수수관행도 철저하게
   감시하고 그 정보를 모두 공개할 것인지의 여부를 밝혀야 한다.
그래서 부디 모든 언론사가 촌지거부운동에 동참하기를 바랍니다.

*질의서를 보낸 언론사: 전남매일, 전남일보, 광주일보, 호남신문,
호남일보, 무등일보, 광주타임스, 전광일보, 광주KBS, 광주MBC,
광주방송, 광주CBS, 광주BBS, 광주교통방송, 광주PBC 등 15개사.

5. 지난 달 30일이었던가요? 조선일보 민간법정에서, 방응모 조선일보
   전 사장의 장남 방재선 씨가 아버지의 친일행각을 사죄한다고 밝혀
   눈길을 끌었었는데… 민간법정에서 조선일부를 상대루 유죄판결을
   내렸다는 소식, 좀 더 자세히 전해 주시죠!

☞ 지난달 30일 프레스센터 20층 국제회의장에서 5백여 명의 시
민들이 지켜보는 가운데 ‘조선일보 반민족·반통일 행위에 대한 민
간법정(수석판사 고영구·변호사)’이 열렸어요.

우리 지역에서도 상당수의 시민단체 관계자와 학생 등이 참석을
했었고, 저도 함께 참석하고 돌아왔습니다.

검찰은 조선일보의 친일 친독재 등 반민족적 행위가 민주주의의

진보와 민족의 화합을 심각하게 훼손했다고 기소이유를 밝혔습니다.

예를 들면, 일본천황을 노골적으로 미화하는 보도, 민족해방투쟁에 대한 악의적인 보도 등의 반민족 행위와 3선 개헌을 지지하고 5·18광주 민주항쟁에 대한 악의적인 보도 등 반민주 행위, 북한의 금강산 댐 건설에 대한 악의적인 보도 등 반통일 행위에 대해서, 검사 측의 기소와 증거자료제시, 증인심문이 있었어요.

특히, 증인으로 방재선 씨(방응모 씨의 친자)가 출석하여, "나이 많은 조카들에게 회사를 강탈당했다."고 주장하고, 그는 부친의 죄과를 대신 사죄한다는 말을 하기도 했어요.

배심원단은 "만장일치로 조선일보에 추호의 관용도 베풀 수 없다."는 평결을 내렸어요.

민간법정 재판부는 배심원단의 평결에 따라 조선일보가 유죄임을 확정하고 조선일보 쪽에 △유죄로 인정된 사실의 보도기사에 대해 구체적으로 이를 적시해 사죄할 것, △유죄로 인정된 사실의 보도기사 작성에 직·간접으로 관련된 모든 임직원에 대해 책임을 물을 것, △반민족적·반민주적·반통일적 언론행위의 재발을 막기 위해 조선일보사의 소유와 경영을 분리하고 편집권 독립에 필요한 조처를 취할 것을 권고(권고 판결)했어요.

이렇게 국내에서 민간법정이 열린 것 특히, '보도 행태와 내용'을 문제 삼아 특정 언론을 시민사회가 나서서 심판한 것은 처음 있는 일입니다.

(2002 – 02 – 09 방송)

# 제22절 시민의 소리, 발간을 중지한다

## 1. 오늘은 어떤 내용을 얘기해 주시겠습니까?

☞ 오늘은 정기간행물법 개정안과 관련된 소식, <시민의 소리> 발간 중단과 관련한 내용, 그리고 월간예향 잡지 휴간과 관련된 소식 등입니다.

## 2. 지역소식에 앞서 먼저 정간법 개정 관련 소식부터 전해 주시겠습니까?

☞ 시민단체에서 그동안 요구해 왔던 '정기간행물등록 등에 관한 법률 개정안'이 마침내 국회 안에서 다뤄지게 됐습니다.

여야 의원 27명(여당 24명, 야당 3명)이 지난 8일, 개정안을 국회에 제출함으로써 그동안 원외에서 언론개혁시민연대 등 민간단체 중심으로 이뤄져 왔던 정간법 개정 논의가 이제 국회로 옮겨지게 됐어요.

이 법의 개정안의 내용을 살펴보면, △노사가 공동으로 참여하는 편집위원회 구성, △편집규약의 제정과 공표 의무화, △신문 발행 부수, 유가 판매부수, 구독료·광고료, 재무제표, 영업보고서, 감사보고서 등 경영 관련 자료 매 회계연도마다 문화관광부 제출, △무가지 배포금지 등의 내용입니다.

이번 개정안에는 인터넷매체와 특수 통신사에 관한 규정을 신설하는 내용도 포함돼 있습니다.

이 법률개정안과 관련해서 신문들의 반응을 보면, 특히 조선·중앙·동아일보 등은 "편집권을 침해할 소지가 높다."며 강하게 반발하고 있습니다.

그런데 특이한 점이 있는데요.

우리 지역의 일부 신문에서는 이것을 원칙적으로 환영하는 의견을 내놓고 있습니다.

호남매일은 오늘(16일) 일자 <사설 - 편집 委員 구성의무화 환영한다>라는 제목에서, "우리 언론 현실에서 일부족벌언론의 경우 '언론 자유'가 곧바로 '언론사주의 자유'로 전락했다."면서, "일부 족벌언론이 이 개정안의 '독소조항'을 들먹이며 언론개역을 촉구하는 국민들의 여망을 잠재우려 하는 데 있다."고 하면서, 정간법 개정을 찬성하고 있습니다.

그런데 현행 정간법은 마땅히 개정돼야 할 필요성이 있다고 봅니다.

개정안은 편집권 독립과 경영투명성 제고, 독자의 권익 옹호에 초점을 맞추고 있어 큰 물줄기는 제대로 잡았다고 보는데요. 일부 조항에서 좀 더 보완이 필요한 부분은 앞으로 여론 수렴을 통해 고쳐 나가야 할 것입니다.

### 3. 계속해서 〈시민의 소리〉 발간 중지 소식 자세히 전해 주시죠!

☞ 시민의 소리가 지난해 2월 21일 창간한 이후에 약 1년 동안, 8면으로, 주 3회 발행해 왔는데요.

지난 1월 30일에 회사 <사고(社告)>를 통해서, 발행 일시 중단을 선언했습니다.

시민의 소리는 <사고>를 통해서, "회사의 자립경영방안과 제작을 병행하는 데 현실적으로 어려움이 있다."고 하면서, "자립경영방안을 마련하기 위한 준비를 철저히 하기 위해 발행을 일시 중단한다."고 밝히고 있습니다.

발행 중단에 대한 제일 큰 문제는 '경영난'이고, 이걸 해결하기 위한 것이 '자립경영방안'이라는 겁니다.

그동안 제작비와 운영비를 지원해 온 것은 '광주 교차로'(대표이사 김창훈)였는데, 이 교차로신문으로부터 지원을 받지 않고, 독립하겠다는 거예요.

사실 신문을 발행하는 데는 제작비뿐만 아니라 운영비, 인건비 등 각종 부대비용이 들어가는데요. 이 비용을, 만 명의 정기 구독자를 확보하고 광고후원회원을 모집하겠다는 것이고요.

또 자립방안 중에는 '광주매일 노조 측'과 현재의 <시민의 소리> 팀, 그리고 시민들을 대상으로 주식을 모집해서, '독립 언론'(자본으로부터 독립)을 만들려는 방안들을 모색 중인 것으로 알려지고 있습니다.

제가 어제 <시민의 소리> 관계자에게 확인한 결과, 일단 신문은 다음 주부터 '재발행'될 예정이라고 합니다. 그래서 발행 횟수를 주 3회 발행했던 것을 주 1회로 줄이고, 매주 '토요일'에 발행하는 대신에, 신문면수를 현재의 8면에서, 24면으로 늘린다는 거예요.

부디, '시민저널리즘 실천과 언론개혁'을 표방했던 <시민의 소리> 창간정신이 지속될 수 있기를 기대해 봅니다.

4. 오랫동안 지역민들과 함께 했던 광주일보사의 월간간행물 '예향'이 지난달을 마지막으로 폐간됐습니다. 또한 이로 인해 광주일보사 내부적으로는 구조조정 등 적잖은 변화가 있을 것으로 예상되고 있는데… 자세한 소식 전해 주시죠!

☞ <월간 예향>이 이번 '2월호'를 끝으로 '휴간'에 들어갔습니다.
<월간 예향>은 1984년 9월 광주일보 자매지로 창간호(10월호)

를 발행해서, 지금에 이르고 있습니다.

광주일보사에서는 <월간 예향>을 폐간이 아닌, 휴간으로 표현하고 있는데요. 저도 휴간이라는 용어를 쓰겠습니다.

휴간 이유는 '경영난'이 주된 원인인데요. 경영난이 해결되지 않는다면, 폐간으로 이어질 것으로 보입니다.

그렇다면 <월간 예향>의 취재와 편집, 조사 등에 종사했던 기자들의 잉여인력이 필연적으로 고용조정이 될 것 같습니다. 고용조정에는 노동조합과의 협의를 거치도록 되어 있습니다.

그래서 어제 광주일보사의 노조위원장(김옥렬 기자)과 통화를 해보았는데요.

앞으로 구조조정과 관련해서, 회사 측과 구체적인 일정을 협의할 예정이라고 합니다.

안타까운 소식이지만, 이렇게 된다면 우리 지역의 대표적인 신문사에도 정리해고의 바람이 불 것으로 예상됩니다.

(2002 − 02 − 16 방송)

## 제23절 노조파업은 언제나 잘못된 일인가?

### 1. 오늘은 어떤 내용들을 전해 주시겠습니까?

☞ 오늘은 철도・발전 등 공공부문노조의 총파업이 있었는데요. 이에 대한 지역신문계의 보도 태도를 말씀드리고, 광주일보의 인원 감축 소식, 그리고 광주타임스가 주간지를 발행한다는 소식, 마지막으로 '월간 전라도닷컴' 발행 소식 등에 관련된 내용입니다.

2. 국가적으로나 지역적으로나 상당한 혼란과 관심을 불러일으켰던 철
   도, 발전, 가스 등 3개 공공부문노조의 총파업…. 지역신문계에서는
   이 소식을 어떤 보도 태도로 접근했는지 궁금합니다. 어떻습니까?

☞ 철도・발전 노조 연대파업에 대해서 우리 지역신문에서도 다양한 보도를 했습니다.

그런데 이런 언론의 보도 태도에 몇 가지 문제점이 지적되고 있습니다.

첫째로, 노사 간의 문제를 다루는 보도 태도가, 노사 양쪽 중에서 '사용자의 시각'에 편향되어 있다는 겁니다.

예를 들면, 무등일보 2월 26일자, <사설 – "파업은 끝내야 한다.">라는 제목에서, "국민이 고통을 겪고 있는 만큼 먼저 파업 철회를 촉구한다."라고 보도하고 있고요.

호남매일, 오늘자(3월 2일), <사설 – "民營化, 파업 상관없이 추진돼야">라는 제목에서, "양대 선거를 앞두고 이익 단체들의 단체행동이 극심해질 우려가 크다."고 지적하고, 불법파업 주동자들에 대한 처벌을 주장하고 있어요.

둘째로, 파업에는 두 가지의 영향이 있어요. 노동자 쪽에서는 파업으로 자신들의 주장을 관철하려는 것이고, 사용자 쪽에서도 사측의 주장을 내세웁니다.

그런데 신문의 보도들은 파업으로 인한 국민 불편과 경제적 손실, 외국인 투자자에게 미칠 부정적인 영향을 지나치게 강조하고 있다는 것입니다.

광주타임스, 2월 27일, <철도 파업 이틀째… 여객, 화물수송 불편 지속>,

광주일보, 2월 26일, <철도파업 손실 하루 132억>,

광주일보, 2월 28일, <정부 공공부문파업 관련 주동자 엄정 조치> 등의 제목 기사가 그렇습니다.

셋째로, 파업의 원인과 파업에 이르게 될 때까지의 구조적인 문제는 다루지 않고 단순히 현상을 나열하는 '나열식 보도'에 그치고 있다는 거예요. 이들 노조 파업의 핵심쟁점 가운데 하나인 '민영화 문제'인데요. 언론은 이런 민감한 문제를 사회적 의제로 설정해서, 여론을 환기시키는 노력을 언론이 했어야 한다고 생각해요. 그런데 언론은 이런 문제에 대한 심층보도가 부족했어요.

그래서 이런 파업문제를 보도할 때에는 노사 양쪽의 주장을 균형 있게 취급하는 '균형성'을 잃지 말아야 한다고 봅니다.

**3. 지난 시간에 잠깐 언급을 했습니다만, 최근 상당한 윤곽이 드러난 것으로 알고 있습니다. '광주일보의 인원감축' 소식 자세히 전해 주시죠!**

☞ 광주일보에서 고용조정을 단행했는데요.

23명이 정리해고의 통보를 받았다고 합니다. 이 중에서 지난 25일 13명, 27일에 10명이 발표되었습니다.

이 가운데에는 비노조 간부들도 있어요. 예를 들면, 편집부장, P논설위원, 사진부장, L월간부장 등 부(국)장급 5명이 포함되어 있지만, 대부분 하위직에 집중되어 있습니다.

이번 정리해고와 관련해서, 두 가지 정도의 문제점과 시사점을 지적하고 싶은데요.

첫째는 해고대상자 선정에 대한 문제입니다.

해고대상자를 선정할 때는 합리적이고 공정한 기준에 의해서 선정되어야 합니다.

근데, 일부에서는 이 기준이 무시되었다는 지적도 있어요. 해고 기준도 납득할 수 없다는 거예요. 즉, '핵심부서'의 부장 등은 퇴출 대상자에서 제외되었다는 겁니다. 즉, 힘없는 부서에서만 정리해고 대상자를 선정했다는 것이고요.

둘째는, 이번 광주일보의 정리해고 조치가, 지역언론계의 고용조정으로 이어질 것이라는 것입니다.

그리고 정리해고는 '사용자 쪽의 원인'(경영상의 이유)으로 단행된 것이기 때문에, 노동자들 쪽의 고통만을 강요해서는 안 되고, 사용자 쪽에서도 뼈를 깎는 노력으로 회사를 살릴 수 있는 방안을 제시해야 할 것으로 생각합니다.

### 4. 광주타임스가 주간지를 발행한다. … 자세한 내용 전해 주시죠!

☞ 이 지역신문의 일간지가 난립되어서, 광주타임스에서는 일간지와 함께 '주간지'를 창간해야겠다는 판단을 한 것 같습니다.

그래서 이달(3월) 중순경에 발행을 목표로 창간 작업하고 있는 것으로 알려지고 있는데요. '광주사랑방'을 제호로 타블로이드판[11]형 24면 규모인데요.

주간지는 일간지에 비해서 상대적으로 제작비용이 적게 들고, 인원도 일간지의 최대 10분의 1 정도로도 제작이 가능하기 때문에 이런 주간지를 창간하는 것 같습니다.

부디, 일간지와는 차별되는 주간지가 되기를 바랍니다.

---

11) 가로 254㎜, 세로 374㎜인 인쇄물의 규격으로, 신문지의 절반 크기이다.

5. 온라인 언론이었던 '전라도 닷컴'이 새롭게 오프라인 생활문화잡지로 탈바꿈을 했죠! 그동안 온라인상에서 따뜻한 전라도 이야기들을 네티즌들에게 잘 전해 줬는데… 새롭게 변모한 '전라도 닷컴' 창간 소식, 자세히 전해 주시죠!

☞ 그동안 2000년 10월부터 서비스를 시작했던 <월간 전라도닷컴>이 16개월 만에 오프라인 잡지로 창간되었습니다. 총 56면 신문형태로 2월 25일 발행되었는데요.

광주전남의 대표적 문화잡지들인 <금호문화>, <월간 예향> 등이 폐간된 시점에서 반가운 소식입니다.

이 <월간 전라도닷컴>은 온라인잡지의 경험을 바탕으로 경제, 스포츠, 정치 등을 내용으로, 누구나 읽을 수 있는 잡지가 되고 싶다고 밝히면서, 기존 잡지들의 정형을 깬 신개념의 월간잡지를 표방하고 있습니다.

부디 우리 지역의 다양한 내용을 담아서, 우리 지역의 대표적인 잡지로 성장할 수 있기를 기대해 봅니다.

(2002 - 03 - 02 방송)


## 제24절 정치자금에는 눈만 깜박인다


1. 오늘은 어떤 내용들을 전해 주시겠습니까?

☞ 오늘은 ① 민주당의 국민경선과 관련된 우리 지역신문의 보도 태도를 말씀드리고, ② 광주전남 언론개혁시민단체가 선거보도

모니터를 위한 교실을 준비한다는 소식, ③ 광주·전남지역언론인들이 지방 및 대권후보 캠프로 이동하고 있다는 소식, ④ 시민단체에서, 언론인들의 촌지근절을 위한 (2차)공개질의를 했다는 소식 등입니다.

2. 앞서도 오늘 광주경선을 앞두고 각 후보들의 선거전 각오를 들어보는 그런 시간을 마련했었는데… 사실 이번 민주당 대선경선은 초반부터 국민들을 비롯해, 각계각층에서 많은 관심과 호응을 일으켰다는 생각이 듭니다.
특히 지역신문에서도 깊이 있게 여러 차례 보도해 왔는데… 그렇다면 이번 지역신문의 보도 태도에서는 어떤 문제점들이 발견됐는지 설명을 부탁드립니다.

☞ 민주당 대선 경선이 제주·울산을 시작으로 시작되었는데요. 광주는 16일(오늘) 치러지지요.

이번 경선과 관련해서 우리 지역신문의 보도를 보면, 보도시기를 둘로 나눠 볼 수 있는데요. 김근태 고문의 불법선거에 대한 고해성사 발언(3일 발표)이 있기 '전'과 '후'로 나눠 볼 수 있습니다.

이 발언이 있기 '전'에는 대체적으로 언론의 보도는 바람직했다고 봐요. 민주당의 제주 국민경선에서 조직 동원과 불법 정치자금이 뿌려지고 있다는 것에 대해, 신문들은 '사설'을 통해 이를 개탄하는 목소리를 전했어요.

예를 들면,

전남일보, 2월 27일자, <취지 빗나간 국민경선제>,

호남신문, 3월 1일자, <사설 – 국민경선제 '참뜻 살리라'>

이렇게, 국민이 기대를 걸고 시작한 민주당 내의 국민경선제에 문제점을 날카롭게 지적하고 있어요.

그런데 제가 지적하고 싶은 부분은, 김근태 고문의 "최고위원 경선 때 불법자금 사용"했다[12]는 발언이 나온 '이후' 신문들의 태도입니다.

즉 불법선거 자금 관련 고백이 나왔으면, 언론들은 이런 불법선거를 막기 위한 대안, '돈 정치'의 청산 방안을 진지하게 모색을 해야 할 텐데, 그렇지가 않고, 오히려 '트집' 잡기 식으로 가고 있다는 거예요.

우리 지역신문에서는 불법 정치자금 문제를 '의제화'시키고, 이를 '제도적 개혁'으로 이끌어 내는 '문제의식'이 부족했다고 봅니다.

**3. 계속해서 광주전남 언론시민단체가 선거보도 모니터를 위한 교실을 준비한다는 소식… 자세한 설명을 부탁드립니다.**

☞ 이번 선거와 관련해서, 언론이 제 역할을 할 수 있도록, 언론을 모니터하겠다는 겁니다.

이 모니터를 위해서 먼저 모니터 요원을 양성하는 '모니터 교실'에 대해서 소개를 해드리면, 3월 25일(월)~4월 4일(목)까지 민언련 강의실에서 열립니다.

그래서 방송과 신문에 대한 모니터 활동을 통해 지역감정 조장, 경마식 선거보도, 선정적 보도, 과열혼탁선거를 부추기는 보도 행태 등을 감시하고, 올바른 선거보도문화가 형성되도록 할 것입니다.

---

12) 민주당 김근태 고문이 3일 "2000년 8·30전당대회 최고위원 경선 선관위에 공식 등록하지 못한 사실상 '불법 선거자금'이었다."고 밝혔다.

4. 이번 선거에서는 유독 선거캠프에 많은 언론인들이 영입되는 새로 운 붐이 일고 있는데 아무래도 여느 선거 때보다 올 선거가 입후보 자에 대한 홍보의 중요성이 강조되고 있는 상황이기 때문이 아닐까 싶은데… 어떻게 생각하십니까?

☞ 그렇습니다. 선거에는 홍보가 중요한데요. 이 홍보의 역할을 하는 선거 참모로, 언론인들이 영입되고 있다는 거예요. 전직 언론 사 사장부터 기자까지 다양합니다.

그런데 언론인이 선거 후보자 참모로 참여하는 것에 대해, '찬성' 과 '반대' 의견이 있는데요.

먼저, 선거 캠프 참여에 '반대'하는 쪽에서는, 다음과 같은 이유 를 내세웁니다.

아무래도 자기가 일하는 캠프가 있기 때문에, 시민들에게 특정 상대 후보의 왜곡된 정보(또는 이미지)가 전달될 수 있는 겁니다. 또 선거 캠프에 참여하는 전직 언론인들 중에는 중견간부급이 상 당히 포함되어 있기 때문에, 이런 언론인들이 인맥을 동원해서, 영 향력을 행사할 수 있다는 거예요.

한편, 캠프에 참여하는 것을 '찬성'하는 쪽에서는, 선거공간을 통해 서 새로운 일자리(인력수요의 창출)를 얻을 수 있고, 현실감각과 정치 적 감각을 갖춘 인재가 능력을 발휘할 수 있는 기회라고 합니다.

캠프참석에 대한 판단은 언론인 자신이 하겠지만, 언론인들이 나 름대로 인생관이나 철학, 역사관을 가지고, 선거에 '순기능적인 역 할'을 했으면 좋겠습니다.

5. 촌지근절 선언과 실천촉구를 위한 2차 공개 질의와 관련해 자세한
   설명 부탁드립니다.

☞ 언론개혁 시민단체(광주전남 민주언론운동시민연합)에서, 언론개혁 차원에서 우리 지역의 신문사와 방송국 등 15개 언론사를 상대로 '촌지근절'을 촉구하는 공개질의서를 지난 1월에 보냈는데요. 대부분 답변(촌지로부터 자유스러운 것인지 아니면 계속 받겠다는 것인지)이 없었고, 지금 방송을 하고 있는 광주평화방송(PBC)과 광주MBC 등 두 개의 언론사에서만 성의 있는 답변을 보내왔어요.

그래서 2차로 지난 6일에(발송: 3월 6일/3월 20일까지 답변 요청) 답변을 하지 않은 13개 언론사를 대상으로 공개질의서를 보냈습니다.

그래서 '촌지 수수 거부' 는 언론인의 첫 번째 덕목이기 때문에, 모든 언론사들이 이런 시민단체들의 언론개혁노력에 동참하기를 촉구합니다.

(2002 – 03 – 16 방송)


## 제25절 '음모론', 그를 잠들게 하라


### 1. 오늘은 어떤 내용들을 전해 주시겠습니까?

☞ 오늘은 ① 민주당 경선 보도 중에서, 이인제 후보의 중도하차 여부랄지, 음모론과 관련된 우리 지역신문의 보도 태도, ② 광주매일 노조, 학계와 시민단체들이 연대하여 종합 시사주간지를 창간할 예정(5월 1일)이라는 내용, ③ 생활정보지의 '사랑방'과 광주타임스

의 '주간 사랑방'의 제호 논란, 마지막으로 ④ 조선일보를 인쇄하는 광주공장인 (주)조광출판의 위장폐업 논란 등에 대한 내용입니다.

**2. 먼저 민주당 경선 보도와 관련해 최근 상당한 화제가 됐었죠? 이인제 후보의 중도하차 여부… 이와 관련해 지역신문에서는 보도 태도 상의 어떤 문제점이 발견됐습니까?**

☞ 민주당 대선후보 경선과 관련해서, 거취를 고민해 온 이인제 후보는 27일 기자회견을 통해 경선에 계속 참여할 뜻임을 밝혔지만, 이전에 제기된 '음모론'에 대한 문제가 여전히 해결되지 못하고 있습니다.

우리 지역신문에서 나타난, 음모론 문제에 대한 보도 태도를 살펴보면, 신문에서는 이런 음모론에 대한 사실관계를 파헤치기보다는 이를 '기정사실화'하는 보도 내용이 있었어요.

음모론을 기정사실화한 기사를 보면,

광주일보, 3월 26일자, <이인제 사실상 경선포기\박지원특보 사퇴 요구>,

광주타임스, 27일자, <이인제 음모론 제기, 대선후보 경선 사퇴 명분 쌓기 나서>라는 제목에서, "민주당 이인제 고문이 대선후보 경선 사퇴 수순 밟기에 들어갔다."라고 보도하고 있습니다.

그런데 우리 지역의 신문에서는 '음모론'에 대해서, 이것을 확대재생산했는가 하면, 심지어는 이 후보의 사퇴를 부추기는 듯한 인상마저 풍기고 있어요.

따라서 언론에서 좀 더 적극적으로 이 음모론의 '실체'를 '검증'하는 노력이 있었으면 좋겠습니다.

만약 '음모론'에 대한 근거가 없었다면, 근거 없는 음모론이 유포되고 있는 것에 대한 문제를 지적해야 할 것입니다.

**3. 광주매일 노조와 학계 시민단체들이 연대해서, 종합 시사주간지를 창간할 예정이라고요? 자세한 소식 전해 주시죠!**

☞ 방금 말씀하신 것처럼, 광주매일 노조와 학계, 시민단체들이 연대해서 종합 시사주간지를 창간한다는 겁니다.

이것은 지난 1~2월에, 기존의 '광주매일 노조' 측하고, <시민의 소리> 쪽의 두 축이 통합을 시도했었는데, 이게 무산되었습니다. 지금 한 축인 시민의 소리는 주 1회 발행으로 가닥을 잡고, 신문을 발행하고 있고요. 그리고 다른 한 축인, '광주매일' 노조에서는 시민단체 등과 연대해서, 오는 5월 1일 창간을 목표로 하는 <지역 시사종합주간지>를 준비하고 있다는 겁니다.

문제는 자본인데요. 부디, 이 지역의 미래와 희망을 가져다주는 주간지가 만들어지길 기원합니다.

**4. 이미 생활정보지로 '사랑방'이 있었고 이와 제호가 비슷한 '주간 사랑방'이 최근 광주타임즈 신문사에 의해 출간이 됐는데… 비슷한 제호 때문에 최근 문제가 되고 있다고 하셨죠? 자세한 소식 전해 주시죠!**

☞ 지금 광주타임스에서는, 현재 3호까지 <주간 사랑방>을 발행했고, 생활정보지인 <사랑방> 측은 약 12년째 '사랑방'이라는 이름으로 생활정보지를 내고 있는데요. 여기서, 불만이 있는 쪽은 생활정보지인 <사랑방>입니다.

즉 '사랑방'이라는 상표가 이미 광주 전남에 널리 알려진 상태인데, 이제 와서 유사한 상표를 사용하는 것은 '혼동'을 일으킬 우려가 있다는 주장을, 생활정보지 <사랑방>에서 하고 있습니다.

그래서 이 문제는 <사랑방> 측이 <주간 사랑방>을 상대로 지난 3월 9일 법원에 '표장 사용금지 가처분 신청'을 냈습니다. 이제 법적인 판단을 받아 봐야 하겠지만(지난 22일 1차 심리를 마친 상태), 저도 얼른 듣기에는 거의 비슷하기 때문에 '혼동'이 오는데요. 유사한 제호를 사용하는 것은, 법적인 판단을 떠나서, '도덕적'으로도 별로 바람직하지는 않다고 생각합니다.

### 5. 끝으로 조선일보 광주인쇄공장인 주식회사 조광출판의 위장폐업 논란 소식 자세히 전해 주시죠!

☞ 네, 조선일보가 그동안 광주지역에서 조선일보를 인쇄해 온 '조광출판 광주공장'을 오는 31일자로 폐쇄한다고 발표했는데요. 이것은 조광출판 노조를 파괴하려는 것이라는 주장이 제기되고 있습니다.

현재는 전남·광주지역 및 전북 일부지역에 발송되는 조선일보 5만 여부를 '광주일보'에 위탁해서 인쇄를 하고 있다고 합니다.

노사의 입장 중에서, 사용자 쪽의 입장을 들어보면, 지난해 세무조사에서 지적당한 부당내부거래의 원상회복과 '부수감소'를 이유로 내세우고 있고, 20일자로 노조원 전원에게 해고통지서를 발송했다고 해요.

이에 대해서, 노동자 쪽에서는, 유일하게 언론산별노조에 가입한 '조광출판지부'를 말살(설립초기에는 22명이었는데, 현재는 14명뿐) 시키려는 의도라고 주장합니다.

부디, 노사가 협력해서 노동자들이 직장을 잃어버리는 일이 발생하지 않았으면 합니다.

(2002 - 03 - 30 방송)

제5장　　　　　　　여론과 선거

## 제26절 노무현 사상검증, 색깔론인가

### 1. 오늘은 어떤 내용들을 전해 주시겠습니까?

☞ ① '노무현 사상검증 보도'와 관련하여, 우리 지역신문의 보도 태도, ② 전남도청 기자실 이용관련 논란에 대한 내용, ③ 지난 4일 조선대에서 열린 한국언론학회 주최 '광주·전남 언론인의 정체성 위기와 극복 방안' 토론회에서 제기된 내용 등입니다.

### 2. 먼저 최근 뜨거운 설전을 벌이고 있는 민주당 경선… 오늘 충북에 이어서 내일은 우리 지역 전남에서 펼쳐지게 되는데… 최근 민주당 경선 관련 보도들이 잇따라 일면 머리기사를 장식하고 있지 않습니까? 그만큼 이슈가 되고 있는데… 그중에서도 최근에 불거져 나온 "노무현 후보의 사상 검증 보도", 구체적으로 우리 지역신문들은 어떤 보도 태도를 보였습니까?

☞ 민주당의 노무현 상임고문과, 조선·동아일보 등과의 대결이 격화되고 있는데요. 오늘은 노 후보의 사상검증과 관련된 이 두 신문과 우리 지역신문과의 보도 태도에 있어서, 비슷한 점과 차이점을 비교해 보도록 하겠습니다.

먼저, 우리 지역신문과 이 두 신문(조선, 동아일보)과의 보도 태도 중 비슷한 점은, 민주당 경선에 두 후보의 '정책이나 자질'을 따지기보다는 '사상' 쪽으로 포인트를 맞춰서 보도를 하고 있다는 점입니다.

호남신문, 4월 4일자, <대선정국에 '색깔론' 회오리>라는 제목에서 보듯이, '사상'에 포인트를 맞추고 있어요.

그리고 두 신문(조선, 동아일보)과 우리 지역의 보도 태도와의 '차이점'은 '색깔론'에 대해서, 우리 지역신문에서는 식상해하는 보도 태도가 많다는 것입니다.

예를 들면,

광주일보, 4월 4일자, <사설 − 색깔 시비, 아직도 꿈틀대다니>

광주일보, 3월 28일자, <사설 − 정계개편 · 색깔론 自制해야>

무등일보, 4월 7일자, <사설 − '좌파적 정권'은 또 뭔가>

무등일보, 4월 9일자, <사설 − 본질 벗어난 언론 공방>

호남신문, 4월 6일자, <사설 − '색깔의 망상'을 버려라>라는 제목에서, "색깔의 시대는 갔다고 본다. 과거 정권에서 선거철이면 즐겨 썼던 색깔논쟁이 이제는 효과가 없다는 것을… 당과 후보들은 알아야 한다."라며, 색깔론에 대해 경계를 하고 있습니다.

그래서 '노무현 후보의 사상 검증 보도'에 대해서, 우리 지역신문은 색깔논쟁에서 한발 비켜서 있습니다.

그렇지만 좀 더 적극적으로 후보들의 '정책이나 자질'에 초점을 맞추지 못한 점은 매우 아쉬운 점이라고 할 수 있습니다.

## 3. 전남도청 기자실 이용관련 논란… 자세한 상황 설명을 부탁드립니다.

☞ 이번 지방선거에서 전남도지사 후보로 출마할 한 후보(송재구 전 전남부지사)가 도청 기자실에서 출마 기자회견을 하려다가, 이 장소의 제공을 거부당해서 일고 있는 논란입니다.

즉, 전남도에서는 도청 기자실을 "내줄 수 없다."는 것이고, 도지사로 출마하려는 송재구 후보는 "빌려 달라"는 것입니다.

도청 쪽에서는, "전례가 없어 이용 못 한다."라는 겁니다. 즉 도청 기자실은 "도정홍보를 하기 위한 장소이지 정치적 장으로 사용한 전례가 없다."는 거예요.

이에 대해서, 송 후보 쪽에서는, "기자실은 열린 공간으로서 도지사 후보로 나갈 사람이 도청에서 회견하는 것은 당연하며 농민이든, 도민이든, 누구든 이용할 수 있는 곳"이라는 겁니다.

근데, 문제는 허경만 지사는 도청 상황실에서 출마회견을 했는데, 이때 허 지사는 '도지사' 자격이 아닌, '후보' 자격이었던 것과 비교할 때 '형평성'에 맞지 않는다는 거예요. 그래서 논란이 되고 있는 것입니다.

**4. 박 위원장께서는 이번 논란에 대해 어떻게 생각하시고, 또 어떤 대응책이 강구돼야 할 것으로 보고 계십니까?**

☞ 첫째, '형평'이나 '원칙'이 지켜져야 한다고 생각해요.

즉, 허경만 지사도 선거의 후보 자격으로 상황실을 이용했다면, 다른 후보도 똑같은 조건에서 허용이 되어야 한다고 봅니다. 기득권을 가진 쪽에서만 이용하게 된다면 결국 형평에 어긋나는 일이지요.

둘째, 기자실의 운영을 좀 개선할 필요가 있다고 봅니다.

기자실이 기자에게 정보 수집을 쉽게 하고, 도정홍보를 할 수 있도록 운영되고 있지만, 상당히 부작용(예, 촌지수수 장소)도 많이 있거든요.

그래서 이것을 좀 더 바람직한 방향으로 개선할 필요가 있습니다.

이와 관련해서, 어제 시민단체(광주전남민주언론운동시민연합·

참여자치21)에서 성명을 발표했어요.

<성명> ‘도청 기자실 폐지하고 브리핑룸으로 전환하라’는 것인 데요.

그 내용을 보면, "기자실은 관청에서 국민의 세금으로 운영비를 부담하고 있으며, 소수 출입기자들을 중심으로 배타적·독점적으로 사용되고 있을 뿐 아니라, 특히 취재원인 공무원과의 유착 기회를 제공하고, 촌지가 뿌려지는 장소로 이용되기도 했다."고 하면서,

- 전남 도청 기자실 이용기준과 이용현황을 공개하라!
- 관언유착의 산실인 상설 기자실을 폐지하고, 브리핑룸으로 전환하라! 등으로 기자실 운영을 개선해 줄 것을 전라남도에 요청하고 있습니다.

저도 시민단체의 주장에 공감합니다.

**5. 저희 프로그램에서도 잠깐 다뤘습니다만, 끝으로 지난 4일 한국언론학회 주최로 펼쳐진 ‘광주, 전남 언론인의 정체성 위기와 극복 방안’이라는 제목의 강연 소식 전해 주시기 바랍니다.**

☞ 조선대에서 열린 한국언론학회 주최 ‘광주·전남 언론인의 정체성 위기와 극복 방안’ 토론회가 열렸는데요. 여기에서 나온 주장을 간단히 요약을 하면은 이렇습니다.

남궁협 동신대 교수(신문방송학과)가 ‘지역언론시장의 붕괴와 지역언론인의 정체성’이란 주제발표를 했는데요.

우리 지역에 신문이 난립하고, 열악한 시장 환경 속에서 "과연 지역언론이 살아남을 수 있겠는가?"에 대해서 의문을 표시하고, 다음 몇 가지 사항을 주장했어요.

예를 들면, "첫째, 신문은 상업적 기능과 공익적 기능을 겸비해

야 한다. 둘째, 언론인의 편집권 확보 노력이 중요하다는 것, 셋째, 언론인 스스로 자정의 노력이 있어야 한다."라는 내용입니다.

(2002 - 04 - 13 방송)

## 제27절 단체장 경선, 보도 태도에 문제 있나

**1. 오늘은 어떤 내용을 소개해 주시겠습니까?**

☞ ① 민주당 시도지사 경선 관련 우리 지역의 보도 태도, ② 광주일보 여론조사 미발표 논란 관련 내용, ③ 순천공무원 직장협의회 신문 줄이기 운동 관련 내용, ④ 시민단체(민언련) 성명서 내용, ⑤ '다른 신문' 최근 소식 등에 대해서 말씀드리겠습니다.

**2. 내일이면 결과가 나오겠습니다만, 먼저 민주당 광주광역시장과 전남 도지사 경선과 관련해 그동안 우리 지역의 보도 태도에 대해 전해 주셨으면 좋겠습니다.**

☞ 내일(5월 4일) 열리는 민주당 광주시장, 전남도지사 후보 경선을 맞아 경선후보에 대한 각종 보도가 나오고 있습니다.

이와 관련해서, 우리 지역신문들은 계속해서 많은 보도를 하고 있어요.

이들 신문들의 보도 태도를 살펴보면,

첫째로, 이승채 광주시장 후보경선 사퇴 배경과 파장에 대한 보도 부분에서, 그의 사퇴배경 설명에 대한 보도가 부족했던 것 같아요.

둘째, 고재유 후보와 이정일 후보의 양자구도로 압축되면서, 정책대결보다는 상호비방과 폭로전이 되고 있는데, 언론들이 이것을 그대로 '받아쓰기' 하고 있다는 겁니다.

각 후보들 간에 '정책'을 비교 분석하거나, '쟁점'들에 대한 분석기사가 거의 없었고요.

후보 간의 인신공격성 발언을 부각시키는 경우도 있습니다.

셋째, 흥미위주의 보도내용도 있어요.

호남신문, 19일, 23일, 24일자, <광주시장 경선후보에 듣는다>라는 제목 기사에서, 후보들의 취미, 애창곡, 좋아하는 연예인, 좋아하는 음식, 주량·흡연 등을 열거하고 있는데, 이것은 정책적인 면보다는 독자들의 흥미를 끌기 위한 보도라고 할 수 있습니다. 후보가 좋아하는 연예인이 광주시장 후보에게 어떻게 중요한지 모르겠습니다.

시민들이 올바른 판단을 할 수 있도록 정보를 제공한다는 측면에서 좀 미흡했다고 봅니다.

앞으로 각 후보들의 '정책의 차별성'을 좀 더 부각시켜서, 언론이 사회적인 쟁점으로 끌어내는 역할을 해야 할 것으로 생각됩니다.

3. 지난 서울 모방송사에서도 민주당 대선 후보 경선과 관련해, 여론조사를 발표하지 않아 상당한 논란이 됐었는데, 지역신문인 광주일보가 여론조사를 발표하지 않아서 논란이 됐다는 소식은 어떤 내용인지 궁금합니다.

☞ 호남매일에서, 다른 신문(광주일보)에서 여론조사결과 중 선거 관련 내용을 고의로 누락시켰다고 지적하고 있습니다. 그러면서 다른 신문의 여론조사결과를, 호남매일 지난 22일자 1면에 싣고 있습니다.

문제가 된 여론조사는 광주일보사가 창사 50주년을 앞두고 '광주·전남 사회의식 및 매체접촉 실태조사'를 위해 지난 4월 초 전남대 언론홍보연구소(소장 이의정)에 800만 원을 들여 용역을 의뢰한 것인데요. 광주와 전남 각각 200명, 300명의 성인남녀를 대상으로 지역민의 가치관이나 여가생활 등에 관한 질문과 함께 각 선거 후보들의 '당선가능성'을 묻는 항목이 포함돼 있었습니다.

이 여론조사결과는 용역을 맡긴 신문사는 보도를 하지 않고, 다른 신문사에서는 이를 비판하며 보도하고 있어요. 참 아이러니한데요.

결국 신문사들의 '특정인사 편들기'의 전형적인 예가 아닌가 싶습니다.

### 4. 순천공무원 직장협의회가 신문 줄이기 운동을 펼친다. … 자세한 소식 전해 주시죠!

☞ 순천시직장협의회(이하 직장협)가 직원들을 상대로 한 설문조사를 토대로 본청을 포함한 산하 전 사무실의 신문 구독 부수를 3분의 2 정도 대폭 줄이면서부터, 신문주재기자들과 직장협과의 대립이 이어졌는데요.

이것은, 지난 1월 29일 직장협 총회에서 구독 부수 삭감을 의결한 뒤, 4월 1일을 기점으로 총 934부였던 구독 부수를 336부(소수 개인구독자 포함)로 줄인 것인데요.

제가 확인을 해 본 결과, 순천시청에는 4월 1일부터 무등일보를 제외한 광주일보, 전남일보, 광주타임스, 전남매일, 호남신문, 호남매일 등 지방일간신문이 각 사무실에 들어오지 않고 있다고 해요.

주재기자들과 직장협의회와 갈등이 존재해 오다가, 결국은 5월 1일부터, 다시 신문이 순청시청에 기존의 부수(이것도 희망부수인데,

무작위로 투입)대로 배달되고 있다는데, 앞으로 어떠한 대응이 나올지 주목됩니다.

## 5. 순천공무원 직장협의회의 신문 줄이기 움직임과 관련해, 시민단체가 성명서를 발표했다면서요? 어떤 내용의 성명서였는지 궁금합니다.

☞ 방금 말씀드린, 순천시직장협의회의 각 부서 신문구독을 줄이는 움직임에 대해서, 주재기자들이 보복 형태의 기사들을 쓰고 있고요.

이 부분에 대해서, 광주전남 민언련에서, '성명서' 즉, '일부 지방 신문 순천 주재기자들의 시대착오적 횡포를 개탄한다.'라는 제목의 성명을 5월 1일에 내놓았습니다.

<성명서의 내용>

… 기자들은 지면을 통해 직장협에 대한 홈집 내기를 감행했다. 4월 23일자 지역 면에 나온 일부 신문들(전남일보, 호남신문, 전남매일, 호남매일)의 순청시청 직원 주차장 임대 관련 기사는 노골적으로 순천시와 직장협을 겨냥하여 '왜 신문구독에는 인색한 순천시가 직원주차장에는 예산을 쓰느냐' 식의 근거 없는 비난을 하고 있는 것이다.

우리는 일부 지방지 주재기자들의 시대착오적 횡포를 개탄하면서, 다음과 같이 우리의 입장을 천명한다.

- 우리는 순천시 직장협의회의 결정을 존중하며, 내용이 천편일률적으로 비슷한 지방지를 끊어 예산절감을 이루려는 그들의 의지를 높이 평가한다.

– 이번 사태 관련 지방지 주재기자들은 독자의 선택권을 무시하고, 공무원의 자율적 결정을 오도한 것에 대해 공개사과해야 마땅하다.

– 내용으로 독자에게 다가가지 않고, 관공서에 기생하여 국민의 세금으로 생존하려는 안이한 신문은 반성하고 스스로 물러나야 마땅하다.

(사)광주전남민주언론운동시민연합

6. 끝으로 지역의 새로운 대안언론으로 발돋움할 움직임을 보이고 있는 '다른신문'… 지난달 창간호가 발간됐었는데… '다른신문' 최근 소식이 궁금합니다.

☞ <다른신문>이 지난달에 창간이 된 것이 아니고, 5월 10일 창간예정이었는데요. 지금 5월 10일 창간이 연기된 상태입니다.

그 이유는, 문공부 등록문제랄지, 발행인 등이 아직 확정되지 않았기 때문인데요. 이 지역에서, 말 그대로 기존의 신문과는 '다른신문'이 나오기를 희망하는데요. 창간을 여망하는 사람들의 기대에 부흥했으면 좋겠습니다.

(2002 – 05 – 03 방송)

# 제28절 선거, 편을 갈라야 재미있다

## 1. 오늘은 어떤 내용을 소개해 주시겠습니까?

☞ ① 6·13 지방선거와 관련하여, 우리 지역신문의 보도 태도, ② 시민단체들이 공정선거보도를 감시하기로 했다는 소식, ③ <다른 신문> 창간소식, ④ 5·18 관련 단체들의 조선일보반대 및 구독거부를 선언했다는 소식 등입니다.

## 2. 20여 일 앞으로 다가온 6·13지방선거… 특히 민주당 경선과 관련해 최근 각종 의혹들이 제기되면서, 지역신문도 일면 머리기사로 지방선거 관련 보도들을 싣고 있는데… 우리 지역신문의 보도 태도에 대해서 언개연에서는 어떻게 보고 계십니까?

☞ 요즘 각 시도지사의 선거 양상이 매우 복잡 미묘하고, 민주당 경선과정에서 나타난 혼탁·타락선거로 온갖 잡음이 끊이질 않는데요.

민주당 내 경선과정에서 불거진, 지방의원들과 기초단체장 선거에서의 금품과 향응 제공 등에 대한 기사가 주류를 이루고 있습니다.

그러나 신문들은 이를 적절히 지적하면서도, 각종 정책대결을 벌이도록 의제를 공론화하는 노력에는 미흡했다는 지적을 하고 싶습니다.

몇 개 신문을 살펴보면,

첫째, 민주당 경선 후유증과 관련하여, '민심이 떠나고 있다'는 '사설'로부터 시작해서, '선거판이 깨질 수 있다'는 '사설'까지 다양합니다. 당사자인 후보자들의 반발은 물론 시도민의 반응을 보도하고 있습니다.

예를 들면, 광주일보, 5월 21일자, <사설 - 경선 후유증에 떠나는 민심>,

호남신문, 5월 21일자, <사설 - 이러다 '자치선거판' 깰라>라는 제목에서, "민주당 경선후유증은 지리멸렬하기 그지없다. 경선처리 과정을 보면 공당으로서 관리능력이 의심스럽다. 레임덕은 이 정권에 있는 게 아니라 민주당에 있는 것 같다. 6·13지방선거는 얼마 남지 않았다. 그런데도 광주·전남지역의 지방선거분위기는 한마디로 엉망이다."라고 보도하고 있습니다.

그런데 이러한 특정정당(민주당)의 기사가 상대적으로 많은 데 비하여, 군소정당이나 무소속 후보에 대한 관심이 부족했습니다.

둘째로, 흥미유발 기사와 특정후보에 유리한 기사한 기사가 눈에 들어옵니다.

호남신문, 10일자, <혹시 우리 대화 녹음되는 것 아냐? '녹취 공포증' 확산>이라는 기사에서, "금남전자상가 내 모 전자 업주는 증거 확보용, 선거용으로 애용하면서 요즘 하루에 하나씩은 팔린다."며 선거의 비본질적 내용을 1면에 배치해 유권자의 흥미를 유발시키고 있습니다.

호남신문, 10일자, 1면 중간에 <정동년 전 남구청장 광주시장선거 출마선언>을 실고는, 관련 기사를 3면에 <정동년 전 남구청장 무소속 광주시장 출마선언 "일자리 창출 등 경제정책 역점">이라는 제목으로 기자회견 사진과 함께 싣고 있는데요. 이것은 특정후보에게 유리하게 작용할 우려가 있습니다.

이렇게 언론이 선거철마다 제기되는 있는 '편파적인 보도'를 지양해야 할 것이고요. '공정한 보도', 또 후보들 간에 '정책대결'을 벌이도록 의제를 공론화하는 역할을 담당해야 할 것입니다.

3. 시민단체들이 공정선거보도를 감시하기로 했다는 소식… 계속해서
   전해 주시죠!

☞ 지난 20일(월요일) 지방선거와 대선을 앞두고 지역언론의 공
정선거 보도를 감시할 시민연대기구가 발족되어서, 본격적인 활동
에 들어갔습니다.

'2002 광주전남 선거보도감시연대회의'는 광주전남 민언련 등 언
론개혁시민연대 소속단체들과 전교조 광주지부 등 23개 시민사회
단체로 조직되어 있는데요.

선거운동기간 중 언론의 '편파보도'와 '불공정 보도'를 감시하고,
언론이 유권자에게 올바른 정보를 제공할 수 있도록 하자는 목적
에서 기구가 만들어졌습니다.

그래서 언론에 대한 모니터 활동을 벌이고 있는데요. 앞으로의
활동이 주목됩니다.

4. 소식지 발행에 이어 오늘 '다른신문' 창간호가 발행된 것으로 알고
   있는데 자세한 상황 전해 주시죠!

☞ 네, 오늘 창간호가 나왔는데요. 주 1회, 타블로이드 40면으로
발행되는 '주간지'입니다.

발행인 겸 대표이사로 '문병훈'(언론개혁광주시민연대 정책위원
장) 씨를 선임했는데요. <다른 신문>이라는 제호대로, 광주지역의
언론과는 다른 내용의 신문을 만들겠다는 겁니다.

<다른신문>은 작년 10월에 '광주매일'이 폐간된 뒤, 광주매일
노조와 시민단체가 주축이 되어서 창간되었는데요. 이 신문이 표방
한 것처럼, 자본에서 완전 독립하여 언론을 바꾸고, 지역을 바꾸기

위한 개혁운동으로, 소외계층과 사회적 약자에 대해 관심을 갖는
신문이 되길 기대합니다.


### 5. 지난 16일이었죠? 5 · 18 관련 단체들이 조선일보 반대와 구독거부를 선언한 것으로 알고 있는데… 자세한 소식 전해 주시죠!

☞ 5 · 18 관련 단체들이 조선일보에 대한 구독거부를 선언했는데요.
지난 16일 5 · 18기념문화관에서 기자회견을 열어서, "5 · 18민중
항쟁 당시에, 여러 언론들, 그중에서 특히 조선일보는 그 당시 상황
을 '폭도들의 난동'으로 매도하는 데 앞장섰다."고 주장하고, "조선일
보를 반대하고 구독거부운동에 적극 나서기로 했다."고 밝혔습니다.

그래서 특정신문(조선일보)에 대한 구독거부 선언에 맞추어서, 신
문의 본래의 역할이나 사명이 강조되어야 할 것으로 생각됩니다.

(2002 - 05 - 24 방송)


## 제29절 월드컵 보도, 언론도 흥분하나


### 1. 오늘은 어떤 내용을 소개해 주시겠습니까?

☞ 오늘은 ① 월드컵 보도와 관련한 우리 지역신문의 보도 태도,
② 6 · 13 지방선거 투표율이 역대 전국선거 중 사실상 최저를 기록
했는데, 이에 대한 언론의 책임, ③ 광주지역 시민단체들이 연대하
여 이번 6 · 13 선거와 관련된 언론의 보도를 감시하기 위하여 조직
한 '선거감시연대'에서 신문 방송 관련 모니터 결과 보고회를 가졌
다는 소식, ④ 선거감시연대에서 발표한 우리 지역의 신문의 보도

태도 내용, ⑤ 민주당광주시장선거대책본부가 <시민의 소리>, <오
마이뉴스> 발행인과 기자 등을 고발했다는 소식에 대한 내용입니다.

## 2. 먼저 '월드컵대회' 보도와 관련한 우리 지역신문의 보도 태도에 대
## 해 전해 주시죠!

☞ 내일 광주에서 우리나라와 스페인과의 '월드컵 8강전'이 열리
는데요.

월드컵 대회와 관련된 소식이 다른 소식에 비해, 월등하게 많은
양을 차지하고 있다는 지적을 하고 싶습니다.

그런데 이런 월드컵 보도량에 대해 '찬성'과 '반대' 의견이 분분
한데요.

'찬성'하고 있는 쪽은, 국민적인 관심사인 월드컵을 보도하는 데
에는 이러한 정도의 보도의 양을 차지해야 한다고 합니다.

그러나 '반대'하고 있는 쪽은, 스포츠 전문지도 아닌 '전문 일간
지'에서, 월드컵 관련 기사로 거의 도배하는 것은 문제가 있다는
겁니다.

제가 보기에도 정도가 지나칠 정도로 신문에서 월드컵 축구 관
련 소식을 너무 '남발'하고 있습니다. 지역에서 일어나는 다양한
소식들이 균형 있게 배분되고 편집되어야 한다고 봅니다.

월드컵에 대한 국민적 열기가 대단하더라도, 언론까지 열광하는
것은 문제가 있고요. 과잉 보도라고 생각하고, 우려를 표시합니다.

3. 6·13 지방선거 투표율이 역대 전국선거 중 사실상 최저를 기록했
   는데, 이에 대한 언론의 책임이 무엇인지 여기에 대해서 자세한 말
   씀 부탁드립니다.

☞ 유권자들의 무관심과 월드컵 열기 속에 치러진 이번 6·13
지방선거의 전국 투표율은 48%로 집계됐는데요. 투표율이 역대 전
국선거 중 사실상 최저를 기록했습니다. 더구나 광주는 40.7%(전남
64.9%)이었습니다.

이렇게 투표율이 낮은 것에는 몇 가지 원인이 있지만, 저는 언론
에도 일정 정도의 책임이 있다고 보고 싶습니다.

그래서 두 가지를 지적하고 싶은데요.

첫째는, 언론이 월드컵에 너무 집중한 나머지, 선거에 대해서는
무관심했다는 것입니다.

이걸 살펴보면, 이번 선거에서 처음으로 도입되는 '정당명부식
비례대표제' 관련 보도인데요. 이것은 광역의원선거에 한해서 이루
어진 것입니다. 그래서 유권자 1명당 모두 5표를 행사할 수 있게
되어 있는데, 이것을 자세히 보도한 언론은 거의 찾아보기가 힘들
었어요.

둘째는, 보도량을 조절하는 데 실패했다고 생각됩니다.

월드컵 관련 보도가 지면의 많은 부분을 차지할 수밖에 없기는
하지만, 중앙일간지나 스포츠신문처럼 과도하게 사진을 쓰거나 각
종 주변 얘기를 담는 것에 지나치게 흥분했고요. 지방선거에 대해
서 일정한 보도가 있어야 했는데, 이런 보도의 양을 조절하는 데
실패하지 않았나 생각됩니다.

4. 언론 보도를 감시하기 위해 조직한 '선거감시연대'에서 최근 신문 방송 관련 모니터 결과 보고회를 가졌다고 하셨는데, 자세한 내용 전해 주시죠!

☞ 선거감시연대[13](이하 '선감연'이라 함)에서 이번 6·13 선거와 관련해서, 신문 방송 모니터 결과 보고회 및 기자간담회를 가졌는데요. 어제(6월 20일 오후 3시), '광주YMCA 백제실'에서 있었습니다.

여기에서는 선감연 활동보고, 선감연 신문방송모니터 결과보고, 기자간담회 및 질의 등이 있었어요.

그래서 이날 관련 신문방송사 기자들이 참여해서 모니터 결과에 대해서, 잘된 기사와 잘못된 기사를 구분하고, 이것이 언론사 간에 피드백될 수 있도록 해야 한다는 것을 요청하기도 했습니다.

5. 선거감시연대에서 발표한 내용에 따르면, 6·13 지방선거와 관련해 우리 지역신문의 보도 태도를 어떻게 평가했는지 궁금합니다.

☞ 지역신문을 중심으로 발표된 내용을 살펴보겠습니다.

모니터 기간은 4월 27일(토)부터 6월 15일(토)까지, 모니터대상은 광주일보, 광주타임즈, 무등일보, 전남매일, 전남일보, 호남신문 등 (단, 무등일보와 광주타임즈는 6월 1일부터)이었고요.

모니터 결과를 살펴보면, ① 정책비교 없이 민주당과 무소속 양 자대결을 부추기고 있다는 겁니다. 또 ② 광주일보의 속 보이는 실리 챙기기, ③ 특정 후보 편들기, ④ 여론조사의 경마식보도, ⑤

---

13) '2002 광주·전남선거보도감시연대회의(약칭 광주전남선감연)'에 참여하는 단체는 광주전남 민주언론운동시민연합, 광주경제정의실천시민연합, 광주YMCA, 광주YWCA, 광주전남언론사 노동조합협의회, 광주지역신문사노동조합협의회, 민주노총광주전남지부, 무등산보호단체협 의회 등 23개 단체임.

특정정당 후보 위주의 사진, ⑥ 공약의 부재와 정치냉소주의 등을 지적했습니다.

**6. 끝으로 민주당광주시장선거대책본부가 〈시민의 소리〉, 〈오마이뉴스〉 발행인과 기자 등을 고발했다는 소식! 전해 주시죠!**

☞ 지난 11일 민주당 광주시장선거대책본부가 <시민의 소리> 발행인과 기자(문병란, 양근서, 이상현), <오마이뉴스> 발행인 겸 대표(오연호) 등 4명을 고발했습니다. 고발취지를 보면,

민주당은 고발장에서 "6월 10일자 <시민의 소리>와 6월 9일자 <주간오마이뉴스 2002 광주지역호외>의 기사 중 박광태 광주시장후보와 지구당 관련 내용이 '사실을 왜곡하고 허위의 내용을 보도했다.'며 취재기자 등을 선거법 위반 등으로 광주지검과 광주시선거관리위원회에 고발한다."고 밝혔습니다. 그렇지만 <시민의 소리>에서는 반발하고 있습니다. 이런 고발조치는 언론에 압력을 가하려는 것이기 때문에 엄중하게 대응해 나갈 것이라고 합니다.

이런 양쪽이 주장하는 핵심부분은 '① 14대 국회의원 공천과 관련하여, 공천헌금배달 대가설과 관련된 내용', '② 북갑지구당 구청장 후보 경선 …(중략)…, 심각할 것으로 보인다.' 등의 기사내용인데요. 이 사실을 왜곡하고, 허위사실을 보도했다는 것인데요.

우리 시민단체의 입장에서는 일단, 기사내용과 고발내용을 비교해서, 어디까지가 사실이고, 어디까지가 왜곡된 부분인가를 면밀히 검토 중에 있습니다. 그래서 이런 검토가 끝나면, 입장 표명이 있을 것입니다.

(2002 − 06 − 21 방송)

# 제30절 남북한 해군의 무력충돌, 교전배경을 중시하라

### 1. 오늘은 어떤 내용을 소개해 주시겠습니까?

☞ 오늘은 ① 6월 29일 남북한 해군의 무력충돌과 관련하여, 우리 지역신문 보도 태도, ② 월드컵 보도의 문제점, ③ 목포시청공무원직장협의회 기자실 폐쇄 관련 소식, ④ 위의 기자실 폐쇄를 둘러싸고 공직협과 기자단의 논란, 그리고 ⑤ 전 광주매일의 고경주 사장이 노조원들을 상대로 고소하여 재판이 열리게 된다는 소식 등입니다.

### 2. 그럼 먼저 지난 6월 29일에 있었던 남북한 해군의 무력충돌과 관련해, 우리 지역신문 보도 태도에 대해 언개연의 입장을 전해 주시죠!

☞ 지난 6월 29일 남북한 해군의 무력충돌(우리의 고속정 1척이 북의 기습공격으로 침몰하고, 해군 4명이 전사하고, 1명이 실종됐으며 20여 명이 부상)에 대해서는 다양한 시각이 있습니다.

의도적인 부분이 있는지 또는 우발적인 행동인지, 그리고 의도적이라면 누구의 지시인지, 99년 서해교전의 만회를 노린 것인지 등에 대해서 해석이 분분한데요. 아직까지 정확하게 분석된 것은 없습니다.

그런데 우리 지역의 일부 신문에서는 두 가지의 보도 태도를 보입니다.

하나는 강력대응을 요청하고 우리 측의 책임을 묻는 쪽과, 다른 하나는 신중하게 대처하자는 쪽입니다.

대체적으로 살펴보면, 강경 대응을 외치는 신문은, '광주일보, 무등일보, 호남신문'의 경우 등이고요. 신중한 대응을 주문하는 쪽은

'전남매일'이 사설을 통해서 주장하고 있어요.

광주일보, 7월 1일자, <사설 - 도발 강력대응>,

무등일보, 7월 1일자, <사설 - 북의 도발 용납 안 된다>,

호남신문, 7월 1일자, <사설 - 북한의 도발에 분노한다>라는 제목 등에서, 북한의 책임에 대해서도 엄중히 따지라고 주장하고 있습니다.

반면에, 무등일보, 7월 2일자, <사설 - 햇볕정책 기조 유지해야> 라는 제목에서, "냉정함을 잃지 않고 대처한 군이 칭찬받아야 마땅하다. (생략) 햇볕정책 기조가 무너져서는 안 된다."라고 보도하고 있습니다.

전남매일, 7월 5일자, <사설 - 서해교전, 정치공방 말라>

이렇게 신문의 여러 가지 보도에 대해서, 사건 발생의 원인, 과정, 배경, 앞으로 미칠 파장 등을 진지하게 따져 보지도 않은 채로, 무리하게 일부 신문에서 이번 사태의 원인을 현 정부의 햇볕정책에 돌리는 것은 성급한 것이라고 봅니다.

교전의 발생 과정과 배경에 대한 검토 후에 확실한 대응책을 제시해야 할 것입니다.

3. 앞에서도 광주월드컵경기장의 사후 활용방안에 대한 얘길 나눴습니다만, 그렇다면 대회기간동안 지역신문이 보여 준 월드컵 관련 보도의 문제점… 어떻게 보십니까?

☞ 지난 시간에도 월드컵 관련 우리 지역신문의 보도 태도를 말씀드린 바 있는데요.

월드컵이 폐막되었지만, '월드컵 4강' 신화를 이룩한 한국축구대표팀의 선전은 분명히 국민적 관심사입니다.

그런데 문제는 월드컵 관련 소식으로 지면을 채우다 보니깐, 정작 중요하게 다루어야 할 문제들이 묻혀 버린 것이 문제입니다.

언론의 지나친 월드컵 편향 보도 때문에, 지난달 발생한 보건의료노조의 파업 장기화나 미군의 운전 실수로 여중생 2명이 장갑차에 치인 끔찍한 사고, 새만금 방조제 공사 중지를 외치며 1주일간 절벽에 매달려 시위를 벌인 환경운동가 관련 소식 등은 언론의 별다른 주목을 받지 못했습니다.

또, 신문에 컬러를 너무 많이 사용해 신문이라기보다, 잡지 같은 인상을 주기도 했습니다.

선수들 사진과 프로필을 실은 것으로 지면 채우는 경우가 많았는데요. 그리고 객관적 또는 비판적 보도는 거의 발견할 수 없었습니다.

**4. 이번에는 목포시청공무원직장협의회가 기자실을 폐쇄했다는 소식!**
**자세히 전해 주시죠!**

☞ 목포시청공무원 직장협의회(이하 '공직협'이라 함)가 기존의 기자실을 대체해 개설된 청사 내 브리핑룸(보도실)에 대해 회원들을 동원해서, 강제로 폐쇄해서 논란이 일고 있어요.

사실 목포시는 지난 3월말 시청 기자실을 브리핑룸으로 전환해서 운영해 왔었거든요.

지난달 26일 오후 6시 30분께 공직협 소속 회원(1백여 명)이 브리핑룸으로 몰려가 안에 있던 기자들을 나가라고 하고, 드릴과 못으로 폐쇄조치를 취했습니다.

여기서 직장협의회와 출입기자단 양쪽에서 낸 성명서를 살펴보겠습니다.

공직협은 "시청 기자실이 당초 취지와는 달리 각종 부패 고리의 단초라는 비난을 받는 등 시민들로부터까지 존재가치의 시비를 일으키고 있어, 올바른 언론문화 정착을 위해 강제로 기자실을 폐쇄하기에 이르렀다."라고 하며, "기자실 운영으로 인한 예산과 행정력의 낭비를 막자는 것"이라고 밝히고 있습니다.

이에 대해 목포시청출입기자단은 성명서를 내고, "…일방적으로 물리력에 의해 폐쇄한 것은, 언론의 비판기능에 재갈을 물리는 행위이다."라고 합니다.

**5. 목포시 기자실 폐쇄와 관련해, 공직협과 기자단의 논란이 적지 않을 것 같은데… 어떻습니까?**

☞ 기자실 폐쇄와 관련해서, 두 가지 시각이 있습니다.

하나는 언론개혁 차원의 시각이 있고요. 다른 하나는 '양측의 힘겨루기'로 보는 시각이 있습니다.

즉, 직장협의회 쪽에서는 '언론개혁'을 주장하고 있고요. 기자단에서는 '시민의 알 권리 침해'라고 하고 있습니다.

우리 시민단체에서는, 기존부터 현재까지의 주장은 '기자실폐지'이고요. 최소한 브리핑룸으로 전환하라는 것인데요.

그런데 이번 사안에 대해서, 아직 공식입장을 내기에는 '사실 확인'이 좀 필요한 것 같습니다.

양쪽 모두가 시민들이 자신들의 편이라고 하기 때문에, 공청회를 열어서 여러 사람들의 의견을 들어 보는 것이 중요하다고 판단을 하고 있습니다. 그래서 시민단체와 학계, 시민 등이 참여하는 '공청회 개최'를 모색하고 있습니다.

6. 끝으로 전 광주매일의 고경주 사장이, 노조원들을 상대로 고소하여
재판이 열리게 된다는 소식! 전해 주시죠!

☞ 전 광주매일의 (고경주) 사장이 노조원들을 상대로 고소, 이들
에 대한 1차 심리공판이 오는 10일 광주지법에서 열리게 되었습니다.

이미 회사는 없어졌지만, 전 광주매일사 측의 폐업에 맞서 집회
시위 등을 벌인 불법행위에 대한 재판인데요.

현재 검찰에 의해 기소된 노조원은 위원장(정한진)을 비롯해 모
두 3명입니다.

(검찰 측) 공소장을 보면, 혐의 내용이 모두 네 가지입니다.

폭력행위 등 처벌에 관한 법률위반, 집회 및 시위에 관한 법률
위반, 건축법 위반, 그리고 주차장법 위반 등인데요.

시민단체에서는 이미 없어진 회사의 노조활동에 대해서 진행되
는 재판을 주목하고 있습니다.

(2002 – 07 – 05 방송)

## 제31절 여론조사에도 문제가 있어

1. 오늘은 어떤 내용을 소개해 주시겠습니까?

☞ 오늘은 ① 8·8 재보선(광주 북구 갑지구당 보궐선거) 관련
우리 지역신문의 보도 태도, ② 재보선 관련 민주당 공천신청 후보
자들에 대한 여론조사에 대한 문제점, ③ 시민단체에서 지역신문의
8·8 보궐선거 관련 보도에 대한 성명서를 발표했다는 소식,
④ 목포시청의 보도실 폐쇄 이후 소식, ⑤ 장상 총리서리 보도 관

련 우리 지역신문의 보도 태도 등입니다.

**2. 최근 8·8 북구갑 재보선과 관련해, 지역신문들이 연일 보도를 하고 있는데… 8·8 보선과 관련해 우리 지역신문의 보도 태도! 어떻게 관측되고 있습니까?**

☞ 두 가지를 지적하고 싶은데요.

하나는 특정인이 의뢰한 여론조사결과에 우리 지역신문이 너무 매달렸다는 것이고요. 다른 하나는 이 지역의 모 신문사 사장이 이번 보궐선거에 출마했는데, 자신이 사장으로 있는 신문사가 불공정한 보도를 하고 있다는 것입니다.

첫 번째로, 여론조사와 관련된 부분인데요.

민주당(8·8 재보선특별대책위)은 17일 광주 북갑 보궐선거에, 김상현 상임고문을 후보자로 확정했지요. 민주당이 여론조사에 의해서 1위를 한 후보를 결정했다고 합니다.

그런데 민주당의 공식적인 여론 조사가 실시되기 직전에 이미, 7월 15일(월요일)에 지역신문(광주일보, 전남일보, 전남매일, 무등일보, 호남신문)은 한국갤럽이 실시한 여론조사결과를 발표했다는 겁니다. 이것은 김상현 고문 측이 의뢰한 것인데, 김 고문이 지지도와 인지도 부문에서 1위를 차지했다는 것이 적극적으로 보도되고 있습니다.

이는 일부 언론의 '특정후보 편들기'라고 볼 수 있는데, 특정 후보가 의뢰한 여론조사결과 보도를 통해서, 특정후보를 지나치게 홍보하고 있다는 것입니다.

몇 개 신문보도를 살펴보겠습니다.

호남신문, 7월 15일자(3면), <北甲보선 선택기준 70%가 도덕·

참신성>이라는 제목으로 뽑고, "이번 조사에서 민주당 공천신청 후보 중 김상현 상임고문의 인지도가 가장 높았으며…."라고 되어 있어요. 여기에서 누가 의뢰했는지에 대해서는, 그 내용은 전혀 찾아볼 수 없었어요.

광주일보, 7월 15일자(4면) 역시, <광주 북갑 보선 후보 뭘 보고 고르나? '도덕성' 38%, '참신성' 32%>라는 제목에서, 부제목으로 <선호도 1위는 김상현 고문>으로 뽑고 있어요.

여기에는 김상현 상임고문이 의뢰를 받아 실시한 전화여론조사 라고 밝히고 있습니다.

이렇게, 특정후보가 의뢰해 실시한 여론조사결과이므로 이에 대한 공정성이 우려되는 내용인데도, 별다른 코멘트 없이 그대로 보도하고 있어요.

두 번째로 불공정한 신문보도 형태로, 이번 선거에 우리 지역의 모 신문사 사장이 보궐선거에 입후보하고 있는데요. 자신의 선거에 자신이 사장으로 있는 신문사를 활용하고 있다는 의혹이 있다는 것입니다.

그 형태를 살펴보면, 사장에게 유리한 분위기를 만들려는 제목을 뽑고 있습니다.

특히 '무등의 아침'이라는 칼럼을 연재하고 있고요.

무등일보, 7월 14일자, <"광주장애인협회 무등일보 사장 지지">

무등일보, 7월 15일자, 3면 <정가확대경>의 제목으로 '광주지체 장애인협 김정수 씨 지지선언'을 뽑고 있습니다.


**3. 재보선 관련, 민주당 공천신청 후보자들에 대한 여론조사 관련 소식, 자세히 전해 주시죠!**


☞ 앞에서도 말씀드렸다시피, 먼저 조사방법에 있어서, 지난 12일

‘김상현 민주당 상임고문 측의 의뢰’를 받아 한국갤럽이 광주 북갑 유권자 1천35명을 대상으로 전화조사를 통해 펼친 여론조사였는데요. 여론 조사결과에 대한 보도 문제점을 세 가지로 지적하고 싶습니다.

첫째로, 질문내용을 밝히고 있지 않다는 것입니다.

질문지를 보면, 질문 4번째의 경우 (공천신청자 7명의 인지도를 물으면서) “○ ○ 님께서는 현재 민주당 상임고문인 ‘김상현’ 씨에 대해서 듣거나 알고 계십니까”라며 특정인에게 유리한 질문항목을 구성해 놓고 있는데요. 이런 문항에 대한 지적이나 검토는 어느 신문에서도 찾아볼 수 없습니다.

둘째로, 조사결과의 신뢰성 문제입니다. 민주당 후보로 나서길 희망하는 인물을 묻는 ‘후보 선호도’ 조사에서는 무응답이 45.1% 되고 있습니다. 이렇게 여론조사의 신뢰성이 떨어짐에도 불구하고 무리한 조사결과를 보도하고 있습니다.

셋째로, 누가 의뢰한 것인지를 밝히지도 않은 신문이 있었다는 것입니다. 특정인이 의뢰한 것을 간과하고, 제목이나 부제목에서 특정인이 1위를 차지했다는 기사는 문제가 있는 기사라고 봅니다.

**4. 시민단체에서, 지역신문의 8 · 8 보궐선거 관련 보도에 대한 성명서를 발표했다고 들었는데… 자세한 내용 전해 주시죠!**

☞ 오늘(19일) 시민단체 – 광주전남 민주언론운동시민연합, 참여자치21 – 에서 “지역신문, 여론조사결과 보도를 통해 특정후보 홍보 지나쳐”라는 성명서를 발표했는데요.

이 성명서에서 민주당은 이번 ‘8 · 8광주광역시 북구 갑지구당 보궐선거’에서 상향식 국민 경선제를 포기하였다고 지적하고 있습니다.

이어서, 특정후보가 의뢰해 실시한 여론조사결과이므로 이에 대한 공정성이 심히 우려되는데도 이 지역신문은 아무런 검토 없이 그대로 받아쓰고 있다는 점을 지적하였습니다.

### 5. 목포시청 공무원 직장협의회가 보도실을 강제로 폐쇄해 파문이 일었는데… 최근 소식이 궁금합니다.

☞ 그동안 기자단과 공직협 간에 많은 갈등이 있었는데요. 지금은 기자단과 공직협과 원만히 합의가 된 상태입니다.

시청출입기자단이 지난(2일) 신임 목포시장을 상대로 주동자 처벌 등을 요구했는데, 이 부분도 없던 것으로 하고, 또 경찰서에 고발했던 부분도 취하했어요. 지난 15일(월)에 양쪽이 만나서, 원만하게 합의를 했습니다.

공직협에서는 유감 표명 성명서를 발표하고, 기자단에서도, 내부 자성을 위한 '자성선언' 및 시민 유감을 표명했어요.

양쪽의 합의내용을 보면, 향후라도 시청 내 기자가 상주하는 '브리핑룸' 또는 '기자실' 설치는 절대 불가하며, 다만 시민단체, 기자단이 필요할 경우 시청 내 어디든지 '브리핑룸'이나 기자회견을 할 수 있는 공간을 제공하는 데 적극 협조키로 한다는 것입니다.

앞으로 시청 공간을, 특정 이익집단의 공간으로 이용하는 것보다 시민을 위한 공간으로, 또 시민 누구나 활용하는 열린 공간이 되었으면 좋겠습니다.

### 6. 끝으로 장상 총리서리 보도와 관련해, 우리 지역의 보도 태도 전해주시죠!

☞ 지난 11일 우리 헌정 사상 처음으로 장상 전 이화여대 총장

이 여성으로서 국무총리서리에 발탁됐는데요.

우리 지역신문에서는, '사설'에서 여성총리의 능력에 대한 의구심과 여성들의 각 분야에 참여의 폭이 크게 늘어나기를 바라는 입장을 균형감 있게 제시하고 있습니다.

그러나 전체적인 보도를 보면 첫 여성 총리라는 데 지나칠 정도로 '의미'만을 부여하고, 총리로서의 '자질'에 대한 지적은 별로 없었습니다.

전남일보, 7월 12일자, <사설-첫 여성총리의 내각에 거는 기대>라는 제목에서, "이번 개각의 가장 큰 특징은 무엇보다 헌정사상 첫 여성총리의 기용에 있을 것이다. 여성총리 기용은… 여성의 역할이 그만큼 증대됐음을 상징적으로 보여 주는 조치다."라고 보도하였어요.

여성 총리 개인의 문제가 계속 보도되고 있는데요. 총리로서의 '자질'이나 '업무수행능력'에 대한 부분이 강조되어야 하겠고요. 좀 더 심층적인 보도를 기대합니다.

(2002 - 07 - 19 방송)

<table><tr><td>제6장</td><td>지역 목소리는 없다</td></tr></table>

## 제32절 '마늘협상', 왜 대안제시를 못 하나

### 1. 오늘은 어떤 내용을 소개해 주시겠습니까?

☞ 오늘은 ① 8·8 광주 북갑 국회의원 보궐선거와 관련한 우리 지역신문의 보도 태도, ② '마늘협상'과 관련된 우리 지역신문의 보도 태도, ③ 장상 총리 지명자 관련 지역신문의 보도 태도, ④ 우리 지역 일부 신문사의 주 5일 근무와 이에 따른 문제와 관련된 내용입니다.

### 2. 먼저 8·8 광주 북갑 국회의원 보궐선거와 관련해 우리 지역신문의 보도 태도에 대해서 말씀해 주시죠!

☞ 매번 선거 때마다 지적되는 언론의 보도 형태가 이번에도 그대로 나타나고 있습니다. '지역주의를 부추기고, 특정후보 편들기'가 여전합니다.

'텃밭'이라는 단어를 제목에 배치하며, 지역주의를 부추기고 있어요.
전남매일, 24일자, 1면 <달아오른 선거전… 표밭 후끈>
전남매일, 26일자, 3면 <무소속 후보들 표밭갈이 분주>
그리고 특정후보 편들기가 여전합니다.

신문에서 사진의 효과는 대단한데요. 특히 사진을 게재할 때, 모후보를 부각하기 위해서, 컬러사진으로 광주광역시 전직, 현직 시장과 나란히 앉아 있는 모습을 배치하고 있는 것이 여전합니다.

전남매일, 23일자, <북갑지구당 개편대회> 1면에, 민주당 북갑지구당 개편대회 컬러사진을 실어 민주당 김상현 후보를 간접 지원하고 있습니다.

전남매일, 23일자, <김상현 후보 돕겠다>라는 제목으로, 지대섭 전 의원 불출마 선언 배경을 다루고 있는데요. 여기에서도 특정후보의 지지발언을 그대로 기사화하면서, 심지어는 "압도적 당선을 위해", "최선을 다해" 최상급의 표현을 여러 차례 사용해서, 특정후보 편들기가 여전합니다.

### 3. '마늘협상'과 관련해 우리 지역신문에서는 어떤 보도 태도를 보였는지 궁금한데… 자세히 전해 주시죠!

☞ 네, 내년부터 중국산 마늘의 수입이 자유화돼서, 전남의 마늘산업이 붕괴위기에 처하게 됐는데요. 마늘협상에서 보여 준 언론의 보도 태도에 대한 문제점은 정치권의 주장과 같이, 사태의 진실 밝히기나 책임 질 사람 문책 쪽에 너무 무게를 싣고 있다는 것입니다.

신문에는 정부 내의 마늘협상 관련자들의 주장만을 단순 비교시켜서 책임만을 부각시키고 있습니다.

광주일보, 7월 23일자, <사설 – '마늘 협상' 책임추궁 있어야>라는 사설이 그렇습니다.

문제는 책임규명과 함께 '대안제시'가 중요하다고 생각합니다.

즉, 마늘협상 발효 이후의 대책이 시급한데요. 이와 관련한 대안제시가 매우 미흡하다는 점입니다.

그래서 책임규명 작업과 병행해서 당장 도산위기에 있는 '마늘농가'를 구할 대책을 언론에서 제시해야 할 것입니다.

긴급 수입제한 조치(세이프가드) 발동기간을 알고 있는 언론이 기간만료 이후에 발생할 문제점과 대책 등을 제대로 보도하지 못한 점은 아쉬운 부분이라 할 것입니다.

**4. 장상 총리와 관련해서는 이미 임명동의안이 부결된 상탠데… 아무튼 그동안 지역신문에서는, 장상 총리 지명자와 관련한 보도에서 어떤 태도를 보였습니까?**

☞ 언론들은 임명동의안 표결 '전'과 '후'로 나눠서 보도 태도를 살펴보겠습니다.

① 표결 '전'에는 장상총리지명자에 대해서, 언론이 해야 할 기본적인 검증노력을 하지 않고, 정치권의 얘기를 '받아쓰기' 해 왔다는 점이 문제점으로 지적될 수 있고요. 그저, 한나라당과 민주당 쪽의 발언들만 '단순 중계'하고 있음을 볼 수 있어요.

총리가 갖추어야 할 자질이나 평가의 기준은 제시하지 못한 점이 문제라고 평가할 수 있습니다.

② 동의안 부결 '이후'에는 일정한 '주장이나 반응'을 나타내는 신문이 있습니다. 광주일보, 호남일보, 전남일보가 <사설>을 통해 '잘한 일이다'라는 반응을 나타내고 있습니다.

**5. 끝으로 우리 지역 일부 신문사의 주 5일 근무와 관련해, 실태와 문제점에 대해 말씀해 주시죠!**

☞ 우리 지역에 3개 신문사가 있습니다. 광주타임스는 기존부터 주 5일 근무제를 실시해 왔고요. 이번 8월 1일부터 주 5일 근무제를 실시하는 신문사는 '호남신문'과 '전남매일'이 사고를 통해서, 주 5회 발행·주 5일 근무체제에 들어간다고 밝혔습니다.

즉, 호남신문은 사고를 통해서, 주 5일 근무시스템에 따른 라이프 사이클의 현격한 변화에 발맞추기 위한 취지, '주말 문화시대의 도래'로 '뉴스 소스'의 유동성에 대응하기 위한 불가피한 조치라고 밝히고 있습니다.

이들 신문 중에 호남신문, 전남매일(금요일판만 4면 증가)은 기존의 주 6회 발행에서 5회 발행으로 축소했는데, 문제는 발행 횟수를 줄였음에도 불구하고, 구독료 '8천 원/월'은 그대로 유지하고 있다는 점이고요.

그런데 '주 5일 근무'와 관련한 가장 큰 문제는, 새 소식을 빠르고 바르게 알아야 할 국민의 알 권리가 침해될 소지가 있고요. 언론 본연의 역할과 기능이 축소될 우려가 있다는 점입니다.

또, 장기적으로는 재무구조가 상당히 열악한 우리 지역신문들이 기자들을 정리 해고하려는 시도라고 분석하는 시각도 있습니다.

우리 언론시민단체에서는 이러한 문제에 대한 심각성을 내부적으로 검토하고 있습니다.

(2002 – 08 – 12 방송)


## 제33절 정당주장 중계만 하지 말고, 탐사보도를 해라


### 1. 오늘은 어떤 소식들을 전해 주시겠습니까?

☞ 오늘은 장대환 총리서리 임명과 관련해서, 우리 지역의 신문 보도 태도, ② 한나라당 이회창 후보의 아들 병역문제, ③ 수해 관련 보도 내용태도 등을 분석해 보고요. ④ 8·8 광주 북갑 국회의원

보궐선거와 관련하여, '2002광주전남 선거보도감시연대회의'에서 모니터 결과를 발표했는데요. 그 발표 내용을 말씀드리도록 하겠습니다.

## 2. 먼저 장대환 총리서리 임명과 관련해, 우리 지역의 신문보도 태도에 대해 말씀해 주시죠!

☞ 우리 지역에서는 대체로 기대를 표시하는 기사들이 주류를 이루고 있고요. '21세기 세계화 시대에 알맞은 참신성'과 '역동적 리더십'을 강조하고 있습니다.

무등일보, 8월 10일자, <장대환 총리 기용 의미 – 젊은 피 수혈 내각 활력 기대>라는 기사에서, "탁월한 국제감각과 역동적 리더십을 가진 분이다."라는 청와대 발표를 인용하면서, '긍정적인 평가'를 내리고 있습니다.

그런데 사실 요즘에 각종 시민·언론·노동단체들의 장 총리에 대한 '부정적 의견'도 나오고 있는데요. 언론에서 이런 부분을 전혀 반영하고 있지 않은 것이 문제라고 볼 수 있습니다.

지난 8월 9일 한국노총, 전국언론노조, 민주노동당, 12일 민주언론운동시민연합 등은 '검증되지 않은 시장지상주의자' '보수신문 등 기득권 세력에 영합하는 인사' '거액의 탈세 신문사 사장' 등의 잣대를 들어 장 총리서리의 자질을 문제 삼고 나섰지만, 이 부분은 거의 보도되지 않았습니다.

언론의 균형 있는 보도가 요청됩니다.

3. 연일 논란이 되고 있는 한나라당 이회창 후보의 아들, 병역문제와 관련해 우리 지역신문들은 어떤 보도 태도를 보이고 있는지 말씀해 주시죠!

☞ 한마디로 일부 신문들이 한나라당의 주장에 철저히 동조하면서, 특정정당의 주장을 그대로 '중계'하고 있는 인상을 지울 수 없습니다.

언론이 이회창 후보 장남의 병역면제와 관련된 진실을 밝히려는 노력에는 별 관심이 없이, 한나라당을 지원하는 듯한 보도를 볼 수 있습니다.

대통령은 국군 통수권자이기 때문에 병역의무를 제대로 수행했는지는 매우 중요한 내용입니다. 대통령 후보의 아들이 병역면제를 받았고 그에 관해 '의혹'이 있다면, 그 '의혹'이 '사실'인지의 여부를 철저히 밝혀야 할 것입니다.

아시다시피, 이 후보의 두 아들은 모두 체중미달(장남의 경우 키 179㎝인데도 몸무게가 45㎏에 불과함)로 병역면제를 받았는데요. 많은 사람들이 이 부분을 궁금해 하고 있습니다.

그래서 이에 관한 검찰의 수사를 지켜보고, 언론도 탐사보도를 통해서 진실규명을 해야 할 것입니다. 다시 말씀드리면 언론에서 특정 정당의 주장을 '중계'하는 듯한 태도는 지양해야 할 것입니다.

4. 전국적으로 지금도 수해복구 작업이 한창인데요. … 지난 집중호우로 인해 발생한 수해와 관련해서, 우리 지역신문들은 어떤 보도 태도를 보였습니까?

☞ 최근 수해의 특징은 '게릴라성 집중호우'라고 하는데요. 그래

서 피해가 빠른 속도로 진행됩니다.

우리 광주전남지역은 타 지역에 비해 피해규모는 작지만, 사망자도 나왔고요. 농경지, 주택, 도로, 교량, 하천제방 등 각종 시설물이 파괴되거나 붕괴되었어요.

이 지역으로서는 상당한 피해를 입었는데요.

그런데 언론에서는 이러한 집중호우의 특성에 대한 내용을 집중적으로 부각해서, 사전에 행정기관에 대한 대처나, 다른 부서의 연락상황을 점검했어야 했는데, 그렇지 못한 점을 지적하고 싶습니다.

보통 수해의 상황을 단순히 나열하는 내용들이 많이 있고요. 재해 복구 사항에 대한 보도가 많은데요.

수해를 막기 위한 근본적인 '예방대책'을 다루는 내용이 부족합니다. 재난관리의 허점에 대한 심층보도가 부족했던 점이 아쉬움으로 남습니다.

5. 끝으로 8·8 광주 북갑 국회의원 보궐선거와 관련해, '2002 광주 전남선거보도감시연대회의'에서 발표한 모니터 결과에 대해 종합적으로 전해 주시죠!

☞ 선거철이면 항상 지적되었던 내용이, 거의 모든 신문에서 다시금 지적되고 있습니다.

특정후보 편들기, 선거의 우열을 따지는 경마식 보도, 막판 혼탁양상 강조, 정치 냉소 확산, 선거결과에 대한 보도내용도 분석해 놓고 있습니다.

(2002 – 08 – 16 방송)

# 제34절 지역할당제는 무조건 찬성인가

## 1. 오늘은 어떤 내용을 소개해 주시겠습니까?

☞ 오늘은 ① 민주당 신당보도 관련 우리 지역신문의 보도 태도, ② 병풍보도 관련, ③ 서울대의 신입생 지역할당제 추진과 관련, ④ 광주광역시 인사 관련 우리 지역신문의 보도 태도 등에 대한 내용입니다.

## 2. 민주당 신당보도와 관련해, 우리 지역의 신문보도 태도부터 말씀해 주시죠!

☞ 우리 지역에서는 지역의 특성상, 민주당의 신당 창당과 관련하여 관심이 많은데요.

언론에서는 신당 창당에 대한 배경이나 필요성, 그리고 정책방향을 보도하기보다는, 특정 몇몇 인사들의 행보와 활동에 대해서만 보도하는 태도를 취하고 있습니다.

예를 들면, "민주당 박상천 최고위원이 (20일) 무소속 정몽준 의원과 신당의 성격과 구성방법 등 추진원칙에 대해 합의했다고 밝혔으나 정 의원이 이를 부인, 논란이 일고 있다." 등의 기사들이 대부분입니다.

신당을 만든다면 어떠한 '이념과 정책'이 필요한지, 기존 민주당과 어떤 '차별성'이 있어야 하고 또, 구체적인 '차별성'이 되는 것이 무엇인지에 대한 보도가 적어서 아쉬움이 있습니다.

### 3. 병풍보도와 관련해 우리 지역신문들은, 어떤 보도 태도를 보였습니까?

☞ 민주당 이해찬 의원의 '병풍 쟁점화 요청' 발언이 정치 쟁점으로 되어 있는데요. 현재 보도는 '쟁점부분'을 비껴가고 있습니다.

언론이 밝혀야 할 것은, 이회창 대통령 후보의 아들이 '부정하게 병역면제를 받았는가에 대한 여부'가 바로 중요한 것이고, 이 진실 규명을 위해 보도가 되어야 하는데요. 이것보다는 특정 정당의 주장만을 중계 보도하는 데 지면을 할애하고 있습니다.

특히 중앙지의 경우가 심한데요. 병역 의혹을 누가 제기했느냐, 또는 누가 수사를 하느냐에 여전히 초점이 맞춰져 있다는 느낌이 듭니다.

다만, 일부 신문에서는 본질적인 면을 강조하는 부분도 있습니다.

호남신문, 8월 22일자, <사설－이 나라는 병역비리 천국인가>라는 제목에서, "우선 밝혀야 할 것은 제기된 의혹과 주장의 진위 규명이다."라고 하면서, 철저한 진실규명작업이 이뤄져야 함을 주장하고 있습니다.

### 4. 서울대의 신입생 지역할당제 추진과 관련해, 우리 지역신문들은 어떤 보도 태도를 보였습니까?

☞ 서울대의 신입생 지역할당제 추진이 서울대총장 발언으로 '찬반' 논의가 계속되고 있는데요. 우리 지역신문에서는 지역할당제에 대해서, '찬성'하고 있습니다.

전남일보, 8월 15일자, <사설－서울대 지역할당제 적극 검토를>이라는 제목에서, 지역할당제가 긍정적으로 검토돼야 한다고 했고요.

광주일보, 8월 14일자, <사설 – 서울大 '지역할당' 긍정 검토를>
이라는 제목에서, "미국 하버드대학 같은 명문대에서 지역할당제를
실시하고 있다."면서, 우리나라에서도 이 제도의 긍정적인 검토를
주장하고 있습니다.

그런데 무턱대고 '지역'이니까 지역할당제를 '찬성'한다는 식의
논지가 아니라, 지역할당제의 근본적인 '취지와 내용'을 좀 더 분
석하는 기사가 있었으면 좋겠다는 생각이 듭니다.

### 5. 최근 광주시가 인사를 단행했는데… 인사와 관련해 우리 지역신문 의 보도 태도 전해 주시죠!

☞ 민선 3기 출범 이후 인사를 단행한 전남도를 비롯하여 도내 일
부 시·군에서 편법·보복인사에 대한 논란이 계속되고 있고요. 광주
시에서 단행될 인사에 대해서도 여러 가지 보도가 되고 있습니다.

지방자치단체장이 선거로 당선되었기 때문에, 선거과정에서 공을
세운 주변 인사들을 배려하는 것이라는 것입니다.

이번 인사에서 "인간적인 은혜를 공직으로 갚으려 해서는 안 된
다. 인사가 공정해야 한다."는 지적이 있었습니다.

광주타임스, 8월 17일자, <사설 – 광주시 인사, 첫 단추를 잘 꿰
야>라는 제목과, 광주일보, 8월 17일자, <사설 – 지자체인사 공정.
투명해야>라는 제목에서, 인사의 공정성을 주장하고 있습니다.

그런데 단순히 '인사의 공정성'을 주장하기보다는, 구체적으로
어떤 사람이 어느 자리로 배치되고 있는지 심층적으로 분석해야
할 것입니다.

예를 들면, 오는 9월 출범하는 환경시설공단과 도시철도공사 등
광주시 출자기관의 이사장·사장 자리를 놓고 자리다툼이 치열한

데요. 이러한 구체적인 부분에 철저한 감시가 이루어져야 할 것입니다. 또 인사에 대한 '검증시스템'을 전반적으로 검토하는 기회가 되었으면 좋겠습니다.

(2002 - 08 - 23 방송)

## 제35절 추석, 소외계층에 목소리가 없다

### 1. 오늘은 어떤 내용을 소개해 주시겠습니까?

☞ 오늘은 ① 국정감사 관련 우리 지역신문의 보도 태도, ② 추석 관련 보도, ③ 북한의 '신의주 특구' 관련 보도, ④ 미국의 이라크 공격계획 관련 보도 태도, 그리고 ⑤ 언론개혁광주시민연대 해체 등과 관련된 소식 등입니다.

### 2. 국정감사 때문에 최근 전국 공공기관들이 분주한 움직임을 보이고 있죠? 특히 일부 기관에서는 국감폐지를 주장하는 직장공무원노조 측과 마찰을 빚는 등 여느 때와 다른 여러 양상들을 보이고 있는데… 우리 지역신문들은 국감과 관련해서 어떤 보도 태도를 보이고 있습니까?

☞ 이번 국감은 현 정부의 마지막 국정감사이기 때문에 그 어느 때보다도 큰 의미가 있습니다. 이런 국정감사 내용을 정확히 알릴 책임이 언론에 있습니다.

이와 관련해서, 세 가지 정도의 언론의 보도 태도를 찾을 수 있습니다.

첫째는 행정부를 통제하는 '입법부'(국회)가, '헌법에 근거'해서 실시하는 국정감사를, 특정지역이나 정파에 대한 '공격'으로 보는 보도 태도는 문제가 있다고 생각합니다.

광주전남지역에 대한 국회의 국정감사를, 민주당 지역이었던 여당지역에 대해서, '야당'인 한나라당의 공격으로 보는 시각이 문제라고 생각되는데요.

지역언론의 시각은 국회의 행정부 감시기능을 단지, 정파 간의 견제나 공격이라는 근시안적인 시각에서 벗어나서, 대국적인 견지에서 보도하는 태도를 가져야 할 것입니다.

둘째는 언론이 '지역주의'를 다시 부추기는 듯한 보도가 있습니다.

국회의원들이 정부나 지방자치단체가 제출한 자료를, 자신의 인기나, 폭로성 발언으로 활용하고 있는데요, 언론이 이것을 그대로 보도하여, '지역적인 갈등'을 부추기고 있다는 겁니다.

즉, 우리 지역의 '전국 최하위' 기록들이 일정한 대안 없이 그대로 폭로되고 있습니다.

예를 들면, "2001년 현재 전국의 광역과 기초자치단체 가운데 '재정자립도'가 가장 낮은 지역은 어김없이 전남도와 전남의 장흥군이다."라고 보도하고 있고요. 또, '부채'나 '취업률'에 대해서도, 광주시민들이 안고 있는 1인당 채무는 53만 원이나 돼, 지자체 평균 수준보다 20만 원 이상 많다는 내용, 광주지방노동청 관내 취업률이 14.6%로 전국 6개 지방노동청 가운데 최하위를 기록했다는 내용 등입니다.

광주일보, 9월 26일자, <사설 – 사실로 확인된 '호남 역차별'>, 광주타임스, 9월 24일자, <사설 – 신물나는 '전국 최하위'>라는 제목에서, '역차별', '최하위'만을 부각시키고 있고, 이에 대한 원인과 대안을 제시한 부분은 찾아볼 수 없었습니다.

**3. 일주일여가 지났습니다만, 민족의 대명절 추석과 관련해서도 우리 지역신문들의 보도 태도를 살펴보셨다고요?**

☞ 이번에 태풍으로 농수산업에 종사하고 있는 주민들이 많은 피해를 입었는데요. 추석을 맞고 있는 시민들에 대한 보도는 두 가지로 나눌 수 있습니다.

첫째는 썰렁한 추석의 모습, 둘째는 온정과 나눔의 추석의 모습이 보도되었습니다.

썰렁한 추석의 모습으로 '물가가 급등하고, 경기마저 썰렁하다', '피해가 아직도 복구가 안 되고 있다', '생계가 막막하다', '서민들에게도 우울한 추석이다.' 등의 내용으로 보도하고 있습니다. 그런데 구체적으로 어떤 사람들이 어떻게 어려움에 처해 있는지에 대한 보도가 부족한 것 같습니다.

둘째로, 추석 명절을 맞이하는 '나눔을 강조'하는 사설을 싣고 있습니다.

광주일보, 9월 19일자, <사설 – 나눔과 위로, 희망의 명절로>,

광주타임스, 9월 19일자, <사설 – 나눔과 보살핌의 한가위>,

이것은 적절한 보도였다고 봅니다.

다만, 소외계층에 대한 시각이 좀 더 부각되었으면 하는 아쉬움이 남습니다.

**4. 북한의 '신의주 특구'와 관련해서는, 우리 지역신문들이 어떤 보도 태도를 보였습니까?**

☞ 북한의 신의주특구 개발에 대해 아주 신중하고 조심스럽게

접근하는 보도가 있는가 하면, 그렇지 않은 보도도 있습니다.

우리 지역신문에서는 경제난 극복을 위한 북한의 변화라는 점에서, 거의 긍정적이고 적극적인 보도 태도를 보이고 있습니다.

광주일보, 9월 23일자, <사설 - 북한의 '신의주 특구' 주목한다>, 무등일보, 9월 25일자, <사설 - 북한 개혁, 개방정책을 주시한다>, 전남매일, 9월 27일자, <사설 - 신의주 특구의 명암>이라는 제목에서, '자본주의 사회로 변화하는 교두보 역할', '한반도 통일에 기여', 대부분 신의주특구에 대해서, 긍정적인 시각을 보여 주고 있습니다.

다만, 약간 보도들이 일치하지 않는 부분이, 북한 신의주특별행정구 양빈(楊斌, 39) 장관과 관련된 내용인데요. 물론 폐쇄적인 사회에서 나온 정보라는 한계성이 있지만, 양빈에 대한 인적 사항, 재산 형성 과정, 장관 임명 관련 등과 관련한 내용은, 좀 더 확인한 후 정확한 보도가 되도록 해야 할 것으로 생각됩니다.

5. 모 경제연구원에 따르면, 미국의 이라크 총격이 세계 경제에는 큰 충격을 주지 않을 것이라는 분석도 있고, 한편으론 반미감정이 고조되면서 보복 테러가 발생하고, 때문에 세계경제가 위축되는 최악의 상황을 맞을 수도 있다는 지적도 있는데, 아무튼 초읽기에 들어간 미국의 이라크 공격에 대해, 우리 지역신문들은 각각 어떤 보도 태도를 보이고 있습니까?

☞ 미국이 이라크 공격계획을 세워 놓고 있는데요. 우리 언론들은 공격을 '하는 쪽'과 '받는 쪽'의 시각을 골고루 다뤄야 하는데, 한쪽만의 시각에 의해서 기사를 내보내고 있습니다. 즉, 미국의 공격계획에 대한 '정당성'만을 강조하고 있습니다.

지난 걸프전 기간 동안 이라크 군인과 민간인을 합쳐 약 15만 명 이상 사망하고, 30만 명 이상 부상당했다는 통계가 있습니다. 전쟁과는 아무런 관계가 없는 어린이들이, 의약품 부족과 영양실조 등으로 전후 10년 동안, 100만 명이 목숨을 잃었다고 하는데요.

최근에 대부분의 신문보도는, '테러전쟁 확산에 대한 우려', '국제사회의 전쟁 움직임' 등만을 다루고 있습니다. 전쟁 상황에서, 고통을 당하는 사람들에 대한 내용과 이것을 분석하는 기사들이 부족하다는 생각이 듭니다.

**6. 끝으로 안타까운 소식이 한 가지 남아 있죠? 박 위원장님께서도 몸담고 계신 단첸데… 언론개혁광주시민연대가 해체될 것이라는 소식! 자세히 전해 주시죠!**

☞ 네, 그동안 우리 지역의 시민단체들이 연대하여, 언론개혁운동을 펼쳐 왔던 '언론개혁광주시민연대(이하 언개연)'가 연대기구의 대표자회의에서 오늘 아침 시내 금수장호텔에서 모임을 갖고, 자진 해산키로 결정했습니다.

아시다시피, 우리 지역의 언론개혁운동 단체는 두 개가 있습니다.

시민단체가 단체회원들로 구성되어, 각 단체들의 상설연대기구인 '언개연'이 있고요. 또 다른 하나는 개인회원들로 구성된 사단법인 '민언련'(광주전남 민주언론운동시민연합)이 있습니다.

'언개연'의 해산 이유는 시민단체의 '재정'이나 '조직의 열악성'이라고 볼 수 있는데요. 만만치 않은 재정이 수반되고, 소속단체의 소극적인 참여 등 운영상의 문제가 노출되었기 때문입니다.

앞으로, '언개연'은 해체되지만, '민언련'을 중심으로 각종사업을 펼치기로 하였습니다. 그래서 특정사안이 있을 때마다, 그때 특성에 맞게 연대해서 언론개혁운동을 펼쳐 나갈 것입니다.

개인적으로도, '언개연' 해체가 아쉽긴 하지만, 특정사안이 생기면 기존의 '언개연' 참여단체들이 연대할 수 있기 때문에, 언론개혁운동은 지속될 것입니다.

(2002 - 09 - 07 방송)

## 제36절 지역감정 유발하지 말라

**1. 제16대 대통령 선거를 흔히 미디어 선거라고 표현하는데요. … 어떻게 생각하십니까?**

☞ 어떤 선거든 언론의 역할이 중요한데요. 특히 이번 대통령선거는 과거와 같이 식사를 대접하거나, 선물을 돌리는 풍경은 사라지고, 방송, 신문 등 '매스미디어'를 통해서 선거운동을 했습니다. 미디어가 유권자가 후보자를 선택하는 데 많은 영향을 미쳤을 것이라고 생각됩니다.

특히 TV 토론은 후보들의 표정 하나하나까지를 안방에서 볼 수 있기 때문에 미디어가 선거에 있어서 효율적인 수단이 된 것은 사실입니다.

그렇지만 이러한 미디어 선거, 특히 TV토론의 경우에는 후보의 정책이나 이념 성향, 국정 운영능력을 평가해야 하는데, 오히려 '언변'이나 '답변에 대한 순발력', '외모' 등이 더 큰 비중을 차지한 느낌입니다.

앞으로는 이런 토론회 횟수를 좀 늘리는 것과 동시에, 주요 정책에 대한 집중토론이 이루어지도록 편성하면 좋겠다는 생각이 듭니다.

2. 제16대 대통령 선거와 관련해, 지역신문들도 연일 대서특필을 해 왔었는데요. … 선거 때마다 문제가 되고 있는 경마식 보도! 이번 에는 어땠습니까?

☞ 이번 선거 관련 보도에서도 순위를 매기는 '경마식' 보도가 있었습니다. 여론조사가 너무 홍수를 이룬 점도 있습니다. 거의 대부분 '지지율' 중심의 조사를 하고 있어요.

선거법은 23일간의 법정선거기간 중에는 여론조사 공표를 금지하고 있습니다. 이 기간에도 일부 언론사와 주요 정당은 여론조사를 실시하였고, 다만 발표는 하지 않게 되어 있습니다. 그렇지만 일부 언론은 법망을 교묘히 피해서 '판세 분석'이라는 명목으로 보도했지요.

어떤 후보가 앞서 있고, 그 뒤를 다른 후보가 따라잡고 있다는 식으로….

1등, 2등, 3등을 중계하고, 소위 '경마식'으로 보도하고 있습니다. 또, 지역별로 어느 지역 표가 뭉친다는 보도입니다.

특히 우리 광주 전남지역에서는 '민주당' 관련 사진이 많았고, 진보정당이나 군소정당 후보의 사진들은 홀대하고 있는 것을 볼 수 있었습니다.

3. 이번 대선은 지역감정 조장이, 크게 위력을 발휘하지 못할 것이라는
   분석이 일반적이지만, 지역신문들은 지역감정을 유발하는 보도 태도
   에서 크게 벗어나지 못했다는 지적이 나오고 있는데요. … 어떻게
   생각하십니까?

☞ 이번 대선 관련 보도에서는 '지역감정'을 조장하는 발언을 자제하는 분위기가 역력했지만, 몇 개의 지방신문을 중심으로 지역색을 부각시키는 보도가 있었어요.

정책대결보다는 '인물중심' 위주의 보도와 함께, '텃밭', '대세론', '무주공산' 등 지역정서를 앞세우는 습성에서 벗어나지 못했습니다.

예를 들면, <호남 정치권 입지 위축 우려>, <호남인이 도우면 승리>(이상 전남일보), <노 정 여론조사 호남이 승부처>(광주일보) 등은 대표적인 지역감정 조장 사례라고 볼 수 있는 것입니다.

전남일보, 12월 16일자, <"호남 투표율 '비상'">이라는 제목에서, 민주당 광주시지부 관계자의 말을 그대로 보도하고 있어요. "호남지역 유권자들이 한 표를 행사하지 않는다면 이는 결국 한나라당 후보를 돕는 일"이라는 표현을 여과 없이 반영하고 있습니다.

이렇게 한나라당과 민주당은 특히 모두 겉으로는 지역감정 조장을 비난하면서도 속으로는 지역정서에 호소하며 지역감정을 자극하는 발언들을 내놓고 있고요. 언론은 이걸 그대로 '받아쓰기'를 하고 있습니다.

4. 선거일이 가까워지면서 폭로전 양상으로 선거가 무척 혼탁해지지
   않았습니까? 여기에 대해서 지역신문들은 어떤 보도 태도를 보였습
   니까?

☞ 정치인들이 제기하는 확인되지도 않은 '비방'이나 '폭로성 발
언'을, 언론이 그대로 받아쓰기 하고 있습니다. 언론이 유권자들에
게 정확한 정보를 제공하여 올바른 선택을 돕도록 해야 되는데요.
정치인들의 '폭로'를, 언론이 이를 그대로 '보도'해서, 선거 혼탁을
부채질했다고 볼 수 있습니다.

언론에서는 이걸 그대로 받아쓸 것이 아니라, '증거나 출처를 갖
춘 경우'와 '그렇지 못한 경우'를 엄격히 구분해서 보도를 해야 할
것입니다.

예를 들어서, 몇 가지 제목만을 보면, "국정원, 무차별 不法도
청"(11월 29일자), 朴寬用 의장 "내 휴대폰도 도청당했다."(11월 30
일자) 등, '도청'에 대한 폭로를 하고 있는데요. 어느 정도 증거를 갖
춘 보도가 이루어졌더라면 더욱 바람직했을 것으로 보입니다. 그래
서 '아니면 말고 식'의 설익은 폭로중계는 시정되어야 할 것입니다.

5. 한편 각 당 대선 후보들이 공약을 남발하는 좋지 않은 모습도 보였
   었는데요. … 대선 후보들의 공약과 관련해 지역신문들은 어떤 보
   도 태도를 보였습니까?

☞ 우리 지역에 대한 후보들의 공약이 많이 있습니다. 후보들이
남발한 공약에 대해, 일정한 검증 절차 없이 그대로 보도하고 있고
요. 현실성이 없는 내용을 가지고 '재탕', '삼탕'을 하면서까지 유
권자를 현혹하는 공약들에 대해서 제대로 대처하지 못한 느낌이

있습니다. 구체적인 사업추진에 대한 것보다도, 원론적인 정책 나열을 그대로 언론에서 인용 보도하고 있습니다.

또 후보들의 공약에 대해서, 공약과 기존 정책과의 차이점, 공약의 타당성 여부, 공약의 실현 가능성, 사례제시 및 대안제시 유무, 이해 당사자들의 입장 등의 기준과 기본적인 내용을 담아야 합니다.

우리 지역언론은 이런 공약을 검증해서 유권자들이 올바른 선택을 할 수 있도록 했어야 했는데, 그런 면에서 미흡한 점이 있습니다.

**6. 대선 관련 보도에서, 그 밖에 또 어떤 문제점이 지적됐는지 말씀해 주시죠!**

☞ 우리 지역의 언론의 현주소를 보는 것 같아 씁쓸한데요.

첫째로는, 여전히 '연합뉴스'에 의존하는 기사가 많다는 겁니다. 기자들의 수가 절대적으로 부족해서 나온 현상인데요. 지역신문사의 자본과도 밀접한 연관이 있는 부분입니다.

예를 들면 "부동층 표심잡기 총력"(광주일보, 12월 10일자, 1면), "각 당 부재자 투표 표심 대책 분주"(무등일보, 12월 10일자, 4면), "대북정책 대선 변수 급부상"(무등일보, 12월 11일자, 2면) 등입니다.

둘째로는, 대선후보들 중에서 '군소 후보'들에 대한 관심이 적고, 지면에 거의 짧게 다루어지고 있습니다.

예를 들면, "사회당 김영규 후보 거리 유세모습"을 기사(무등일보, 12월 9일, 3면)는 단 한 줄도 없이 사진만 달랑 싣고 있습니다. 또 군중들의 모습은 보이지 않고 초라한 후보자의 모습을 클로즈업하고 있습니다.

7. 한편 역대 선거 보도에서는 볼 수 없었던, 그러니까 개선된 점이라
   면 어떤 점인지 말씀해 주시죠!

☞ 미디어선거가 정착되었다는 점이 역대선거에서 볼 수 없었던
점이라고 할 수 있습니다. 또, 지역감정을 부추기는 현상이 있긴 하
지만, 과거의 선거에 비해서는 현격하게 줄었다는 점을 볼 수 있고요.
   예를 들면, 전남일보, 12월 16일자, <사설 – 지역감정 조장 망언을
규탄한다>라는 제목에서, "대선투표일을 며칠 앞두고 한나라당 측
이 또다시 막판 지역감정을 선동하며 역사와 국민을 기만하고 있다."
면서 지역감정 조장에 대해 '경계'하고 있는 것을 볼 수 있습니다.

8. 선거 보도를 감시하고 또 공정한 선거제도 정착을 위해서, '대선미
   디어국민연대 광주전남본부'가 발족되지 않았습니까? 여기에 대해
   서 한 말씀 해 주시죠!

☞ 이번 대통령 선거에 대한 공정보도 촉구와 왜곡보도 감시를
목적으로 '대선미디어국민연대 광주전남본부'(이하 국민연대)가 지
난달 하순(11월 22일)에 발족해서, 활동을 하고 있습니다.
   저도 여기에 '운영위원장' 자격으로 참여하고 있는데요. 광주 참
여자치21 사무실에서 발족식을 갖고 활동에 들어갔습니다.
   국민연대가 모니터 대상으로 삼고 있는 방송은 MBC, KBS, KBC
의 주요 뉴스와 토론회이며, 신문은 광주일보, 전남일보, 호남신문,
광주타임스, 무등일보, 전남매일 등입니다.
   7개 사회단체(광주장애인총연합회, 광주전남민언련, 광주전남기
자협회, 어린이신문 굴렁쇠, 전교조광주지부, 한국노총광주지부, 참
여자치21 등)의 실무책임자들이 자기 분야의 성격에 맞춰 신문과

방송 모니터링을 합니다.

모니터링의 기준은 지역감정적 보도·흑색선전·반통일적 선거운동 등을 여과 없이 보도하는 문제, 경마식·일기예보식으로 피상적인 선거현상만 보도하여 유권자의 합리적이고 적극적인 참여를 방해하는 문제 등입니다. 이런 모니터 결과는 조만 간에 보고서 형태로 발간될 것입니다.

(2002 - 12 - 19 방송)


## 제37절 '벗어라', 선정적인 기사가 뜬다


**1. 최근 일부 지방신문들이 지나치게 선정적인 기사들을 방송, 연예 면에서 싣고 있다는 점을 지적하신 것으로 알고 있는데요. … 먼저 그 실태부터 말씀해 주시죠!**

☞ 일부 지방신문에서 아주 선정적인 여자연예인의 장면들을 사진과 함께 나열하면서 기사의 내용도 신변잡기적인 내용을 다루고 있습니다.

마치 스포츠 신문과 같은 지방신문 연예 면들이 등장하고 있는데요. 이러한 형태는 언론의 공공성을 무시한 무책임한 보도형태라고 생각합니다.

3월 3일부터 3월 15일까지 보름동안 두 신문(무등일보, 광주타임스)의 방송·연예 면을 살펴본 결과, 사람들의 말초신경을 자극하는 사진들이 있었습니다.

이러한 부분에 대해서, 저희 민언련(광주전남 민주언론운동시민연합)에서는 잘못된 것이라고 지적한 것입니다.

**2. 가능하다면 구체적인 예를 들어주셨으면 좋겠습니다.**

☞ 연예인 사진과 함께 기사를 싣고 있는데요.

먼저, <무등일보>를 보겠습니다.

3월 4일, 성현아 누드 2차 공개 '접속 폭주',

3월 7일, 세아야! 5억 줄께 '벗어라',

3월 12일, H양 섹스비디오 '몰카에 당했다',

3월 13일, 박지윤 '노팬티(?)'로 생방송 출연, '성현아, 누드사진 찍은 진짜 이유는?'

3월 15일, H양은 나 … 성인배우 하늘

3월 25일, 이병헌 - 유민 '배신의 키스' - 이병헌이 유민의 입술을 훔쳤다.

이처럼, 제목에서부터 '누드', '벗어라', '몰카', '섹스비디오' 등 일간신문인지가 의문스러울 정도로 선정적입니다.

또 <광주타임스>도 비슷합니다.

2월 10일, 성현아 제대로 된 누드를 선보인다

3월 4일, 내 몸은 내가 만든다,

3월 11일, 조성모 아슬아슬 누드영상,

3월 12일, '개미허리' 정양 '안타까워'…

일부 내용을 보면, "미스코리아 출신 탤런트 성현아(28)가 마침내 배꼽 아래까지 공개하는 이른바 제대로 된 누드를 선보인다." 등 매우 자극적인 내용이 들어 있습니다.

3. 구독률을 높이기 위한 잘못된 방법이 아닌가 싶은데요. … 이 같은
   상황이 벌어지게 된 원인! 무엇이라고 생각하십니까?

☞ 그렇습니다. 어떻게든 판매부수를 끌어 올리는 데에만 혈안이
되어 있는데요. 지방 신문사의 현실을 보는 듯해서 가슴이 아픕니다.

광주·전남의 일간지는 숫자는 많지만(10여 개), 점유율은 매우
미약한 상태이지요. 그리고 점유율이 낮은 것은 각 신문사의 영세한
재무구조인데요. 이점이 신문의 질(質)을 떨어뜨리고 있는 원인이
됩니다.

사람들의 흥미를 끌 만한 소재만을 찾아서 보도하다가 보니까,
이런 현상이 생긴다고 볼 수 있지요.

4. 그렇다면 지역신문들의 올바른 기사(방송,연예) 내용의 방향! 무엇이
   라고 생각하십니까?

☞ 서울에 있는 방송·연예인의 흥미위주의 기사는 지역언론의
역할에서 벗어난 것이라고 생각합니다.

지역신문에는 서울지역에 사는 사람들의 소식보다는, 이 지역의
소식이 실려야 할 것입니다.

그래서 우리 지역신문·방송가 이야기, 지역언론계의 소식 등 지
역밀착형 기사를 지역신문에서 다루어야 할 것입니다. 미담 기사나
사회적인 약자들을 위한 내용들이 좀 더 다뤄져야 할 것입니다.

5. 지방신문에 최근 전화방 광고들이 등장하면서 심각한 문제가 되고
   있는데요. … 어떻게 생각하십니까?

☞ 전화방광고가 지방신문에 등장하는 것은, 신문사 측에서 '광

고' 수익을 챙겨 보려는 경제논리에서 출발한 건데요. 신문사는 영리만을 추구하기보다는, 공익(公益)적인 기능을 수행해야 합니다. 그래서 수익을 극대화하기 위해서, 전화방 광고를 조그맣게 나누어서 선정적인 문구를 삽입한 광고를 게시하고 있는 것은 문제가 있다고 봅니다.

광주 전남의 한정된 광고시장에서, 언론사 간에 경쟁이 심하다 보니까, 이런 저질적인 광고까지 계속 등장하고 있는데요. 언론사의 내부개혁의 문제와 함께 지방언론사의 재무구조개편으로까지 연결되어야 할 문제라고 생각합니다.

**6. 박동명 의장님을 비롯해서 광주전남민언련 집행부가 최근 새롭게 바뀐 것으로 알고 있는데요. … 올해 언론개혁의 내용과 방향, 그리고 구체적으로 광주전남민언련의 활동방향! 어떻게 계획하고 계십니까?**

☞ 종래에는 민언련[14]이 지역언론계에 대해 네거티브적 활동(계도지폐지)을 중심으로 했는데요. 올해는 언론기관 종사자들의 권익향상과 관련한 활동을 해 볼 계획이고요. 그리고 지방언론육성법과 관련해서, 우리 지역에서 많은 관심을 갖고 있습니다.

민주사회에서 건전한 지역언론의 성장을 위해서, 일정한 지원기준과 절차에 의해서 지방언론의 발전 내지 지원이 이뤄져야 한다고 봅니다.

---

14) 민주언론운동시민연합(약칭 민언련)은 민주사회의 주권자인 시민들이 언론의 진정한 주인이라는 인식 아래 회원 상호 간의 단결 및 상호협력을 통해 언론민주화와 민족의 공동체적 삶의 가치구현에 앞장서 사회발전에 이바지함을 목적으로 하는 법인형태의 시민사회단체이다. '민주언론시민연합(명칭개칭 2006. 03. 24.)'으로 개칭되었으며, 저자(박동명)는 광주전남에서 2003. 2.부터 2004. 2.까지 '의장'으로 활동하였다.

매년 공모사업에 응모해서 지원 사업을 하고 있는데요.

예를 들면, VJ교육(방송문화진흥회 – 시청자지원사업, 광주시 – 비영리민간단체 지원사업), 영호남지역감정조장 언론모니터(행정자치부 – 비영리민간단체 지원사업) 사업들을 계획하고 있습니다.


(2002 – 03 – 25  방송)


## 제38절 미국 – 이라크 전쟁, 우리는 그쪽이다


1. 대다수의 신문방송들이 미국정부의 입장을 대변하거나, 미·영 매체의 보도에 지나치게 의존하고 있다는 생각이 드는데, 어떻게 생각하십니까?

☞ 그렇습니다.

국내 언론들이 너무 '선정적'인 보도를 하고 있고, 이라크 피해상황에 대해서는 큰 지면을 할애하지 않고 있습니다. 또 우리 언론의 '미국 중심적 시각'이 문제라고 생각합니다.

몇 가지 문제점을 보면,

첫째로 너무 선정적이라는 겁니다.

지난 3월 21일자(이라크 침공이 시작된 다음 날),

조선일보, <미, 바그다드 4차례 공습>,

동아일보, <미, 후세인 제거 집중 공습>이라는 제목에서, '미국 중심'으로 '공격'이라는 단어를 전면 배치하여 이라크전을 보도하고 있습니다.

둘째로 첨단무기를 소개하고 있는데요. 미국이 사용하게 될 첨단

무기들을 자세히 소개해서, 마치 '무기홍보 카탈로그'와 같은 인상이 있었습니다.

셋째로, 바그다드가 놀라울 정도로 평온하고, 시민들이 축구구경을 가고 있다는 내용을 싣고 있습니다.

중앙일보, 3월 22일자 4면, <시민들 축구구경… 전쟁 전과 다름없어>라는 기사는, 전쟁 중임에도 불구하고 한가하게 축구구경이나 하는 모습을 전달할 우려가 있어서, 전쟁의 참상을 외면하고 있다고 볼 수 있습니다.

이렇게 이라크 침략 전쟁 소식을 전하는 국내 언론 보도가 '미국 편향적인 시각'에서 벗어나지 못하고, 반전평화운동에 대해서는 축소하는 보도로 일관하고 있는 것을 볼 수 있습니다.

## 2. 미 - 이라크 전쟁 보도와 관련해, 지역언론들도 제 목소리를 내지 못하고 있다고들 합니다. 어떻게 생각하십니까?

☞ 지역언론들이 제 목소리를 내지 못하고 있는데요. 그 이유는 지역신문들이 취재의 한계 때문에 대부분 '연합뉴스'를 받아쓰고 있기 때뮨입니다.

연합뉴스는 미국 CNN방송을 비롯한 방송('알자지라'의 보도를 인용할 때도 서양통신사를 거쳐 재인용)을 인용하기 때문에 결국 미·영연합국 중심의 시각을 그대로 전달하고 있는 셈이 되고 있습니다.

우리 지역의 대부분의 신문방송들도, 전쟁의 참상을 알리기보다 '미국의 시각'에서 전쟁 상황을 보도하고 있습니다.

## 3. 구체적인 사례들을 말씀해 주시겠습니까?

☞ 지난달 24일부터 28일까지 광주일보와 광주타임스, 무등일보,

전남매일, 전남일보, 호남신문 등 6개 신문의 전쟁보도에 대한 모니터링 결과를 보면, 먼저, 연합뉴스를 그대로 받아쓰기 하는 것(편향된 보도)을 알 수 있습니다.

무등일보는 '미, 이라크 침공', 호남신문과 전남일보는 '미, 이라크 공격'이라고 제목을 붙이고 있습니다.

호남신문과 전남일보는 3월 24일자 1면에, 미 해병사단이 탱크를 앞세우고 이라크 포로들을 압송하는 사진을 '이라크 포로들'과 '투항 이라크 병사'라는 제목하에 크게 싣고 있습니다.

이와는 반대로, 반전시위에 대해서는 아주 적은 면을 할애하며, 단발적 기사에 머물러 있는 것을 볼 수 있습니다.

호남신문, 3월 27일자, 15면 사진 <파병반대 자전거 시위>,

호남신문, 3월 28일자, 15면 사진 <'反戰' 단식기도>

광주일보, 3월 27일자, 19면 <"폭력은 또 폭력 불러 명분 없는 전쟁 지원 안 돼">라는 제목에서 '파병반대 단식기도 신부'의 인터뷰기사를 싣고 있습니다.

광주타임스, 3월 25일자, 사진 <평화실현기도> 등을 싣고 있습니다.

이렇게 반전평화운동이 시민·종교단체에서 연일 전쟁반대 시위를 하고 있는데, 지면에서 작은 기사로 취급되고 있습니다.

## 4. 전쟁 보도와 관련해 지역언론들이 지향해야 할 보도 태도! 한 말씀 부탁드립니다.

☞ 두 가지만 말씀드리면,

첫째, 이 지역에서도 반전평화운동(국민의 반전여론이 70%를 넘는다는 통계도 있음)이 활발한데요. 이런 반전평화운동에 대한 보도가 비중 있게 다루어졌으면 합니다. 또 시위 자체만을 소개하지 말고, 반전평화운동의 의미와 전망 등에 대한 깊이 있는 분석이 있었으면 좋겠습니다.

둘째, 연합뉴스에 너무 의존하고 있는데요.

이런 문제를 해결하기 위해서, 지역언론사들이 현지에 기자단을 파견하는 것도 고려해 볼 만합니다. 또 일부 신문사(전남매일)는 연합뉴스와 '전재료 계약'을 맺지 않고 기사를 무단 전재해 왔다면서, 연합뉴스에 의해서 고발되기도 했습니다.

**5. 덧붙여 한 가지 질문만 더 드리겠습니다. 파병문제를 놓고 여론이 찬, 반으로 크게 엇갈리고 있는데요. … 이 같은 여론 갈림 현상을 어떻게 보십니까?**

☞ 민주사회에서 다양한 의견 표출이라고 생각되는데요. 우리 사회에서 의제설정이나 여론형성에는 언론의 역할이 중요합니다. 이제 '주류 언론'의 영향력이 크게 줄어들었다고 보는데요.

그러면서 인터넷신문(오마이뉴스 등)과 같은 대안매체도 여론형성에 중요한 역할을 하고 있다고 생각합니다.

파병문제에 대한 찬반이 엇갈리는 현상은, 주류언론의 미디어 주도권에 대한 영향력이 떨어지고 있는 현상이라고도 볼 수 있는데요. 힘 있는 몇 개 언론사가 여론 흐름을 결정했던 시대는 지났다고 봅니다.

(2003 − 04 − 08 방송)

# 제 2부

# 개혁, 뛰어라 그리고 잡아라

CBS광주방송(FM 103.1)의 프로그램 〈CBS 매거진〉(월-토, 오후 5시 05분-6시 방송)에 방송한 내용을 정리한 것이다.

진행은 유영혁 국장(CBS광주방송 보도제작국), 제작은 조중남 PD, 그리고 박농병 의상(광주전남 민주언론운동시민연합)이 참여하여 주 1회 생방송으로 대담형식으로 방송된 것이다. 주요 내용은 지역신문에 대한 미디어비평이며, 지역언론계 소식도 곁들여 있다.

* 주) '민주언론운동시민연합'(약칭, 민언련)은 시민들이 언론의 진정한 주인이라는 인식 아래 회원 상호 간의 단결 및 상호협력을 통해 언론민주화와 민족의 공동체적 삶의 가치구현에 앞장서 사회발전에 이바지함을 목적으로 하는 사단법인으로서 시민사회단체임. 이후 (사단법인)민주언론시민연합(명칭개칭 2006. 03.)으로 개칭되었으며, 저자는 2003년 2월부터 2004년 2월까지 광주전남지역 '의장'으로 활동한 바 있다.

<table><tr><td>제1장</td><td>정치 및 정당 관련 보도 양상</td></tr></table>

## 제1절 대통령의 탈당, 지역민들에 대한 배신인가

### 1. 한 주간 지역언론에서 주로 다뤘던 내용은 무엇입니까?

☞ 몇 가지로 요약할 수 있는데요.

먼저, 노무현 대통령의 민주당 탈당 관련 보도 태도입니다.

노무현 대통령이 지난 29일 "대통령의 당적문제가 소모적인 정치공세의 원인이 되고 있다."면서 "이 문제가 더 이상 정치쟁점화되지 않도록 하기 위해 민주당적을 포기하겠다."며 민주당을 탈당한 공식 선언 소식을 앞다투어 보도했습니다. 그러면서 우리 지역 신문들은 비난과 우려를 나타내는 논조를 취하고 있습니다.

둘째, 국정감사 자료를 통해서 밝혀진 내용들을 보도하고 있는 내용이 많습니다. 특히 광주 전남지역이 최대, 최다인 것들을 보도하고 있습니다.

예를 들면, 최근 3년간 전남지역 법정 전염병 사망자 수가 전국 시·도 가운데 가장 많은 것으로 나타났다는 주장이나, 소년소녀가장은 전남이 전국에서 가장 많은 것으로 집계됐다는 소식등 입니다.

또, 광주일보, 1일자, <검찰 무리한 기소 많다>에서, 광주고등법원이 지난 4년간 형사사건에서 실형을 선고했던 사람들 중 대법원에서 무죄선고를 받은 사람 수의 비율이, 전국 고법 가운데 가장 높은 비율을 차지한 것으로 드러났다는 보도를 하고 있습니다.

그리고 국감현장에서 지역현안이나 특정지역의 주장만을 대변하는 사례도 있었다는 보도도 있습니다.

셋째, 노인 관련 문제를 지적하는 보도가 많았습니다.

지난 2일 제7회 '노인의 날'을 맞아서인지, 노인의 자살률을 언급하고, 노인복지문제를 지적하는 보도가 줄을 잇고 있습니다.

### 2. 의제 설정이나 보도 방향이 올바르게 이뤄졌습니까?

☞ 노인 관련 보도를 보겠습니다.

'노인의 날'(2일)을 전후해서 노인 관련 보도가 증가하고 있는 것을 볼 수 있는데요. 이것은 평상시에 노인 관련 보도가 적었다는 것을 반증하는 거라고도 볼 수 있습니다. 그래서 노인 관련 문제에 평소에도 관심을 기울여야 할 것입니다.

전라남도의 경우에는 고령화가 빨리 진행되고 있는데요. 언론에서 이와 관련 보도가 많이 있습니다.

예를 들면, 무등일보, 1일자, <질병, 빈곤 고달픈 삶 노인 자살 날로 증가>라는 제목의 기사와, 전남일보, 1일자, <노인복지 요원한가>라는 제목에서, "고령화 사회로 접어들면서 노인 인구가 급증하고 있는 가운데 신병 비관, 경제적 빈곤, 소외감 등으로 인한 노인자살이 잇따르고 있다."면서, "노인 자살을 예방하기 위해 노인들을 위한 복지·치료·여가 시설 확충 등 적극적인 대책이 시급하다."라고 보도하기도 했고요.

전남일보, 2일자, <사설 - 노인복지, 국가가 나설 때다>라는 제목에서, "정부는 국민재원을 확충하고 의료·요양시설 설립을 서둘러 노인 복지를 전적으로 책임지는 자세를 가져라"고 주문하고 있습니다.

그렇지만 이런 노인 복지의 필요성을 주장하는 것과는 달리 노인복지를 심층 취재하는 신문은 찾아보기 힘들었습니다.

다만, 광주일보가, <사설 - 고령화시대…대책 없는 복지>(1일자)에서, "정부가 노인복지를 위한 특별대책을 수립"하라고 요구하고 있고요. 사회면 기획기사 <고령화 시대>를 통해서 '일자리가 없다'(1일자) '학대받는 노인들'(2일자), '노인문제 대책'(3일자) 등을 3회에 걸쳐 보도하고 있어 눈길을 끌고 있습니다.

앞으로 정부와 지방자치단체의 책임, 복지관 운영시스템의 문제 등에 대한 심층보도가 요구됩니다.

### 3. 노무현 대통령의 민주당 탈당 관련 보도는 어떻습니까?

☞ 우리 지역의 신문들이 이를 앞다퉈 보도하고 있는데요.

'배신', '착잡', '정치실험' '불안' 등 감정적인 용어를 사용하기도 하고, 대통령의 '무당적'에 따른 불안을 부추기는 듯한 신문도 있습니다.

예를 들면, 호남신문은 <"지역민에 대한 배신행위" 성토>(30일자)라는 제목에서, 지역의원들의 발언을 통해 대통령의 탈당은 "광주전남지역민들에 대한 배신행위"라고 보도하고 있고요. 다음 날 <사설 - '정치실험', 희망인가 불안인가>(1일자)라는 제목에서도, "…집권초기 대통령의 당적이탈은 앞날의 정국에 대한 희망보다는 불안을 증폭시켜 준다."는 주장을 하고 있습니다. 또 <사설 - 민주당의 야당 선언과 반성>(2일자)이라는 제목에서도, "민주당과 그 후보에게 표를 던진 국민에게 대통령이 사과하는 것은 너무 당연하다."며, 대통령의 반성을 촉구하며 특정정당을 두둔하는 듯한 보도를 하고 있습니다.

광주타임스도 <사설 - 노 대통령의 탈당 문제 있다>(30일자)와 <사설 - 지역민의 현명한 선택 필요할 때>(1일자)라는 제목에서 "…90%가 훨씬 넘는 표를 몰아주어 결정적으로 대통령에 당선시켜 주었기 때문에 실망감은 클 수밖에 없다."면서, 내년 총선에서 지역민들이 어떤 판단을 할지 주목해라는 주장을 해서, 노골적인 감정을 드러내고 있습니다.

그런데 이런 보도는 광주전남지역에서 대통령에게 보내 준 성원에 대해 지역주민의 실망감을 대변하고 있는 듯이 보이지만 문제가 있습니다.

즉 대통령은 '특정 지역'의 대표가 아닌 '국민 전체'의 대표이자 통치자로서의 지위를 가지고 있고 또, 국정에 대한 책임도 국민 전체에 대해서 지게 됩니다.

그런데 일부 언론이, 마치 대통령을 '특정 지역'의 전폭적인 지지를 받은 대표라는 이미지만을 강조해서, 결국 지역감정을 부추기는 듯한 태도를 보이고 있는 것입니다.

### 4. 호남신문이 임금 체불로, 10월 1일자를 감면 발행했고, 사태가 계속되고 있지요?

☞ 그렇습니다. 매주 16면으로 발행되던 호남신문이, 1일자는 12면을 발행했고요. 어제(2일)와 오늘(3일)에도 8면 발행에 그쳤습니다. 이것은 지난달 30일 편집부서 전원과 부장 1명을 포함 9명이 사직서를 제출했기 때문이라고 합니다.

호남신문은 1일자에 "독자 여러분께 사과말씀 올립니다."라는 사고에서, "회사의 긴급한 사정에 의하여 부득이 지면을 12면으로 축소 발행하게 되었다."고 밝히면서, "예기치 않은 일로 지면을 축소

발행하게 된 점 독자 여러분께 거듭 용서를 빈다.”고 했습니다.

그런데 ‘긴급한 사정’이나 ‘예기치 않은 일’이 무엇인지에 대한 구체적인 내용은 밝히지 않았지만, 기자들의 임금체불이 가장 큰 원인으로 알려졌습니다.

광주·전남기자협회는 1일 성명을 통해 “그동안 파행경영을 일삼아 온 호남신문 경영진의 부도덕성과 사회적인 공기(公器)인 언론으로서 최소한의 역할을 포기한 채 기자들의 생존권을 묵살한 비열한 경영진을 규탄한다.”고 밝혔습니다.

그리고 호남신문이 파행적인 경영을 즉각 중단할 것과 언론으로서 역할을 다할 수 있는 경영정상화 방안을 수립할 것을 촉구하기도 했습니다.

## 5. 지역신문의 저임금과 체불 상황이 심각하지요?

☞ 호남신문의 일부 기자들의 얘기를 들으면, 98년 (주)청전(당시 가든백화점)이 부도난 이후에 신문사도 최근까지 급여가 제 날짜에 지급되지 못하는 등 임금체불이 계속되고 있고요. 또 임금 전액이 일시에 나오는 것이 아니고, 조금씩 나누어 지급되어 온 것으로 알려지고 있습니다.

그런데 이런 임금체불과 저임금 현상은 특정 신문사에만 국한된 얘기가 아니고, 차이는 있겠지만 대부분의 신문사에서 나타나는 문제라고 볼 수 있을 겁니다.

우리 지역 신문사의 난립에 따른 열악한 경영구조 때문인데요. 일단 신문사의 경영진이 머리를 맞대고, 경영정상화를 위한 대책을 마련해야 할 것입니다.

## 6. 전남매일 신문이 주최하는 풀뿌리 민주 대상, 그 선정기준이나 객관성이 어떤지요?

☞ 전남매일 10월 1일자에는, '제4회 풀뿌리 민주대상 수상'이라는 1면 우측에 기사를 싣고 있고요. 8면과 9면에도 특집으로 심사평과 함께 수상자들의 인터뷰 기사를 싣고 있습니다.

지역신문사에서 풀뿌리 민주주의라고 할 수 있는, 지방자치단체장, 기초와 광역의회 의원들을 대상으로 수상자를 선정하여 격려하는 것은 의미가 있다고 생각되는데요.

선정기준이나 객관성에 대해서는 좀 생각해야 할 문제가 있다고 생각합니다. 예를 들면, 기초단체장의 경우는 14개 항목, 광역의원, 기초의회의장, 기초의원은 7개 항목을 제시하고 있습니다. 그런데 기초단체장의 경우에는 당연히 갖추어야 할 지역현황 숙지도, 성과물이 아닌 지역발전 '구상' 등이 포함되어 있고요. 광역의원이나 기초의원 등에 의정참석률, 의안상정에 대한 항목을 포함하고 있는데, 기본적으로 회의에 참석해야 할 것은 의원으로서 당연한 일인데, 이걸 가지고 수상자를 선정하는 것은 문제가 있지 않나 하는 생각이 듭니다.

또, 수상자의 공적을 살펴보면, 어느 광역의원의 경우에 지역주민들에 대한 강의활동, 지역 야구협회 회장 등을 역임해서 생활체육화를 위한 활동을 전개했다는 등의 공적을 제시하고 있고요.

또 다른 광역의원의 공적을 보면, '어느 사찰 도로공사 확포장에 기여했다든지, 어느 단체의 감사장을 수상했다'라든지, '홈페이지 부실 운영을 시정 조치했다는 이유로 수상자로 선정되고 있는 것'을 볼 수 있습니다.

보는 사람들의 관점에 따라서는, 이런 공적이 우수한 의원으로 선정될 수 있겠지만, 우수의원 선정의 객관성에 문제가 있지 않나 하는 생각이 듭니다.

(2003 - 10 - 03 방송)

## 제2절 대통령 재신임 투표, 정치권 주장만 대변하다.

### 1. 이번 주 지역언론 보도, 어떤 내용을 주로 다루고 있습니까?

☞ 첫째, 각종 축제가 열리고 있는데요. '2003광주김치대축제', '남도음식문화큰잔치' 등 축제 관련 보도가 많습니다. 그런데 우리 지역신문들은 거의 축제를 알리는 데 초점을 맞추어 보도하면서, 볼거리·길거리가 풍성하다는 내용을 주류를 이루고 있습니다. 그런데 여기서 지적될 것은, 물론 축제를 제대로 알려야겠지만, 축제에 대한 진정한 의미를 되새기는 부분은 부족한 것 같습니다.

한편 일부 신문은 난립하고 있는 지역축제 정비를 언급하고 있는 보도도 있습니다.

둘째, 지방자치단체장과 관련해서, 사퇴요구나 군정공백에 대한 보도가 많이 있습니다.

신안군 고길호 신안군수의 경우는 태풍피해 복구사업과 관련 비리혐의로 재판 중인데다가, 최근 여자문제로 잇따라 물의(간통혐의)를 빚고 있는데요. 시민단체에서는 고 군수의 퇴진을 요구하는 목소리가 높다는 보도를 하고 있습니다.

셋째, 노 대통령 재신임 국민투표 관련 보도가 많습니다. 노무현 대통령이 지난 10, 11일 대통령 재신임을 제안한 데 뒤이어, 13일 국회 시정연설을 통해서, 12월 15일을 전후해서 대통령 재신임의 국민투표 시행을 제안했는데요. 이와 관련된 보도와 함께 사설을 통해서 자사의 입장을 밝히고 있습니다.

### 2. 대통령 재신임 정국 관련 보도는 지역언론에서 올바른 관점으로 제대로 다루고 있습니까?

☞ 우리 지역언론에서도 노무현 대통령의 재신임 발언을 둘러싸고 여러 가지 보도가 많은데요.

예를 들면, 광주일보의 경우는 10일자부터 14일자까지, 계속 1면에 대통령 재신임 관련 기사를 1면에 배치하고, 이를 보도하고 있습니다.

그러면서 재빠르게 11일자에서는 지역여론 주도층 30인의 설문을 통해 반응을 게시하고 있습니다. 주도층의 반응은 "잘못된 결정이나 재신임받을 것"(11일)이라는 것을 제목으로 달고 있습니다.

우리 지역신문의 보도 태도를 살펴보면, 정치권의 움직임에 따라서 그 논조가 상당히 변해 가고 있는 것을 볼 수 있습니다.

그런데 우리 지역신문들도 정치권과 같이 여러 갈래로 갈린 논조를 보입니다.

① 민주당이나 한나라당과 같은 태도를 보이는 신문은 전남매일과 전남일보라고 볼 수 있는데요. 사설을 보면, 전남매일, 14일자, <사설 - 재신임투표 강행 우려 크다>라는 제목에서, "재신임이라는 승부수를 강행하기에 앞서, 내각과 청와대개편을 앞당겨라"는 주장을 하고 있고요.

전남일보, 15일자, <사설 - 위헌 여부부터 판가름 받아라>라는 제목에서도, "국민투표가 위헌 소지가 있나 여부부터 가리고, 그 후에 국민투표 여부를 정치권에서 논의하라"는 주장을 하고 있습니다.

② 한편, 재신임을 국민투표를 통해서 하자는 입장, 마치 통합신당과 비슷한 입장을 취하는 신문은 호남신문과 무등일보가 사설을 통해서, 이와 비슷한 논조를 보이고 있습니다.

호남신문, 13일자, <사설 – 재신임 국민투표로>라는 제목과,

무등일보, 14일자, <사설 – 국민투표로 슬기로운 타결을>이라는 제목에서 주장을 하고 있고요.

무등일보, 15일자, <사설 – 재신임 정국을 우려한다>라는 제목에서, 한나라당 최병렬 대표의 국회연설 내용을 인용하면서 "한나라당이 사실상 국민투표 실시를 거부한 것에 대해 실망과 우려를 표시"하고 있습니다.

③ 그렇지만 정치권이 혐오스럽다면서, 양쪽을 모두 비판하는 신문이 있는 데요. 광주일보가 이런 태도를 취하고 있는 듯합니다.

광주일보는, 15일자, <사설 – 정치혐오 부추기는 '혼미정국'>라는 제목에서, 재신임 국민투표가 찬성에서 반대로, 반대에서 찬성으로 돌아가는 정치권을 비판하고 있는 모습을 볼 수 있습니다.

이렇게 지역언론들은 노 대통령의 재신임에 대해서, 정치권의 주장을 '중계 보도'하거나 '대변'하는 듯한 태도를 보이고 있는데요. 이런 식의 보도 태도는 국정혼란을 가중시키는 경향이 있다고 생각합니다.

**3. 광주일보 매각설이 관심을 모으고 있는데요. 현재 상황은 어떻습니까?**

☞ 네, 광주일보(사장 김형준)가 50년 역사를 가지고 '정통언론사'를 자임해 왔는데요. 경영난 때문에 이 지역 한 건설업체에 매

각될 것 같다는 소식입니다.

광주일보를 사들이겠다고 나선 곳은 대주건설(회장 허재호)입니다.

대주건설 측의 인수협상 실무책임자인 이상식 기획이사가, 지난 14일 현재 광주일보와 인수협상 중이라고, 밝혔다고 하는데요. 앞으로 10월 말까지 실사를 마치고 최종 인수 여부를 결정할 것이라는 거예요. 인수협상 금액에 대해선 광주일보의 부채가 상당히 많은 것(276억)으로 알려져서, 구체적인 부분들은 알려져 있지 않고요. 지분참여비율에 대해서도 광주일보지분의 반수 이상은 참여하겠지만 구체적 범위는 실사 후 최종적으로 결정할 것으로 전해졌습니다. 또한 협상 대상으로는 전일빌딩과 무등빌딩, 송암동 윤전시설 등 광주일보 관련 모든 것이 포함될 것으로 알려졌습니다.

## 4. 지역 대부분 언론이 건설업체 소유로 바뀌어 가는 것, 어떤 의미가 있을까요?

☞ 우리 지역의 다른 신문사처럼, 모기업의 방패막이로 사용될 우려가 있습니다. 광주지역 대부분의 신문사가 건설업체를 모기업으로 하고 있거든요.

그러면서 신문사의 운영이 적자를 면하지 못하고 있지만, 언론권력으로 인식되면서 모기업을 유지하는 수단으로 사용될 우려가 있습니다.

참 안타까운 지역언론 환경인데요. 사실 광주일보의 소유권이 이전되면서, 기업이윤을 창출하기 위한 정리해고가 단행될 수도 있고, 또 편집권이 사주의 영향력 아래 놓이게 될 우려도 있습니다.

그래서 무엇보다도 언론의 인수과정은 투명하게 공개되어야 한다고 생각합니다. 언론은 일반 사기업과는 달리, 사회적 공기(公器)

로서 공익적 역할을 하기 때문에, 사주의 영향력에서 편집권이 독립될 수 있는 장치도 마련되어야 할 것입니다.

### 5. 호남신문이 사장이 바뀌고 지난번 사태로 사직한 기자들도 있었죠?

☞ 호남신문이 당초 16면을 12면으로 줄여 지난 1일부터 발행하고 있습니다. 축소발행으로 파행을 빚고 있는데요. 이제 조금씩 안정을 찾아가고 있다고 합니다.

편집부 전체가 집단사직서를 냈던 사람들이 모두 복귀했고요, 나머지 기자들도 대부분 복귀하고, 두 명은 끝내 사직을 한 걸로 알려졌습니다.

회사 측은 사원들이 요구했던 인력충원과 연합뉴스계약에 대한 문제해결을 약속했고요. 편집부의 일부 사원을 충원했다고 합니다. 그리고 지난 15일에 임시주주총회와 이사회를 열고 호남신문사의 정태열 주필을 대표이사 사장으로 선임했다고 호남신문이 보도하고 있습니다.

### 6. 이 밖에 소식은 어떤 것이 있습니까?

☞ 시민단체에 대한 보복성 기사 논란을 일으켰던 일부 지방지들이 언론중재위 중재에 실패해 시민단체로부터 형사 고발될 상황에 처했습니다.

순천지역 시민단체 연대조직인 <그린순천21>은 언론중재위의 최종 중재시한인 지난달 29일까지 정정보도안을 받아들이지 않은 지방지 가운데 5개 신문사를 오늘 형사고발한다고 합니다. 순천지역 시민단체들이 함께 일부 지방 신문사들에 대해 '출판물에 의한 명예훼손혐의'로 고발장을 접수한다고 하는데요.

이에 따라 전남매일, 무등일보, 전광일보, 호남매일과 호남신문 등 5개 신문사들은 검찰조사를 받게 되었고요.

반면 지난 1일자로 정정보도문을 실은 광주매일과 단발성 보도에 그친 광주타임스, 대한일보, 전남일보 등은 형사고발 대상에서 제외됐다고 합니다.

그동안의 경위를 잠깐 살펴보면, 지난 7월에, 일부 주재기자가 순천시의회의 해외연수에 공짜취재를 갔었는데요. 이를 비판한 시민단체에 대해서 '보복성 기사'를 썼다는 의혹이 제기되었습니다.

즉 지난 8월 이 지역 9개 신문사들은 "순천지역 시민단체가 시 보조금 예산 유용의혹" 등의 기사를 일제히 실었는데요. 결국 순천지역 시민단체가 경찰조사를 받기도 했지만 '무혐의'로 판명 났었습니다.

앞으로 언론의 사명과 역할을 되새겨 보는 기회가 되었으면 좋겠습니다.

(2003 – 10 – 17  방송)


## 제3절 정치권의 철새, 함께 놀아도 되나


### 1. 이번 한 주 지역언론 주요 보도 흐름은 어떤 것입니까?

☞ ① 지난 2일 대학 수학능력시험 성적이 발표되었는데요. 우리 지역신문은 지역대학의 경쟁률이 치열할 거라는 보도가 주류를 이루고 있습니다.

그리고 호남신문 3일자, 광주타임스 3일자, 전남일보 3일자 등에, '전대 의예 375점, 조대 치의예 374점'을 예시하며, 특정대학 특정

학과에 지원 가능한 점수대를 보도하는 양상을 볼 수 있습니다.

그런데 이것은 지방대학을 '서열화'하고 '학벌지상주의를 조장'하는 것으로, 언론에서는 이를 자제해야 할 것입니다.

② 서민들에 대한 경제활동이 어렵다는 보도가 지속되고 있습니다.

특히, 독거노인과 소년소녀 가장 등 사회 소외계층의 겨울나기가 쉽지 않다는 보도가 많고요.

예를 들면 광주매일 3일자(1면)에서 <서민들 올겨울 무척 어렵다> 또, LG카드 사태 여파로 인해 신용카드사들이 대출 및 현금 서비스 한도를 대폭 낮추면서, 서민들이 사채시장으로 몰리고 있다는 보도입니다. 특히 합법적인 대부업체보다는, 상대적으로 돈 빌리기가 쉬운 '고리의 불법' 대부업체를 찾는 사람들이 많아 피해가 잇따르고 있다고 합니다.

그런데 단순히 언론에서 피해사실만을 전달할 것이 아니라, 그 피해사례를 유형화해서, 그 피해를 막을 수 있는 대안들을 제시해야 할 것입니다.

그리고 서민들을 상대로 고액 배당을 미끼로 한 유사금융사와 대부업이 자칫 서민들을 울릴 수 있기 때문에, 언론의 심층적이고 지속적인 보도가 요청됩니다.

③ 광주문화수도 육성 계획과 관련된 시설의 보도가 많습니다.

문화수도 핵심 기반시설로 건립되는 '국립아시아문화전당'이 도청 일원에 세워질 것이 확실시된다고, 광주일보 3일자 1면에, <아시아문화전당 도청일원 건립>이라는 제목으로 보도하고 있습니다.

그런데 전남일보 3일자에는 <현대미술관 중외공원에 건립>이라는 제목을 뽑고 있습니다.

이것은 도청근방에 부동산을 두고 있는 신문사와, 그렇지 않은 신문사 간의, 기사편집과 지면배치를 엿볼 수 있는 대목입니다. 신문사의 손익(損益)이 반영된 기사라고 볼 수 있는 것입니다.

### 2. 탈당과 입당 논란 속에 정치권의 철새 논쟁, 언론은 어떻게 다루고 있습니까?

☞ 대부분의 언론에서, '기싸움', '무차별 영입', '세대교체 후폭풍', '철새 정치인', '공작'이라는 용어를 제목에 배치하면서, 민주당과 열린우리당의 경쟁을 부각하고 있습니다.

특히, 이형석 광주시의회 의장과 이윤석 전남도의회 의장 등 광주·전남지역 시·도의원 11명이 1일 우리당 전남도지부 사무실에서 당 지도부와 내년 총선출마 예정자 등이 참석한 가운데 기자회견을 갖고 우리당 입당을 선언했는데요.

이와 관련해서, 제목만을 살펴보겠습니다.

예를 들면, 무등일보 3일자, <외부인사 영입경쟁>

전남매일 3일자, <무차별 영입경쟁>

전남매일 3일자, "호남민심 달래기 공작"

또, 전남매일 오늘(5일자), <우리당, 의원 빼가기 구태>

전남일보 3일자, <호남유력인사 영입 '기싸움'>

호남일보 2일자, <지역정치권 세대교체 '후폭풍'>이라는 제목을 싣고 있습니다.

그리고 특정 정당에서 당사자의 확인과정을 거치지 않고 발표한 내용을 언론에서 그대로 받아쓰고 있는 경우도 있었습니다. 일부 인사의 경우 본인 동의도 구하지 못한 채 입당명단에 끼워 넣어 세를 과시하는 정당이 있었는데, 이걸 언론에서 그대로 본인확인 절차 없이 보도하고 있는 현실인데요. 대표적으로, 최인기 전 장관이 우리당 참여를 부인했습니다.

언론에서는 탈당과 입당과정에서 나타날 수 있는 정당 간의 '기싸움'에 덩달아서 놀아날 것이 아니라, 좀 더 냉철하게 입당과 탈당에 따른 문제점이나 지역주민의 반응을 심층 보도해야 할 것입니다. 그리고 양당에서 모두 외치고 있는 '정치개혁'이라는 것이 실제로 어떻게 이루어지고, 영입인사는 개혁과 어떤 관계가 있는지도 분석하는 기사가 있었으면 좋겠습니다.

### 3. 무등산 보호단체협의회와 건설업체, 동구청 간의 논란, 언론 보도 태도는 어떻습니까?

☞ 입목도에 관련된 논쟁이 계속되고 있습니다.

입목도 관련 논쟁을 살펴보면, 대주건설은 지난 6월 광주시 동구 학동(713 - 1번지) 무등산 일대에 주택건설사업계획을 동구청으로부터 승인받았는데요. 그렇지만 지난 10월 지역언론과 환경단체 등으로부터 '입목도 조작의혹'이 불거지면서 동구청으로부터 공사유보 요청을 받았습니다.

그러다가 12월 4일에 5개 단체 즉, 광주시 동구청과 '무등산보호단체협의회(이하 '무보협'이라 함)', 대주건설, 산림조합, 대학연구소 등이 합동으로 실시키로 했었는데요.

현재 입목도 합동재조사가 전날 있었던 대주건설의 사전측량에 대한 무보협 측의 이의제기로 무산됐습니다.

언론에서는 이런 사실들을 단순히 보도하고 있습니다.

무등산 훼손문제에 대해 보다 선명하게 잘잘못을 가리고, 그 해법을 제시할 필요가 있다고 봅니다.

## 4. 광주시 의회와 전남도의회 행정사무감사에서 의원들의 질의 내용, 양 자치단체의 대응! 언론이 잘 다루고 있습니까?

☞ 언론의 행정사무 감사에 대한 보도가 '일회성'에 그치는 경우가 많았습니다. 집행부를 감시하는 지방의회 의원들의 질의내용도 해마다 유사한 내용을 되풀이하고 있어서, 언론에 조명을 받지 못하는 것도 문제입니다.

이것은 지방의회 의원, 지방언론, 시도 집행부 등이 '악순환'하는 것이 문제라고 봅니다.

언론은 지방의회 의원들의 질의가 전문성이 떨어지고 해마다 유사한 내용이 반복된다고 판단하고 있고요. 지방의회 의원 쪽에서는 행정사무감사 내용을 언론에서 제대로 다루지 않고, 시도 집행부의 답변을 듣는 데 그쳐 버린다는 불만을 제기하고 있습니다. 집행부 쪽에서는 언론에서 그저 단순하게 보도하니까, 문제의 심각성을 느끼지 못하게 된다는 겁니다.

그런데 저는 여기서, 언론 쪽에 문제를 좀 더 지적하고 싶습니다. 언론에서 지방의회 의원들이 제기한 문제를 주의 깊게 점검을 할 필요가 있습니다. 그리고 언론이 해법을 제시하거나 지속적인 보노를 통해서 공론화시켜야 하는데, 이러한 기능을 하지 못하는 데 문제가 있는 것입니다.

예를 들면, 광주타임스 2일자, <광주시, 복지 행정 '뒷짐'>, 전남일보 2일자, <"사회적 약자 배려 미흡">(3면)이라는 제목에서, 광주시의회 상임위별 2004년 예산안 심의에서 사회적 소외계층에 대한 정책적 배려가 부족하다는 점을 단순히 지적하고 있을 뿐입니다.

## 5. 이 밖에 다른 소식은?

☞ ① 무등일보에 새로운 대표이사가 선임됐다는 소식입니다.

무등일보가 지난 28일 주주총회와 이사회를 잇달아 열고, 신임 대표이사에 오종택 씨(41)를 선임했다고 합니다. 대산기업과 대산주택개발 대표이사이기도 한 오 씨는 무등일보의 1대주주인 김정수 회장에 이어 2대주주로 참여하고 있습니다.

② 지방 모 일간지 회장에게 구속영장이 청구되었다는 소식입니다.

광주지검(조사부)은 지난 27일 건설회사 관계자를 허위 고소한 지방일간지 회장 박 모 씨(43) 등 2명에 대해 '무고 등의 혐의'로 구속영장을 청구했다고 합니다. 특히 무고내용을 자신이 소유한 신문에 수차례에 걸쳐서 보도했다는 것입니다.

구체적인 내용은 법정에서 가려질 것입니다. 다만 문제는, 건설업체와 지역신문사의 밀착관계, 그리고 이 지역 한 언론사의 사주라는 입장에서, 언론을 '모기업의 방패막이'로 활용하고 있다는 지적들이 사실로 확인되고 있다는 것입니다.

(2003 – 12 – 05 방송)


## 제4절 민주당 분당, 줄서기에만 관심을 갖는다?


### 1. 한 주간 지역언론에서 주로 다뤘던 내용은 무엇입니까?

☞ ① 민주당은 핵심 당직 인선을 단행할 예정이고, '국민참여통합신당(약칭 통합신당)'은 오는 12월 중앙당을 창당한다는 보도를

하고 있고요. 또 양당 모두 내부적 갈등이 있다는 보도를 하고 있습니다.

② 환율급락으로 광주·전남지역 기업들의 수출전선에 비상이 걸렸다는 소식을 많이 싣고 있습니다. 그리고 취업과 관련한 경제난 기사가 눈길을 끕니다.

무등일보의 경우에는 <기업들 해외로 떠난다>(22일),

전남매일, 22일자, <대졸 취업난 사상최악 지역대졸 더 서럽다>

전남매일, 23일자, 1면<환율급락 지역기업 환차손 비상> 등의 기사제목이 그렇습니다.

③ 국회는 22일부터 14개 상임위별로(28개 정부부처 및 산하기관에 대한) 국정감사를 벌였다는 소식입니다.

## 2. 신당 출현과 민주당 분당에 대한 지역언론 보도는 어떻습니까?

☞ '국민참여통합신당'이 출범해서, 정치권이 4당 체제로 재편되었는데요.

우리 지역언론들도 민주당과 통합신당이 세 확산에 나서고 있는 것을 동조하는 듯한 보도가 많이 있습니다.

광주타임스, 25일자, (1면) <지구당위원장을 선점하라>라는 기사에서, "국민참여통합신당에 합류하면서 공석이 된 광주·전남지역 민주당 지구당 위원장 자리를 두고 내년 총선에서 해당 지역 출마를 고려 중인 입지자들 간 경쟁이 치열할 것으로 보인다."면서, 민주당 탈당과 함께 통합신당에 합류한 서구 정동채 의원과 북을 김태홍 의원, 전남 강진·완도의 천용택 의원 등 3명을 거론하며, 새로운 인물의 위원장 선임이 불가피한 지역이라며, 경쟁을 유도하고 있고요. 마치 지구당 위원장들의 세 불리기를 부추기고 있는 듯한 보도를 하고 있습니다.

또, 광주타임스, 22일자 <갈라진 민주당…신당바람 어디까지>라는 제목과, <신지역주주의 우려 속 호남고립우려>라는 부제목으로 뽑고 있고요, 20일자에서는 <DJ정부 청와대 출신 내년총선 지역출마 러시>라는 1면 머리기사를 통해서, 국민의 정부 시절 청와대 출신들의 출마가 러시를 이룰 것으로 보인다며, 노인수, 장홍호 씨 등 6명의 말을 빌려서, 지역민들의 동정 표심을 자극하고 있다는 보도를 하고 있습니다.

전남일보, 25일자, 1면 <호남 표밭이 좌우>라는 제목 기사에서, 민주당과 통합신당이 광주전남에서 세몰이를 시작한다는 내용을 보도하여, 호남표밭 공략을 위한 세몰이에 나서는 의원들을 보도하고 있습니다.

그런데 신당이나 민주당이나 정치인들이 어려운 현실에서 정작 무엇을 해야 할 것인가를 지적하는 신문들은 찾아보기 힘들었고요. 내년 총선에서도 이들 신당과 민주당, 그리고 한나라당과 자민련이 해야 할 역할들을 논하는 보도는 없이, 특정 인사들의 출마나 줄서기에 초점을 맞추고 있어서, 아쉬운 느낌입니다.

### 3. 국정감사와 관련해서 지방언론은 어떻게 보도했습니까?

☞ 지금 국회의 가장 중요한 기능이라고 할 수 있는 국회 국정감사는 해야 할 일이 많이 있습니다. 이라크 추가파병, 북핵 등과 같은 안보문제, 태풍피해 복구, 빈곤층 지원과 구제, 신용불량자 문제, 청년실업문제, 노사갈등, 농업 개방에 따른 농민 지원 등 해결해야 할 사항이 많이 있습니다.

그렇지만 여당은 의원들이 분열해서 밥그릇 싸움에 정신이 없고요. 특히 내년 4월 총선을 앞두고 국감 준비는 뒷전이고, 지역구 챙기기에만 관심을 두고 있습니다. 이를 지적하는 신문보도를 보면, 광주타임스, 23일자, <"영원한 적도 동지도 없다.">라는 제목으로, "민주당의 분당으로 인한 원내 4당 체제 속에서 22일 시작된 국회 국정감사는 첫날부터 '영원한 적도, 동지도 없다'는 정치권의 현실을 극명하게 보여 주고 있다."고 보도하고 있고요.

광주매일, 25일자, <사설 – 국정감사장의 막말>에서는, "올해도 어김없이 국정감사장에서는 고성과 막말이 오갔다. 신사적인 의견이 오고 갈 것이란 기대는 애초 안 했지만 매번 실망스러운 것이 의원들의 거친 말투다."라고 보도하고 있습니다.

그래서 국정감사에 대한 극히 단편적인 보도만을 해서, 국정감사를 감시하는 역할이 부족하지 않나 하는 생각이 들고요. 국정감사를 통해 얼마나 민심을 반영하고, 국정을 운영하고 있는지에 대한 분석 자료가 없었습니다.

4. 학교급식 조례가 나주시에서 시의회 만장일치로 통과돼 제정됐습니다. 지역언론이 최초에 선심성 조례 내지 비현실적 조례라고 비판했는데요. 조례 제안부터 제정까지 그동안 언론 보도를 정리해 주시지요?

☞ 나주시 학교급식 조례에 대한 그동안의 경과를 잠깐 살펴보면,
① 나주시가 전국 지방자치단체 가운데 처음으로 학교급식에 우리농산물을 사용하는 '학교급식지원 조례안'을 마련해 눈길을 끌고 있습니다. 국산 농산물의 소비를 늘리고 성장기 학생들의 건전한 심신발달을 위한 학교급식지원 조례안이라고 볼 수 있는데요. 16일 나주시의회 본회의를 통과했으니까, 전국 최초로 조례안이 제정된

셈이지요.

② 그런데 전남도는 8월 11일 나주시가 제정한 조례가 WTO(세계무역기구) 협정에 위반되고 교육·학예에 관한 조례제정은 자치단체의 권한을 벗어났다는 이유로 재의결을 요구[15]했고요.

③ 결국, 기초자치단체와 광역자치단체 간에 갈등을 불러왔던 나주시 학교급식 지원조례안이 재의결[16]됐습니다.

그런데 언론에서 광역과 기초단체 간의 '갈등'에만 초점을 맞추어 보도하는 형태가 있었는데요. 조례안에 대한 의미나, 주민, 지역사회, 학교학생 들의 입장에서 좀 더 세심한 분석이 없었다는 것이 아쉬운 부분입니다.

## 5. 무안 – 광주 고속도로 호남대 통과와 관련해 호남신문 보도가 여전히 눈에 띄죠?

☞ 네, '무안 – 광주 고속도로' 호남대학교 통과와 관련해서는 언젠가 이 시간에도 말씀드렸는데요. 최근 호남신문은 국정감사자료를 인용하여, '무안 – 광주' 간 고속도로에 관심을 갖고 있습니다.

호남신문 9월 3일자, <어등산 통과노선 재조정될 듯>이라는 제목에서, "광주 – 무안 간 고속도로 어등산 통과구간 문제와 관련, 주무시행 기관인 한국도로공사가 호남대 측과 충분한 의견을 교환

---

15) 전남도는 나주시에 보낸 '학교급식비 지원조례안 재의 요구 사유서'에서 "지자체의 자치법규가 우리나라가 체결한 국제조약에 위배되는 것은 GATT나 WTO 협정 등 국가 간 조약인 상위법령 위반에 해당된다."고 밝혔다. 이에 대해 나주시는 "WTO 협정에도 농촌빈민들의 식량지원 등이 가능하도록 돼 있고 미국도 자국산 농산물을 쓰도록 한 학교급식법을 운영하고 있다."며 "자치단체는 학교교육 개선사업에 지원할 수 있는 만큼 급식비 지원은 교육경비 지원에 관한 것."이라고 주장했다.

16) 나주시의회는 9월 23일 본회의를 열고 지난 7월 전남도가 재의결을 요구한 학교급식지원조례안을 만장일치로 재의결, 통과시켰다. 시의회는 "WTO 협정에도 농촌빈민의 식량지원 등이 가능하고 미국도 자국산 농산물을 쓰도록 한 학교급식법을 운영하고 있는 만큼 제정이 가능하다고 판단했다."고 밝혔다.

한 후 적절한 대안을 찾기로 했다. 이에 따라 광주시와 광산구, 호남대 측에서 제시한 3~4개 대안을 중심으로 어등산 통과 노선이 재조정될 것으로 전망된다."면서, 도로공사의 발주공사에 대한 언급을 하고 있고요. 광주-무안 간 고속도로 건설에 대한 국비 지원 소식을 싣고 있습니다.

또, 9월 24일자, <道公 발주공사 부실 우려>라는 제목에서, 건교위 국감자료를 인용하고 있는데요. 2001년부터 지난해까지 한국도로공사가 발주한 건설공사 중 낙착률이 설계대비 70% 미만인 저가낙찰 공사가 36건인 것으로 조사됐다. 이 가운데 무안-광주 간 고속도로를 비롯해서 광주·전남지역 4개 공사를 지적하면서, 저가낙찰로 인한 부실공사가 우려된다고 지적하고 있습니다.

특히 눈에 띄는 것은, 무안-광주 간 고속도로 2공구는 낙착률 58.6%, 차액 513억 원에 달해 심각한 부실공사가 우려되고 있다고 보도하고 있습니다.

그리고 9월 24일자, <지역개발 국비지원 늘어>라는 제목 기사에서도, 내년 정부예산안 광주 6,195억, 전남 3조 5,114억… 11.7%, 8% 가각 증액했다는 보도를 하면서, 도로 건설사업을 지적하고 있습니다.

이것은 혹시 특정대학교와 밀접한 관련이 있는 특정언론이, 특정 대학교에서 제기해 온 민원에 편승하려는 것은 아닌지 생각해 봐야 할 것입니다.


## 6. 이 밖에 소식이라면?

☞ 시민단체가 일부 주재기자들의 해외공짜여행을 비판한 데 대해서, 시민단체를 겨냥한 보복성 담합기사라고 볼 수도 있는 기사

를 썼고, 시민단체는 이에 대해 사실 무근이라고 주장하는데요.

시민단체와 해당언론사 간의 이런 논쟁[17]에 대해서, 광주에서 언론중재위원회가 열렸다는 소식입니다.

지난 22일에 열렸는데요. 이날, 광주매일은 시민단체가 요구한 '정정 보도를 수용'했고요. 다른 호남신문과 전남매일 등 나머지 8개 신문사는 '반론보도'를 거부해서, 1주일간의 냉각기간을 거쳐서, 다음 주 월요일 29일 다시 중재위원회를 거치기로 했다는 소식입니다.

다음은 광주전남 민언련에서 광주전남 지방자치단체에 계도지 예산 현황에 대한 자료를 공개할 것을 요청해서, 그 결과를 통보한 단체가 있었는데요. 여전히 계도지 예산이 편성되어 있고, 2003년에 증액한 자치구도 있었습니다.

(2003 - 09 - 25  방송)


## 제5절 단체장 평가는 없고 홍보만 한다


1. 지난 한 주간 지역언론에서 주로 다뤘던 사안이라면, 어떤 것이 있습니까?

☞ 첫째로, 박광태 광주시장과 박태영 전남도지사의 민선 3기가 1일로 출범 1년을 맞았는데요. 두 광역단체장에 대한 그동안의 성

---

17) 이에 앞서 지난 7월 중순께 순천지역 시민단체들은, 순천시 의원과 공무원 등으로 구성된 해외연수단이 9박 10일간의 일정으로 영국 등 유럽 5개국을 다녀오면서 여기에 순천주재 기자 2명을 포함시켜 시민들의 혈세를 낭비했다고 지적한 바 있다. 당시 순천경실련 등 5개 단체는 이와 관련 성명을 내는 등 강하게 반발하고 나섰다. 그런데 이런 주장으로 심기가 불편(?)해진 기자들이 한 달간의 준비 끝에 시민단체에 대한 보복적인 기사(?)라고 의심 가는 기사를 썼다는 것이다.

과를 각 언론에서 평가하고 있습니다.

둘째로, 철도노조 파업과 관련해서는, 지금은 정상화되었지요. 그렇지만 지난 30일 전국의 열차와 전철 등이 파행 운행돼 시민들은 불편을 겪었고 화물수송에도 차질이 빚어지는 등 교통대란과 물류대란 소식을 싣고 있고요. 특히 정부가 철도 노조 조합원들에 대한 중징계 강경방침을 중심으로 보도 하고 있습니다. 그래서 전체적인 팩트(사실)와 이해 당사자 양쪽의 주장을 정확히 파악하지 못한 점이 아쉽고요. 좀 더 균형 있고 심층적으로 접근해야 할 필요가 있습니다.

셋째로, 광주와 전남에 있는 5개 국립대학 총장들이 어제 전남대에서 모임을 갖고 '광주·전남지역 국립대학 연합대학체제 구축을 위한 총장합의서'를 발표했는데요. 이에 대한 우리 지역언론에서는 찬반 의견이 갈라지고 있는 것을 볼 수 있습니다.

그리고 제8회 여성주간(1~7일)을 맞아서, 양성평등이나 성폭력 관련 기사를 싣고 있습니다.

## 2. 민선 3기 1년을 맞아, 언론의 보도 태도는 어떻습니까?

☞ 민선 3기 1년을 맞아 광주시장과 전남도지사가 TV 및 라디오의 인기프로에 출연하고, 일간지에서도 인터뷰를 통해 자치단체의 성과를 평가하고 있습니다. 그런데 대부분 제대로 성과를 평가하지 못하고, 시장과 지사의 '치적'을 홍보하는 데 치중하거나, 단체장의 치적홍보에 오히려 언론이 동조하고 있어요.

예를 들면, 전남매일, 7월 1일자(1면), <광주시, 현안사업포기 않고, 전남도, 투자유치 박차 경제도약>이라는 제목 기사를 1면으로 뽑고, 박광태 광주시장과 박태영 전남지사의 사진을 크게 싣고 있습니다. 또, 7월 4일자(8면)에는, <동북아 '물류의 핵'으로 급부상>이라는 제목의 기사에서 전라남도가 제공한 기사를 싣고 있습니다. 이것은 마치 전라남도의 홍보지 같은 인상을 풍기고 있습니다.

광주매일, 7월 1일자(5면), <잘사는 전남, …경제 활성화 초석 다져>라는 제목 기사도 마찬가지입니다.

이렇게 민선 3기 1년의 보도에 대해서, 그 흔한 1년 동안 단체장의 평가를 위해 시민을 상대로 한 설문조사 하나 없이, 언론사들의 독자적인 판단으로 성과를 홍보하고 있습니다.

### 3. 지역언론이 다뤄야 할 내용을 잘 잡아 다뤘는지요?

☞ 두 가지의 의제로 나눠서 살펴보겠습니다.

하나는, 광주·전남지역 국립대학 연합대학체제 구축 관련인데요.

이와 관련해서는 지역대학 발전을 위한 획기적인 전기가 될 수 있다는 논조와, 알맹이가 없는'속빈 강정'이라는 논조가 대립하고 있습니다.

예를 들면, 획기적인 전기가 될 거라며 '긍정적'인 반응을 보인 신문은 무등일보, 광주일보, 전남일보이고, '부정적'인 입장을 보인 신문은 광주타임스입니다.

무등일보는 7월 2일자(1면), <지역 국립대 통합 '본격 시동'>이라는 기사에서, 이날 모임이 통합의 전 단계라며, 1면 톱으로 다루고 있고요. 또 3일자, <사설-'연합대학' 구상에 거는 기대>(7월 3일자)라는 제목에서, 일단 연합에 합의한 것은 지역대학 발전을 위한 획기적인 전기가 될 수 있다는 점에서 기대를 갖고 주목한다며, 최상의 반응을 나타냈습니다.

광주일보도, <사설-위기의 지방대, 활로 시급하다>(7월 2일자)

란 제목에서, "이번 국립대의 구조조정 노력에 자극받아 이 지역 사립대와 전문대들도 빅딜 등 생존전략에 따른 공감대가 형성되길 바란다."라는 보도와 함께, 정부의 지방대육성 특별법 제정도 촉구하며, 긍정적인 평가를 내리고 있습니다.

전남일보 역시 <사설－국립대 연합체제 적극 추진해야>(7월 3일자)라는 제목에서, "지방 국립대학의 통합이 이루어진다면 지역 발전은 물론 국가 발전에 필요한 시너지 효과를 낼 것으로 기대된다."며, 대체적으로 환영하고 있습니다.

그런데 이와는 반대로, 광주타임스는 <지역국립대 연합대학체제 합의 '속빈 강정' 우려>(7월 3일자)라는 제목에서, 학과 통폐합이나 인력감축 등 실질적인 구조조정과는 거리가 먼 '속빈 강정'이라고 보도하고 있습니다.

이렇게 신문의 논조가 다른 것도 '자사이기주의'에 가까운 행보를 보이고 있다는 점입니다.

신문사 회장이 대학에 몸담고 있는 신문은 적극인 입장을 취하고, 그렇지 않은 신문은 대체로 소극적이거나 부정적이라는 것을 알 수 있습니다.

다른 하나는, 전라남도 정무부지사 구속 이후의 보도입니다.

광주일보와 광주타임스를 비교해 보면, 지역 '아젠다(Agenda)' 설정의 차이를 발견할 수 있습니다. 광주일보는 비교적 정무부지사의 구속 이전 영장청구상황을 상세히 보도하고, 그 후 근본적인 문제에 대한 개선을 요구하는 후속기사를 싣고 있습니다.

광주일보 <'수의계약' 재검토를, 말뿐인 긴급발주 공사는 '질질'>(7월 3일자)이라는 기사에서, 지방자치단체의 공사계약 비리를 근절하고 돈 안 드는 깨끗한 선거풍토 조성을 위해서 수의계약제도를 폐지하고 전자입찰에 의한 경쟁계약으로 전환해야 한다는 지적을 하고 있습니다.

정무부지사의 구속 이후 수의계약 제도에 대한 시스템의 개편을 주장하면서, 우리 지역의 아젠다(Agenda)를 설정하고 있는 것입니다.

반면에, 광주타임스는 전남 정무부지사가 구속될 때까지 관련 기사를 내보내지 않고 있다가, 7월 1일자에야 <공직협, 박 지사 사퇴요구>기사가 등장하고, <전남도정 난맥…돌파구가 시급>(7월 3일자)이라는 기사에서는, 여론에 못 이겨 전남도정을 싸잡아 비판하고 있습니다.

### 4. 지난 2일 광주시와 국가 균형 발전위원회에서 문화도시 관련 토론이 있었고, 관련 보도도 많았는데요, 문화 도시와 관련해 언론 보도를 비교해 주시지요?

☞ 광주문화수도 육성의 핵심 사업이라고 할 수 있는 '복합문화센터'를 보도하고 있는데요. 언론에서 보도의 차이를 보이고 있습니다.

광주일보와 전남일보가 적극적인 자세를 보인 반면에, 무등일보와 광주매일에서는 소극적인 입장을 보이고 있는데요.

광주일보에서는 이보다 앞서서 <도청부지에 복합문화센터>(6월 30일자)라는 제목 기사에서, 광주문화수도 육성의 핵심사업으로 추진되고 있는 복합문화센터 건립부지로 전남도청 이전부지가 검토되고 있다는 보도를 하고 있습니다. 그 후에도 <광주, 아시아의 문화 메카>라는 기획기사를 싣고 있습니다.

전남일보도 <복합문화센터 첨단기술 접목>(07월 03일자)이라는 제목의 기사로 토론회 소식을 실으면서, 복합문화센터가 도심에 마련되는 것을 찬성하고 있는 듯한 논조를 보이고 있습니다.

그러나 다른 신문에서는 도청부지에 복합문화센터를 건립하는 문제에 대해 참신성이 떨어진다면서 반발하고 있습니다. 예를 들면 무등일보 <광주시 '도청부지에 복합문화센터 건립' 반발 - '조변석 개식 발상' 강력 반발>(7월 3일자)이라는 기사에서, 시민들과 5·18 관련 단체들이 '조변석개식 일방적 발상'이라며 강력 반발하고 있다는 보도를 했어요.

광주매일도 <복합문화센터 참신성 떨어진다 - 도심활성화 용역 안 그대로 판박이>(7월 4일자)라는 기사에서, 지난 3월 도심활성화 최종 용역결과 제기된 복합문화센터 건립계획을 그대로 옮겨 놔 참신성이 떨어진다고 보도하고 있습니다.

이렇게 광주 도심의 개발문제에 대해서 각 신문사들이 의견을 달리하고 있는 것은 시민들의 의견을 집약한 것이라기보다는, '자 사이기주의'에 따른 결과라고 해석할 수 있습니다. 도심에 큰 빌딩 이나 부동산을 갖고 있는 신문사들이 자사의 이익을 위하여 도심 개발에 큰 관심을 보이고 있는 것은 아닌가 하는 생각이 듭니다.

언론사는 자신들의 이해와 상반된 부분이 있다 하더라도 중요 사 회의제에 대해서는 균형 있게 보도해야 할 의무가 있을 것입니다.

## 5. 호남신문이 지난 2일 하루 신문을 내지 못했죠?

☞ 네, 호남신문은 사내 '비상대책위원회'(노조 및 사원, 이하 비 대위)가 체불임금 등을 요구하며 1일 오후부터 제작거부에 돌입, 2 일자 신문이 발행되지 못했습니다.

호남신문 비대위는 그동안 요구했던 체불임금 지급, 신규채용 등 3가지 사항에 대해 사측의 답변이 미진하다고 판단해서, 1일 오후

비대위 투표를 거쳐 제작거부에 돌입한 것으로 알려졌습니다.

그리고 호남신문은 7월 3일자 <알림 - 독자 여러분 죄송합니다>라는 사고를 통해서, "호남신문은 회사 내 부득이한 사정으로 인해 지난 2일자 신문을 발행하지 못했다."고 밝히고, 그 원인에 대해서는 일체의 언급이 없습니다.

제가 오늘 호남신문 노조위원장과 사무국장과 통화를 해 보았는데요. 정확한 체불임금 규모와 수준은 밝히지 않아서 알 수는 없지만, 체불임금이 가장 큰 문제인 것 같습니다.

기자들의 저임금과 임금체불은 외부로 알려진 것보다는 심각한 수준인데요. 호남신문 노조에서 다음 주쯤에나 입장을 정리해서 밝힌다고 합니다.

광주 전남지역의 신문 난립과 신문사 노동자의 생존권은 지금 심각하게 위협당하는 지경인데요. 이것은 특정신문사만의 문제가 아니고, 우리 지역 대부분의 신문사도 거의 비슷한 상황이라고 볼 수 있습니다. 고사 직전이라는 말이 정확이 맞는 말인 것 같아요.

지역신문에 대한 육성책이 필요하고요. 지역신문이 지원을 받기 위한 제도적인 장치가 마련되기를 기대합니다.

(2003 - 07 - 04 방송)

## 제6절 호남소외론 근거 있나

### 1. 한 주간 지역언론에서 주로 다뤄졌던 사안이라면 어떤 것입니까?

☞ 몇 가지로 요약할 수 있는데요.

첫째, 방사성 폐기물 처분장과 관련한 논란이 계속되고 있습니다. 지방자치단체의 자율유치 신청 마감이, 다음 달 15일로 다가오기 때문에, 산업자원부와 한국수력원자력(주)의 마음이 급한데요. 우리 지역언론에서는 산자부의 입장을 거의 대변하는 듯한 보도를 하고 있습니다. 신문에 이와 관련된 광고를 싣고 있고요.

또 유치지역에 ▲한국수력원자력(주) 본사 이전 ▲지역지원금 3천억 원 이상 지원하겠다는 등의 지원책을 계속 내보내고 있습니다.

그래서 마치 빨리 유치하는 것이 좋다는 식의 보도 태도, 또 전라남도가 적극적으로 나서라는 태도를 보이고 있습니다.

둘째, 노동계 파업과 관련해서 '금호타이어 노동조합의 파업'을 보도하고 있는데요. 오늘 사측과의 최종협상이 타결되었지만, 타결되기 전의 우리 지역신문은 지난 10일부터 전면파업에 돌입, 지역 경제에 파장이 예상되고 있다고 보도하면서 경제적인 손실이 예상된다는 내용과 피해액만을 보도하고 있고요. 파업에 대한 쟁점이나 파업원인에 대한 보도는 찾아볼 수 없었습니다.

셋째, 민주당 내홍과 관련된 보도도 많았습니다.

내년 선거전망을 하면서 현재 심각한 내홍을 겪고 있는 민주당이 어떤 모습으로 재정비되느냐에 대한 보도가 많았고요.

경기침체 등으로 서민들이 어려움을 겪고 있는데, 집권 여당의 내분이 당권 싸움으로 비쳐지면서, 지역민들이 정치에 대한 염증을 느끼고 있다는 보도를 하고 있습니다.

### 2. 고위 공무원 출신 지역과 학교를 정리한 자료에 대한 지역언론의 보도 행태가 달랐지요?

☞ 네, 중앙인사위원회는 18일 지난 4월 기준으로, 중앙행정기관의 고위공무원 출신지를 분석한 결과를 발표했는데요.

그 내용을 살펴보면, 국가정보원, 대통령경호실, 중소기업특별위원회를 제외한 54개 중앙행정기관의 1~4급 공무원 7천649명을 분석했습니다.

분석에 따르면, 4급 이상 공무원의 지역별 비율은 ▲영남 31.3% ▲호남 26.5% ▲경인 19.4% ▲충청 16.8% ▲강원 4.4% ▲기타 1.5%로 각각 집계됐습니다.

그런데 문제는 이 결과를 놓고, 우리 지역신문이 보도형태를 달리하고 있습니다. 크게 ① 지역불균형이 해소됐다, ② 지역편중이 여전하거나 ③ 오히려 DJ 때보다 줄었다는 보도 등 세 가지로 나타나고 있습니다.

예를 들면, ① 광주일보, 6월 18일, <고위직 지역 불균형 해소>라는 제목에서, "고위공무원의 지역 간 불균형이 점차 해소되고 있는 것으로 나타났다."고 보도하고 있습니다.

과장급 이상 요직 가운데 영남은 가장 많은 34.2% 차지하고 있어서, 영남 출신이 약진했지만, 출신 고교별로는 호남이 5개, 영남

4개, 경인 4개, 충청 2개 교 등인데요. 이 중에서 경기고와 광주일고가 각각 192명으로 가장 많았다는 걸 예로 들고 있습니다.

② 무등일보, 6월 18일, <고위 공무원 지역 편중 여전>이라는 기사에서, 각 부처 기획관리실장 등 이른바 '요직'(선호직위)에 영남권 출신의 진출이 두드러지게 늘었다는 점, 또 고위직의 특정대학·고교 출신 편중현상이 여전하다는 것을 지적했습니다.

③ 전남일보, 6월 18일, <호남 출신 DJ 때보다 4% 줄어>라는 기사에서, 참여정부 각 부처의 요직에 영남권 출신 공직자의 진출이 두드러지게 늘어난 반면, 호남 출신은 지난 국민의 정부에 비해 크게 감소한 것으로 나타났습니다.

이렇게 똑같은 조사결과를 놓고도, 해석이 분분한데요. 문제는 '지역감정'을 부추기는 신문을 발견할 수 있다는 거예요. 역대 출신지역 비율 추이에서는, 영남이 계속 감소하고 호남이 증가하는 것으로 나타고 있는데도, 지역주의를 부추기고 있습니다.

이것은 우리 지역언론에서 지난 3, 4월 새 정부의 인사를 놓고, 제기했던 '호남소외론'이 근거가 없다는 것을 단적으로 보여 주는 것이라고 할 수 있습니다.

우리 민언련(민주언론운동시민연합)에서는 이러한 근거 없이 호남소외나 호남홀대를 부추겨서 지역감정을 조장하는 언론에 대해서는 강력한 대응을 할 생각입니다.

## 3. 금호타이어 등 파업에 대한 언론 보도 태도는 기존 관행을 벗어나지 못하는 것 같은데요?

☞ 오늘 금호타이어 노동자들의 파업이 타결되었다는 소식인데요. 그동안 보도 태도를 보면 문제가 있습니다. 파업에 대한 보도 태

도가 노사 양측의 균형을 잃고 있고요. 파업에 대한 쟁점이나 원인에 대한 분석보다는, 파업으로 인한 부정적인 영향에만 초점을 맞추고 있는 듯합니다.

① 광주일보, 6월 17일, <사설 – 파업 회오리, 모두 망한다>라는 제목에서, "우려됐던 하투(夏鬪)가 눈앞의 현실로 다가섰다. 조합원 4천 명에 이르는 금호타이어 노조는 파업을 벌여서 막대한 손실을 초래하고 있다."고 보도했고, 광주일보, 6월 18일, <파업·집단시위·대정부투쟁 '봇물'>이라는 기사에서도, "각계각층의 다양한 요구가 집단적으로 분출, 시위 등 집단행동이 봇물처럼 터지고 있어 심각한 사회혼란과 경제에 악영향을 미치고 있다."고 보도했어요.

② 광주매일, 6월 19일, <지역금융·산업계 夏鬪 초긴장>이라는 기사에서, "조흥은행 노조 파업으로 전산인력 및 대체인력이 태부족, 입·출금 등 단순 업무만 겨우 이뤄지고 있는 형편이다."고 밝혔습니다.

③ 전남일보, 6월 12일 <공장 파업…쌓여 가는 재고>라는 기사에서, 사진과 함께 "금호타이어 광주공장 노조의 파업으로 공장가동이 전면 중단되어서, 출고되지 못한 타이어가 적재 창고에 가득 쌓여 있다."고 했습니다.

이렇게, 파업에 대해서는 갈등 양상을 단순 전달하는 '중계식' 보도가 대부분이었습니다. 언론에서 사회적 갈등에 대한 '공정한 중재자로서의 역할'도 해야 되는데, 이런 점도 부족한 것이 눈에 들어옵니다.


## 4. 지역언론 육성법 초안이 마련됐죠?

☞ 지난 15일 대전MBC 회의실에서, 우리 민언련을 비롯한 전국

7개 언론 관련 단체 대표들이 참여한 가운데, 제5차 대표자 대회를 갖고 '지역신문발전지원법 단일안'을 최종 확정했습니다.

법안명칭을 '지역신문발전지원법'으로 하고요. 법안의 내용을 보면,

△ 지원조건으로 다음 사항을 모두 충족시켜야 합니다.

1) 최근 1년 이상 정상적으로 발행하고, 최근 1년간 광고 비중이 전체 지면의 50%를 넘지 않아야 한다.

2) 매출액, 임금, 납세실적 등 구체적인 경영내역을 지역신문발전위원회에 제출해야 한다.

3) 지배주주 및 회사대표가 언론사 운영과 관련돼 벌금이나 금고 이상의 형을 받지 않아야 한다.

4) 노사 대표가 동등하게 참여하여 편집규약을 제정, 공표, 시행해야 한다.

△ 지원기준: 지역신문발전위원회가 지역신문사에게 직접 지역신문발전기금을 지원하는 경우, 다음의 사항을 고려하여 구체적인 기준을 작성, 공표해야 한다.

1) 지역사회 기여도

2) 자본의 건전성 및 경영의 투명성

3) 근로기준법 준수 정도

4) 신문윤리강령 및 신문윤리 실천요강의 준수 여부

5) 신문광고윤리강령 및 신문광고윤리 실천요강 준수 여부

6) 신문판매윤리요강 및 신문판매공정경쟁규약 준수 여부

△ 지역신문발전위원회 구성 및 임기: 지역신문발전위원은 지역사회와 지역신문에 관하여 전문성과 경험을 갖춘 각계 인사 중에서, 문화관광부 장관이 위촉하는 12인의 위원으로 구성한다. 지역신문발전위원은 지역별로 균형 있게 선정해야 한다. 지역신문발전

위원의 임기는 2년이고 연임할 수 있다.

△ 이번에 마련된 단일안은 오는 21일 오후 2시 충남대에서 열리는, 언론개혁연대 창립식을 통해 공식 추인받은 뒤에, 전국을 순회하는 공청회와 대국민 홍보활동을 거쳐 (최종법안을 마련), 오는 9월 정기국회에 상정할 예정입니다.

## 5. 이 밖에 지역언론계 소식이라면?

☞ 시청자 참여프로그램에 대해서 말씀드리겠습니다.

이 프로그램은 단순히 방송에 나오는 프로그램만을 감시하는 소극적인 활동을 뛰어넘어, 보다 적극적으로 방송에 접근할 수 있는 방법입니다.

이미 제도적으로 시행되고 있어서, 공영방송의 <열린 채널>을 통해서 방영 중에 있는데요. 시민으로서 다양한 목소리와 의견을 표현할 수 있는 기회를 갖는다는 것은 의미 있는 일이 될 것입니다.

우리 단체에서는 이러한 기대에 부응하기 위하여, 시청자 자신이 일정한 내용을 기획·촬영·편집 등 제작 전 과정을 처리할 수 있게 도와주는 교육프로그램을 마련하였습니다.

이 프로그램을 수료하게 된다면, 훌륭한 '비디오 저널리스트'로 활동할 수 있는 능력을 배양하게 될 것이며, 자신이 제작한 작품을 공영 TV 방송국에 출품할 수 있는 기회도 갖게 될 것입니다.

밀착 취재를 통해 현장감 있는 화면을 담을 수 있다는 점에서 높은 가치를 지닌다고 볼 수 있습니다.

(2003 - 06 - 19 방송)

<참고 1> 지역신문 발전 지원법 초안
(전국 7개 언론 관련 단체가 마련한 2003. 6. 현재 법안)

제1조 (목적) 이 법은 지역신문의 건전한 발전기반을 조성하고 경쟁력을 강화함으로써 여론 다원
화, 민주주의의 실현, 그리고 지역사회의 발전에 기여함을 목적으로 한다.

제2조 (정의) 이 법에서 사용하는 지역신문이라 함은 전국을 대상으로 하지 않고 일부 시·도나
시·군·구 지역만을 대상으로 뉴스와 정보를 제공하는 신문을 말한다.

제3조 (지역신문의 책임) 지역신문은 정확하고 공정하게 보도해야 하며, 지역사회의 공론장으로서
다양한 의견을 수렴해야 한다.

제4조 (언론의 자유와 독립) 국가는 지역신문의 취재 및 보도의 자유를 보장해 주어야 한다.

제5조 (지역신문발전위원회) 국가는 지역신문의 발전을 위하여 문화관광부 내에 지역신문발전위원
회를 설치한다.
제6조 (지역신문발전기금) 국가는 지역신문의 발전과 지원을 위하여 '지역신문발전기금'을 설치,
운영한다.

제7조 (지역신문발전위원회의 임무와 기능) 지역신문발전위원회는 다음과 같은 업무를 수행한다.
1) 지역신문발전 기금의 운용
2) 지역신문 발전을 위한 정책 수립
3) 지역신문 발전을 위한 조사 및 연구사업
4) 지역신문인 양성 및 교육 사업
5) 지역신문 지원을 위한 심의 및 실사

8조 (지역신문발전위원회 구성 및 임기) 지역신문발전위원은 지역사회와 지역신문에 관하여 전문성
과 경험을 갖춘 각계 인사 중에서 문화관광부 장관이 위촉하는 12인의 위원으로 구성한다. 지
역신문발전위원은 지역별로 균형 있게 선정해야 한다. 지역신문발전위원의 임기는 2년이고 연임
할 수 있다.

제9조 (지역신문발전기금의 조성) 지역신문발전기금은 다음 각 호의 재원으로 조성한다.
1) 정부의 출연금 및 융자금
2) 개인 또는 법인으로부터의 기부금품
3) 문화관광부 소관의 다른 기금 등으로부터의 전입금
4) 기금운용으로 생기는 수익금
5) 기타 대통령으로 정하는 수입금

제10조 (지역신문발전기금의 용도) 지역신문발전기금은 다음에 해당하는 공익사업을 위하여 사용
해야 한다.
1) 지역신문발전위원회의 업무수행
2) 지역신문인의 취재, 보도 및 편집 전문성 향상
3) 지역신문사의 경영 전문성 향상
4) 지역사회 소외계층의 지역신문 접근 향상
5) 지역신문사 간 공동협력체제 구축
6) 기타 지역신문의 공익성 제고를 위해 필요하다고 위원회가 인정한 사항

제11조 (지역신문발전기금 신청) 지역신문발전기금을 직접 지원받고자 하는 단체는 사업의 목적과 내용, 소요비용, 기타 필요한 사항을 기재한 신청서를 지역신문발전위원회에 제출하여야 한다.

제12조 (지원조건) 지역신문사가 직접 지역신문발전기금의 지원을 받으려면 다음 각 호의 사항을 모두 충족시켜야 한다.
1) 최근 1년 이상 정상적으로 발행하고, 최근 1년간 광고 비중이 전체 지면의 50%를 넘지 않아야 한다.
2) 매출액. 임금. 납세실적 등 구체적인 경영내역을 지역신문발전위원회에 제출해야 한다
3) 지배주주 및 회사대표가 언론사 운영과 관련돼 벌금이나 금고 이상의 형을 받지 않아야 한다.
4) 노사 대표가 동등하게 참여하여 편집규약을 제정. 공표. 시행해야 한다.

제13조 (지원기준) 지역신문발전위원회가 지역신문사에게 직접 지역신문발전기금을 지원하는 경우, 다음의 사항을 고려하여 구체적인 기준을 작성. 공표해야 한다.
1) 지역사회 기여도
2) 자본의 건전성 및 경영의 투명성
3) 근로기준법 준수 정도
4) 신문윤리강령 및 신문윤리 실천요강의 준수 여부
5) 신문광고윤리강령 및 신문광고윤리 실천요강 준수 여부
6) 신문판매윤리요강 및 신문판매공정경쟁규약 준수 여부

제14조 (벌칙) 1) 지역신문발전기금 신청서에 허위의 사실을 기재하거나 기타 부정한 방법으로 보조금을 교부받은 자는 3년 이하의 징역 또는 1천만 원 이하의 벌금에 처한다.
2) 교부받은 지원금을 사업계획서에 기재한 용도가 아닌 다른 용도로 사용한 자는 1년 이하의 징역 또는 5백만 원 이하의 벌금에 처한다.
3) 위 각 호에 해당하는 신청자는 지원금을 모두 반납해야 하고, 향후 3년 동안 지원신청을 할 수 없다.

제15조 (감독 및 결과 보고서) 1) 지역신문발전위원회는 지역언론발전기금의 용도와 사용내역을 매년 공표해야 한다.
2) 지역신문발전위원회는 지역신문발전기금을 지원받은 사업이 적법하게 사용되고 있는지 감독하고 그 결과를 공표해야 한다.
2) 지역신문발전기금을 지원받는 개인이나 단체는 지원사업의 종료 1개월 이내에 사업결과 보고서를 지역신문발전위원회에 제출해야 한다.

제16조 (법제상의 조치) 정부는 지역신문의 발전과 지원을 위한 시책을 실시하기 위하여 필요한 법제상. 재정상 및 금융상의 조치를 할 수 있다.

부칙
이 법은 공포 후 3개월이 경과한 날부터 시행한다.

<참고 2> 지역신문발전지원 특별법
[시행 2008.2.29.] [법률 제8852호, 2008.2.29. 타법개정]

제1조 (목적) 이 법은 지역신문의 건전한 발전기반을 조성하여 여론의 다원화, 민주주의의 실현 및 지역사회의 균형발전에 이바지함을 목적으로 한다.

제2조 (정의) 이 법에서 '지역신문'이라 함은 정기간행물의등록등에관한법률 제2조 제2호 내지 제6호에 해당하는 신문으로서 일부 특별시·광역시·도 또는 시·군·구 지역을 주된 보급지역으로 하는 신문을 말한다.

제3조 (지역신문의 자율성 보장) 국가 및 지방자치단체는 지역신문의 취재 및 보도의 자유를 보장하고 자율성을 존중하여야 한다.

제4조 (국가 및 지방자치단체의 책무) ① 국가 및 지방자치단체는 지역신문의 건전한 발전을 위하여 필요한 시책을 강구하여야 한다.
② 국가 및 지방자치단체는 지역신문의 육성과 지원을 위한 시책을 실시하기 위하여 필요한 법제·재정·금융상의 조치를 할 수 있다.

제5조 (지역신문의 책무) 지역신문은 정확하고 공정하게 보도하고 지역사회의 공론의 장으로서 다양한 의견을 수렴하여야 한다.

제6조 (지역신문의 발전지원계획 수립) ① 문화체육관광부장관은 매 3년마다 지역신문의 발전과 신문산업으로서의 기반을 강화하기 위하여 지역신문의 발전지원계획을 수립·시행하여야 한다. 〈개정 2008.2.29.〉
② 지역신문의 발전지원계획에는 다음 각 호의 사항이 포함되어야 한다.
1. 지역신문의 언론자유 증진과 자율성 보장
2. 지역신문 발전지원의 기본방향
3. 지역신문의 발전을 위한 중장기 및 연도별 지원계획
4. 지역신문의 유통구조 개선을 위한 기반조성지원에 관한 사항
5. 지역신문의 발전을 위한 조사·연구·기술개발·교육 및 인력양성 지원에 관한 사항
③ 그 밖에 지역신문 발전지원계획의 수립·시행을 위하여 필요한 사항은 대통령령으로 정한다.

제7조 (지역신문발전위원회의 설치) 지역신문의 발전을 지원하기 위하여 문화체육관광부에 지역신문발전위원회(이하 '위원회'라 한다)를 둔다. 〈개정 2008.2.29.〉

제8조 (위원회의 구성) ① 위원회는 위원장·부위원장 각 1인을 포함한 9인 이내의 위원으로 구성한다.
② 위원장은 위원 중에서 호선하며, 부위원장은 위원회의 동의를 얻어 위원장이 위촉한다.
③ 위원은 지역사회의 발전과 지역신문에 관하여 전문성과 경험이 풍부하고 덕망이 있는 자 중에서 문화체육관광부장관이 위촉하되, 다음 각 호에 해당하는 자를 포함하여야 한다. 〈개정 2005.1.27, 2008.2.29.〉
1. 국회 문화관광위원장이 각 교섭단체 간사와 협의하여 추천하는 인사 3인
2. 한국신문협회·한국기자협회 및 한국언론학회가 추천하는 인사 각 1인
④ 위원의 임기는 3년으로 하되, 연임할 수 있다.
⑤ 위원에 결원이 있는 때에는 결원된 날부터 30일 이내에 제2항 및 제3항의 규정에 의하여 그 결원된 위원을 위촉한다. 보궐위원의 임기는 전임자의 잔임기간으로 한다.

제9조 (위원회의 직무 등) ① 위원회는 다음 각 호의 직무를 수행한다. 〈개정 2008.2.29.〉
1. 지역신문의 발전지원계획의 수립에 관한 자문
2. 지역신문의 발전지원에 관한 주요시책의 평가
3. 제13조의 규정에 의한 지역신문발전기금의 조성과 운용에 관한 기본계획의 심의
4. 지역신문발전기금 지원대상의 선정 및 지원기준에 대한 심의
5. 지역신문발전기금 지원대상의 심의 및 실사
6. 지역신문 발전을 위한 교육·연구·조사
7. 지역신문 발전 업무의 협력·조정
8. 그 밖에 문화체육관광부장관이 지정하거나 위원회의 목적수행을 위하여 필요한 사항
②위원회는 필요한 경우 분야별 업무를 처리하기 위하여 소위원회를 설치·운영할 수 있다.
③위원회의 운영을 위하여 필요한 예산은 국고에서 지원할 수 있다.

제10조 (위원의 대우) 위원회 위원은 명예직으로 한다. 다만, 예산의 범위 안에서 직무수행에 필요
한 경비 등 실비를 지급할 수 있다.

제10조의 2 (위원의 결격사유) 다음 각 호의 어느 하나에 해당하는 자는 위원이 될 수 없다.
1. 국가공무원법 제2조 및 지방공무원법 제2조의 규정에 의한 공무원
2. 정당법에 의한 당원 또는 당원의 신분을 상실한 날부터 2년이 경과되지 아니한 자
3. 정기간행물의등록등에관한법률 제2조 제1호의 규정에 의한 정기간행물의 발행 업무에 종사하는 자
4. 국가공무원법 제33조 각 호의 어느 하나에 해당하는 자
[본조신설 2005.1.27.]

제11조 (회의 등) ① 위원회의 회의는 위원장이 소집한다. 다만, 재적위원 과반수의 찬성으로 회의
소집을 요구한 때에는 위원장은 지체 없이 위원회를 소집하여야 한다.
② 위원회는 재적위원 과반수의 출석과 출석위원 과반수의 찬성으로 의결한다.
③ 위원회의 회의는 공개한다. 다만, 위원회가 특히 필요하다고 인정하여 의결한 경우에는 그러하
지 아니하다.
④ 위원회는 내부규정이 정하는 바에 따라 회의록을 작성하여야 한다.

제12조 (자료제출 협조 등) ① 위원회는 제9조의 규정에 의한 직무의 수행을 위하여 필요한 때에
는 관계 행정기관·지방자치단체 그 밖의 관련 단체에 자료의 제출을 요청하거나 연구를 위탁할
수 있다.
② 그 밖에 위원회의 조직 및 운영 등에 관하여 필요한 사항은 대통령령으로 정한다.

제13조 (기금의 설치 및 조성) ① 지역신문의 발전과 지원을 위하여 지역신문발전기금(이하 '기금'
이라 한다.)을 설치한다.
② 기금은 다음 각 호의 재원으로 조성한다.
1. 정부의 출연금
2. 다른 기금으로부터의 전입금
3. 개인 또는 법인으로부터의 기부금품
4. 기금의 운용으로 생기는 수익금
5. 그 밖에 대통령령이 정하는 수입금

제14조 (기금의 관리·운용) ① 기금은 문화체육관광부장관이 관리·운용한다. 〈개정 2008.2.29.〉
② 문화체육관광부장관은 기금의 관리 및 운용에 관한 사무를 대통령령이 정하는 바에 따라 언론
관련 법인 또는 단체에 위탁할 수 있다. 〈개정 2008.2.29.〉

③ 그 밖에 기금의 관리ㆍ운용 등에 관하여 필요한 사항은 대통령령으로 정한다.

제15조 (기금의 용도) 기금은 다음 각 호의 사업에 사용한다.
1. 지역신문의 경영여건 개선을 위한 지원
2. 지역신문의 유통구조 개선에 관한 지원
3. 지역신문의 발전을 위한 인력양성 및 교육ㆍ조사ㆍ연구
4. 지역신문의 정보화 지원
5. 그 밖에 지역신문의 경쟁력 강화와 공익성 제고를 위하여 필요한 사업으로서 대통령령이 정하는 사업

제16조 (기금의 지원 등) ① 문화체육관광부장관은 제15조의 규정에 의하여 다음 각 호에 해당하는 지역신문에 기금을 지원할 수 있다. 〈개정 2008.2.29.〉
1. 지원대상 선정 당시 계속하여 1년 이상 정상적으로 발행하는 경우
2. 광고 비중이 전체 지면의 2분의 1 이상을 넘지 아니하는 경우
3. 사단법인 한국ABC협회에 가입한 경우
4. 지배주주 및 발행인ㆍ편집인이 지역신문 운영 등과 관련하여 대통령령이 정하는 사항에 대하여 금고 이상의 형을 받지 아니한 경우
② 제1항의 규정에 의하여 기금을 지원받고자 하는 지역신문은 전년도 경영실적ㆍ재무상태 그 밖에 대통령령이 정하는 사항을 문화체육관광부장관에게 제출하여야 한다. 〈개정 2008.2.29.〉
③ 제1항의 규정에 의하여 지원하는 지역신문 중 편집자율권 및 재무건전성의 확보 등 대통령령이 정하는 기준에 해당하는 지역신문에 대하여 기금을 우선 지원할 수 있다.
④ 문화체육관광부장관은 지원대상 지역신문의 발행주기에 따라 각각 별도의 지원기준을 수립하여 지원할 수 있다. 〈개정 2008.2.29.〉
⑤ 기금의 지원을 받은 지역신문은 지원 당시 지정된 목적 외의 용도에 이를 사용하여서는 아니 된다.

제17조 (공표 및 결과보고서) ① 문화체육관광부장관은 기금 지원사업을 평가ㆍ감독하고 그 결과를 공표하여야 한다. 〈개정 2008.2.29.〉
② 기금을 지원받은 자는 지원사업이 종료된 날부터 3월 이내에 사업결과보고서를 문화체육관광부장관에게 제출하여야 한다. 〈개정 2008.2.29.〉

제18조 (벌칙적용에 있어서의 공무원의제) 위원회의 위원 중에서 공무원이 아닌 자와 제14조 및 제19조의 규정에 의하여 권한을 위탁받은 사무에 종사하는 자는 형법 제129조 내지 제132조의 적용에 있어서는 이를 공무원으로 본다.

제19조 (권한의 위임ㆍ위탁) 문화체육관광부장관은 대통령령이 정하는 바에 의하여 이 법에 의한 권한의 일부를 특별시장ㆍ광역시장ㆍ도지사에게 위임하거나 언론 관련 법인 또는 단체에 위탁할 수 있다. 〈개정 2008.2.29.〉

제20조 (벌칙 등) ① 거짓 그 밖의 부정한 방법으로 기금을 지원받은 자는 3년 이하의 징역 또는 1천만 원 이하의 벌금에 처한다.
② 제16조 제5항의 규정을 위반하여 지원 당시 지정된 목적 외에 다른 용도로 기금을 사용한 자는 1년 이하의 징역 또는 500만원 이하의 벌금에 처한다.
③ 문화체육관광부장관은 제1항 또는 제2항의 규정에 따라 유죄의 확정판결을 받은 자로부터 지원금을 모두 환수하여야 하고, 당해 확정판결을 받은 자에게는 그 확정판결일부터 3년간 기금을 지원하여서는 아니 된다. 〈개정 2008.2.29.〉

④ 문화체육관광부장관이 제3항의 규정에 의하여 지원금을 환수하는 때에는 국세징수의 예에 의한다. 〈개정 2008.2.29.〉

부칙(정부조직법) 〈제8852호, 2008.2.29.〉
제1조(시행일) 이 법은 공포한 날부터 시행한다. 다만, …〈생략〉…, 부칙 제6조에 따라 개정되는 법률 중 이 법의 시행 전에 공포되었으나 시행일이 도래하지 아니한 법률을 개정한 부분은 각각 해당 법률의 시행일부터 시행한다.
제2조부터 제5조까지 생략
제6조(다른 법률의 개정) ①부터 〈270〉까지 생략
〈271〉 지역신문발전지원 특별법 일부를 다음과 같이 개정한다.
제6조 제1항, 제8조 제3항, 제9조 제1항 제8호, 제14조 제1항·제2항, 제16조 제1항 각 호 외의 부분·제2항·제4항, 제17조 제1항·제2항, 제19조 및 제20조 제3항·4항 중 '문화관광부장관'을 각각 '문화체육관광부장관'으로 한다.
제7조 중 '문화관광부'를 '문화체육관광부'로 한다.
〈272〉부터 〈760〉까지 생략
제7조 생략

# 제7절 총선 출마자, 언론에 얼굴 알리기

## 1. 한 주간 지역언론에서 주로 다뤘던 사안은 어떤 것이 있습니까?

☞ ① 지난 3일 여수산업단지에 대해 폭발사고가 발생했는데요. 이와 관련해서 생산차질이 장기화될 것 같다는 보도가 있습니다. 그리고 사고재발 방지를 위한 종합적인 안전진단과 대책이 시급하다는 보도를 하고 있습니다. 다만 언론에서 마을 주민들의 이주대책이나 주민피해 치료나 복구 등의 피해보상에 대해서는 앞으로 계속적인 후속보도가 있어야 할 것입니다.

② 취업시즌인데요. 취업 관련 보도가 유난히 많습니다.

장기불황으로 일자리가 많이 줄었고요. 지난 6월 현재 광주지역 청년실업률이 10.3%로 전국 최고를 기록한 상황이라는 보도를 하고 있습니다.

③ 또, 국창 조 모 씨를 구속하면서 국악계 각종 경연에서의 검은 뒷거래가 있다는 의혹을 보도하고 있습니다. 경찰이 국악계 비리에 대해 광범위한 수사를 벌인 결과를 보도하고 있는데요.

호남신문, 8일자에서는, <사설 - 국악계 비리, 예향의 수치다>라는 제목에서, "예향이란 말이 부끄럽다."며, "지역민이 갖고 사는 예향 긍지를 짓밟아 버렸다."고 주장하기도 했습니다.

④ 이라크 파병 관련 진상조사단 조사결과에 대한 보도를 하고 있습니다.

## 2. 지난 7일 파병 여부와 관련한 진상 조사단 조사결과를 놓고 중앙지, 지방지의 보도 문제가 많았죠?

☞ 정부의 이라크 추가파병 조사단 발표내용을 둘러싸고 논란이 제기되고 있습니다.

국방부 현지조사단의 이라크 파병 실사가 형식적이었다는 목소리가 높고, 재조사단을 파견해야 한다는 신중한 반응도 있었는데요.

우리 지역에서는 현지의 정확한 상황판단이 중요함을 제시하고 이라크 현지조사를 다시 해야 한다는 주장도 있습니다. 그러나 지역의 일부 신문들은 아예 이 내용을 다루지 않았고, 파병반대 목소리에 대한 보도사진만을 싣거나 단순보도로 일관하고 있습니다.

예를 들면, 광주타임스와 호남신문은 7일자에, 광주시민회관에서 이라크 파병반대를 요구한 단체의 보도사진만을 싣고 있을 뿐이고요.

또 9일자에 호남신문과 광주일보는 <전남지역 전교조 교사 433명 이라크 파병반대 촉구>라는 기사를 싣고 있으며, 광주타임스도 순천시의회의 파병거부 촉구 결의문 채택 소식을 <"이라크 파병 명분 없어">(9일자)라는 제목으로 싣고 있습니다. 이렇게 파병 문제를 놓고 언론은 이에 대한 분석이나 심층보도 없이, 단순하게 '반대'의 목소리만을 전하고 있습니다.

파병문제와 같이 국가의 안보와 직결되는 문제는 특히 균형적인 시각을 가져야 합니다. 그리고 찬반에 대한 갈등이나 분열을 부추기는 것보다는 차분한 태도로 한·미 관계, 국내외 정세, 국익(國益) 등을 종합적으로 고려하는 입장을 견지해야 할 것입니다.

언론은 세계사적인 흐름에서 접근하는 자세랄지, 진보와 보수 간에 주장되고 있는 파병찬반에 대한 목소리를 균형 있게 보도하는 자세가 있어야 할 것입니다.

**3. 내년 총선 출마자들이 언론 지면을 이용해 얼굴 알리기를 하고 있는데요, 기고나, 방송 출연과 관련한 규정이 있지만, 언론사가 자체적으로 스크린해야 하지 않습니까?**

☞ 그렇습니다.

내년 총선 출마자들이 언론을 통한 '얼굴 알리기'가 진행되고 있는데요. 칼럼 필진으로 참여해서 칼럼을 연재하거나 기획기사 형식의 원고를 기고하고 있는 경우를 볼 수 있습니다.

예를 들면, 전남일보는 기획기사로서 '인간 김대중'이라는 제목으로 연재 중인 필진으로 '최 모' 씨가 있는 데요. 이 경우에 고딕체로 전·현직 경력을 소개해 주고 있는 모습을 볼 수 있습니다. 다른 신문에서도 '인물 동정'란에 등장하는 경우가 많고요. 칼럼 필진으로 참여하는 경우도 있습니다.

이걸 놓고 일각에서는 내년 총선을 앞두고 '얼굴 알리기'가 아닌가 하는 시각도 있습니다.

선거가 가까워 지면 언론의 책임이나 역할이 중요합니다. 아울러서 지역신문에서 입후보예정자들의 취재기사를 보도할 때 주의를 기울일 필요가 있습니다. 언론기관이 그 본래의 업무행위로서 출마예정자를 취재·보도하는 것은 언론기관의 자율에 속하는 사항이라고 볼 수 있지만, 공정하게 보도해야 할 필요가 있습니다.

특히, 언론사는 '선거기사심의위원회'를 선거일 전 120일까지 설치하도록 되어 있기 때문에, 선거기사심의위원회의 제재를 받을 수 있는데, 시기적으로 아직 이런 위원회가 설치되지 않은 언론사가 많아서, 언론사별로 스크린 기능이 미약하다고 볼 수 있는 것입니다.

그래서 이런 조직이 가동되기 전이라도, 칼럼 필진을 선정할 때는 언론기관에서 자체적으로 출마예상자를 스크린할 필요가 있고요. 다른 후보와의 형평성에 문제가 된다면, 출마예상자들의 원고나 칼럼 필진으로 참여시키는 것을, 언론사 자체적으로 '자제'시키는 노력이 있어야 할 것입니다.

## 4. 호남신문 파동이 현재 어떻게 진행되고 있습니까?

☞ 현재까지 계속 진행되고 있는데요.

호남신문이 파행을 거듭하고 있습니다. 호남신문은 지난 1일자 1면에 사고를 내고 당초 16면을 12면으로 줄여 발행한 데 이어 2일과 3일에도 8면을 발행했고요. 그 이후부터 오늘까지 매일 12면을 발행하고 있습니다.

호남신문의 이러한 '파행제작' 사태는 지난 시간에 말씀드린 바와 같이, △임금체불이나 미지급 등의 원인이 크고요. 일부 기자들의 집단 사직서 제출과 그에 따른 축소발행, 그리고 심지어는 파행과 함께 모 대학 신문사 기자들도 편집에 참여한 것으로 알려지고 있습니다.

지난 1일 광주전남기자협회도 '호남신문 기자들이 신문경영 정상화'를 위한 성명을 발표한 바 있고요. 우리 민언련에서도 어제(9일) 성명을 발표했습니다.

"호남신문 파행경영과 운영을 규탄한다. 민주언론으로 거듭나기를 촉구한다."라는 제목의 성명인데요. 성명의 내용을 보면, 호남신문의 파행적이 모습은 그동안 파행경영을 일삼아 온 호남신문 경영진의 부도덕성에 원인이 있다고 보고요. 기자들의 일방적인 희생만을 요구하는 자세는 성숙한 언론으로서 책임이 아니라는 것을 강조하고 있습니다.

호남신문 사태를 바라볼 때, 지역언론계가 안고 있는 문제들이 아닌가 하는 생각이 들어서, 씁쓸한 생각이 듭니다.

### 5. 계도지, 기자실 폐지와 관련해 민언련의 조사가 있었는데, 어떻습니까?

☞ 계도지 구입비란, 1970년대부터 정권 홍보를 목적으로 마을에 이장·통장·반장이나 지역사회의 여론주도층에게 신문을 읽도록 구독료를 내주는 예산 항목인데요.

우리 단체에서는 계도지 예산의 폐지를 지속적으로 주장해 왔습니다.

왜냐하면, 이제 여러 가지 정보매체가 발달했고 특히 단체장들이 구독부수를 올려서 이장, 통장, 반장들에게 선심을 쓰고 또 자신을 홍보하는 수단으로 사용해서, 주민의 혈세를 낭비하기 때문입니다.

대부분의 지자체에서 이런 예산을 없애고 있는데, 전남도 내 기초단체에서는 계도지 지원을 여전히 하고 있는 것으로 나타났습니다.

우리 민언련에서 광주·전남지역 광역·기초단체 29곳에 계도지 관련 행정정보의 공개를 요구해서, 밝혀낸 자료인데요. 현재 계도지 예산을 집행하고 있는 광주전남지역의 자치단체는 고흥군, 곡성군, 구례군, 담양군, 보성군, 함평군, 영암군, 장성군, 영광군 등 모두 9곳입니다.

2002년 11개 군이 7억 5,559만 원, 2003년 9개 군이 5억 1,989만 원을 지출한 것을 밝혀냈습니다.

그래서 전남 고흥·구례·곡성·보성 등지 일부 자치단체들이 한 해 7,000만 원 이상을 계도지 예산으로 지출하는 것으로 나타났습니다.

예를 들면, 올 계도지 예산은 고흥 8,736만 원, 보성 7,464만 원, 구례 7,300만 원, 곡성 7,130만 원, 영광 6,720만 원, 담양 4,746만 원, 영암 3,700만 원, 함평 3,312만 원, 장성 2,880만 원 등으로 나타났습니다.

특히 무안·신안·완도는 지난해 3,490~8,160만 원이던 계도지 구입비를 한 푼도 세우지 않고 전액 삭감한 데 견주어, 영광은 지난해 없었던 예산을 되살려 6,720만 원을 책정했습니다.

또, 기자실 문제도 우리 단체에서 지적을 했는데요.

관언유착의 폐해를 막기 위해 계도지 예산과 기자실 제도를 폐지해야 한다고 주장해서, 일부지역은 브리핑룸을 설치했지만 여전히 운영에 있어서는 저희들이 기대하는 만큼의 수준이 아닙니다.

전남지역 22개 시군 가운데 기존의 기자실을 운영 중인 곳은 장성군뿐이고, 나머지는 폐쇄 또는 브리핑룸으로 전환 운영 중인 것으로 나타났습니다. 그렇지만 브리핑룸으로 운영 중인 일부 자치단체에서는 기자 전용선을 사용하는 등 '말뿐인 브리핑룸'입니다.

우리 단체에서는 명분 없는 계도지가 사라지고 열린 브리핑 제도가 뿌리내릴 때까지 감시활동을 계속할 것이고요. 언론이 재정적으로 독립해 관공서에 의존하지 않고 정론을 펼치기를 기대합니다.

## 6. 이 밖에 어떤 소식이?

☞ 시민단체에 대한 보복성 기사 논란을 일으켰던 일부 지방지들이 언론중재위 중재에 실패해 시민단체로부터 형사 고발될 상황에 처했습니다.

순천지역 시민단체 연대조직인 <그린순천21>은 언론중재위의 최종 중재시한인 지난달 29일까지 정정보도안을 받아들이지 않은 지방지 가운데 5개 신문사들에 대해 형사고발에 들어간다고 합니다. 순천지역 시민단체들이 일부 지방 신문사들에 대해 '출판물에 의한 명예훼손혐의'로 고발장을 접수한다고 하는데요. 현재 상태는 시민단체들 간에 조율을 하고 있는 상황인데, 곧바로 들어가겠다는 담당자의 의견을 들은 바 있습니다.

이에 따라 전남매일, 무등일보, 전광일보, 호남매일과 호남신문 등 5개 신문사들은 검찰조사를 받게 되었고요. 반면 지난 1일자로 정정보도문을 실은 광주매일과 단발성 보도에 그친 광주타임스, 대한일보, 전남일보 등은 형사고발 대상에서 제외됐습니다.

앞으로 언론의 사명과 역할을 되새겨 보는 기회가 되면 좋겠습니다.

(2003 – 10 – 10 방송)

# 제8절 주민 소환, 의미를 축소하다

## 1. 한 주간 지역언론계에서 주로 다뤘던 내용이라면?

☞ 몇 가지로 정리를 해 보면, 먼저 호남고속철도 관련 보도인데요. 노무현 대통령이 호남고속철도 익산~목포 구간의 조기착공 방침을 밝혔다는 보도가 주류를 이루고 있습니다.

노 대통령이 건설교통부장관에게 "조기 완공하는 쪽으로 검토하라."고 지시했다는 보도, 오는 9월 말 확정될 기본계획에 호남고속철도 착공 시기가 명시되고 완공 시기도 빠르면 2015년(1단계), 늦어도 2020년(2단계)께로 앞당겨질 전망이라는 보도입니다.

둘째, 경제상황과 관련된 보도가 많습니다. 우리 지역의 경제가 어려운데요. 대부분의 언론에서, 실물경기가 급격히 악화되는 조짐이 있다는 것을 보도하고 있습니다.

특히, 서민들이나 농촌의 어려움을 보도하고 있는 내용이 눈길을 끕니다.

광주매일, 7월 16일, <사설 - 꽁꽁 얼어붙은 시장>에서, "소비심리가 좀처럼 개선되지 않고 있나. 오히려 다시 악화되는 양상을 보이고 있다."라고 보도하고 있어요.

그런데 여전히 지역신문에서 서민들의 어려운 사정을 통계 수치로만 제시하고 있고요. 실제로 부딪치는 서민들의 어려움에는 너무 추상적으로 접근하는 태도를 보이고 있습니다.

셋째, 여수산단 주변지역 주민의 건강 역학조사에 대한 보도를 하고 있습니다.

여수산업단지 주변지역 주민들의 암 사망률이 전국 평균보다 1

2%나 높은 것으로 나타나고 있다는 보도를 하고 있습니다.

암뿐만 아니라 어린이 기관지 과민성과 피부단자검사항목도 타 지역에 비해 높게 나타났다고 하는데, 그 실제원인이나 배경에 대한 심층보도가 부족합니다.

## 2. 광산 구청장 주민 소환과 관련해 지역신문들이 한목소리로 실효성 논란을 제기했는데?

☞ 광주지역 시민단체가 광주 광산구청장(부인이 인사 관련 뇌물수수 혐의로 구속됨)의 소환에 대한 찬반 주민투표를 실시하고 있는데요. 지난 15일부터 26일까지 광산구청 앞에 투표소를 설치하고 현재 진행 중에 있습니다.

우리 지역신문의 보도내용을 보면, 구청장의 도의적 책임부분에 대해서는 공감을 표시했지만, 주민 찬반투표의 실효성에 대해서는 회의적이라는 반응을 시민들의 목소리를 통해서 보도하고 있습니다.

주민소환투표 결과가 어떤 영향을 미칠지는 미지수라는 겁니다.

예를 들면, 전남일보, 16일자, <광산구청장 주민소환 찬반투표 - 시민들 "실효성 의문">, 무등일보, 16일자 <광산구청장 소환 찬반투표 실시 - 동의적 책임 공감 불구 실효성 회의적>이라는 제목으로 보도를 하고 있습니다.

그런데 광주타임스, 14일자(1면)와 16일자(14면)에, 주민소환제 투표소를 마련해서 인사 비리에 대한 문제를 선전하고 있다는 '보도사진'만을 소개하고 있을 뿐입니다.

이렇게 주민소환 관련 보도에 회의적이거나, 소극적으로 보도를 하고 있고요. 아예 보도조차 하지 않는 경우도 있습니다. 제도적으로는 아직 주민소환제도가 법제화[18])되지 않았지만, 시민단체에서 지방자치단체 장에 대한 소환투표를 하고 있는 것은 커다란 의미가 있고요. 이것은 지방자치제 도입 이후 전국 최초로 구청장 주민소환투표로서 의미도 대단합니다.

그리고 상징성도 있습니다. 우리 공직사회 부정부패에 대해서, 상징적이나마 주민들의 마음을 파악할 수도 있는 기회가 될 것입니다. 그래서 언론에서 좀 더 적극적으로 접근할 필요가 있습니다.

### 3. 완도 부녀자 성폭행 관련한 남편 자살사건에 대해 지역신문과 통신사가 오보를 했죠?

☞ 그렇습니다. 14일자 (석간) 광주일보에서 시작된 오보가, 통신사를 거쳐 코리아 타임스 인터넷 뉴스까지 이어졌습니다.

먼저 광주일보 사회면에 실린 것을 보면, 전남 완도군에서 남편의 친구로부터 성폭행을 당한 20대 부녀자가 스스로 목숨을 끊었다는 보도였는데요.

그러나 실제 사망자는 '아내'가 아니라 '남편'이었습니다. 즉 사망자가 뒤바뀐 것입니다.

이와 같은 광주일보의 오보는 연합뉴스가 이를 받아썼다가, 사실 확인한 뒤에 수정 기사를 올리기도 했는데요.

그렇지만 이것은 여기서 끝나지 않고, 영문판 코리아타임스는 인터넷에까지 오보로 연결되었습니다. 다행히 이 기사는 인터넷 기사로만 오르고, 이튿날 신문에는 실리지 않았습니다.

---

18) 당시에는 근거법률이 없었지만, 현재는 주민들이 거주지역의 지방자치단체장과 지방의원을 소환하고 해임할 수 있다는 주민소환제도가 법률에 명시되어 있음. 즉 2007년 7월 1일부터 시행된 「주민소환에 관한 법률」에 따라 지방단체장이나 지방의원이 임기 중 위법·부당행위와 직무유기, 직권남용 등을 저지를 경우 정해진 절차에 따라 주민들이 이들을 소환하고 주민투표를 거쳐 해임할 수 있다.

광주일보는 오보 뒤에 이튿날 15일자 신문에 '정정' 보도를 냈습니다.

부부가 겪었을 아픔에 비해서, 언론이 휘두른 펜은 너무 가벼웠다는 비판을 면할 수 없고요. 이런 오보 기사는 현장에 가지 않고 작성하는 '받아쓰기', 남의 것 베끼기의 단면이라고 볼 수 있습니다.

### 4. 광주타임즈 회장이 검찰 소환을 받았죠?

☞ '전남도 임인철 정무부지사 건설비리'와 관련해서 검찰에 소환을 받았다는 소식입니다.

조사결과는 나와 봐야 알겠지만, 건설사를 모기업으로 하고 있는 언론사주의 검찰소환소식은 그 자체만으로 우리 지역의 신문사가 처한 현실을 보여 주는 단면이라고 볼 수 있습니다.

우리 지역신문사들은 태생적 여러 가지 한계를 가지고 있습니다.

지역신문사의 모기업으로 건설업체나 유통업체 등이 버티고 있고요. 특히 건설업체 사주들은 신문사를 이용해서, '모기업의 방패막이'로 사용하려는 경향이 있어서, 시민단체로부터 비판을 받아 왔습니다.

엄청난 적자에 시달리고 있으면서도 언론사를 정리하지 않는 것은, 아무래도 신문사주의 이익을 위한 것이라는 것이, 우리 시민단체의 일관된 시각입니다.

우리 민언련에서는 이번 검찰소환이, 건설비리와 연결되어 있지 않기를 바라지만, 만일 조금이라도 건설업체의 비리와 관련이 있다면, 신문사 퇴출운동까지 벌일 계획입니다.

또 지금 논의 중에 있는 지역신문발전지원법(안)에도, 지원에 대한 전제조건으로, 지배주주 및 회사대표가 언론사 운영과 관련돼 벌금이나 금고 이상의 형을 받지 않아야 한다는 조항이 있습니다.

언론을 이용해서 외부에 영향력을 행사하고, 모기업의 돈벌이 수단으로 이용하겠다는 잘못된 시각은 바뀌어야 할 것입니다.

**5. 지역신문 지원법이 국회에 정식 제출됐는데요? 주요 골자와 향후 일정 등을 말씀해 주시겠습니까?**

☞ 우리 민주언론운동시민연합을 비롯해서, 전국언론노조, 지역언론연합회 등 7개 단체가 참여하고 있는 <지역언론개혁연대>에서, 15일 국회 문광위 김성호(민주당 간사)·고흥길 의원(한나라당 간사)을 방문, 관련 법안을 전달했습니다. 그래서 '지역신문발전지원법'이 국회에서 논의되고, 열악한 지역언론 활성화를 위한 입법 활동으로 본격화될 것입니다.

노무현 대통령의 대선 공약인 지방분권의 한 일환으로 지방언론 활성화는 노무현 대통령의 대선 공약이기 때문에, 정부 여당에서 적극적으로 추진할 것이고요. 한나라당도 협조 의사를 밝히고 있어서, 올 9월 정기국회에서 통과될 것으로 기대됩니다.

그런데 핵심은 '지원'이 아니라, 난립되어 있는 신문에 대한 '개혁'에 초점이 맞추어져야 할 것입니다. 우리 시민단체에서도 기회가 있을 때마다, 언론경영의 투명성 확보와 편집규약의 제정 등을 주장하고 있고요. 이것은 법안으로도 삽입되어 있습니다.

우리 지역신문에서도, 이 내용을 적극적으로 보도하고 있습니다.

광주타임스, 7월 17일자, <사설 – 지역신문 지원은 시대적 사명>이라는 제목에서, "지역신문발전지원법안이 조속히 통과될 수 있도록 국회의 협력을 기대한다."라고 주장하고 있고요.

광주일보, 16일자, <지역신문발전지원법 입법 촉구>, 호남신문, 16일자, <지역신문발전지원 법안 국회 제출>이라는 제목으로 보도하고 있습니다.

법안에는 대상 자격에 경영의 투명성 확보와 편집규약의 제정 등을 명시하고 있고요.

지역신문 지원 전제조건으로 ▲최근 1년간 광고비중이 전체 지면의 50%를 넘지 않을 것, ▲매출액, 임금, 납세실적 등 구체적인 경영내역을 관련법에 의해 신설되는 '지역신문발전위원회'(가칭)에 제출할 것, ▲지배주주 및 회사대표가 언론사 운영과 관련돼 벌금이나 금고 이상의 형을 받지 않아야 할 것, ▲노사 대표가 동등하게 참여해 편집규약을 제정, 공표, 시행할 것 등을 규정하고 있습니다.

## 6. 한나라당의 언론정책과 관련해 언론 현업자들의 반발이 거세죠?

☞ 네, 공영방송에 대한 언론 정책을 한나라당에서 제시하고 있는데, 현업 종사자 특히 언론노조에서 한나라당을 상대로 규탄 집회를 열고 있습니다.

한나라당은, KBS 수신료 폐지, KBS2·MBC 민영화, KBS 결산안 부결 등, 방송의 공영성을 훼손하고 있고, 방송 장악을 기도하고 있다는 비난을 받고 있습니다.

당리당략적 차원에서 방송을 장악하려는 것은 문제가 있고요.

한편 지역신문발전지원법 제정 등 신문개혁 3대 입법 제·개정(정기간행물법 개정, 신문시장독과점규제법 제정)에 관심을 기울여야 할 것입니다.

(2003 − 07 − 17 방송)

## 제9절 단체장의 비리 혐의, 일단 그를 보호하라


**1. 한 주간 지역언론에서 주로 다뤘던 사안이라면, 어떤 것이 있습니까?**

☞ ① 박광태 시장 검찰 소환 등 잇따른 자치단체장 비리 연루와 관련한 보도가 많았고요. 또 ② 지역 축제에 관련 내용, 그리고 ③ 기초의원 재보궐 선거를 앞두고 신당과 민주당의 경쟁이 치열하다는 내용 등입니다.

**2. 박광태 시장 검찰 소환, 잇따른 자치단체장 비리 연루와 관련한 지역언론 보도 태도는 어떻습니까?**

☞ 현대건설로부터 수천만 원 상당의 금품을 받은 혐의를 받고 있는 박광태 광주시장이 22일 오전에, 검찰에 출두했었는데요.

우리 지역신문들은 22일자와 23일자에 주요기사로 다루고 있지만, 검찰출두 원인이나 배경에 대한 분석기사는 없었고요. 거의 박 시장의 말을 제목으로 뽑아서, 박 시장을 두둔하는 듯한 보도를 하고 있습니다.

예를 들면, 전남일보, 23일자, 1면에 <박 시장 금품수수 강력부인>이라는 제목과, 3면에서, <"무혐의 입증할 자료 확보">라는 제목으로 박 시장의 주장만을 그대로 제목으로 뽑고 있는 모습을 볼 수 있고요.

광주일보, 22일자, <박광태 시장 검찰출두 "현대 비자금 수수 사실 없다.">라는 제목으로, 검찰출두를 하는 박 시장에 대해 '무죄'를 예견하는 듯한 제목을 붙이고 있는 것을 볼 수 있습니다.

광주타임스, 23일자, <박 시장 검찰조사… 돈 안 받았다> 등의 기사도 그렇습니다.

또, 기사내용을 보면, '시청직원들'의 반응으로 "별일 없을 것이다.", "박 시장이 혐의를 부인하고 있어서 안도하는 표정이다."(광주매일) 등으로 쓰고 있고요. 시민들의 반응은 찾아볼 수 없었습니다.

이러한 지방자치단체장의 비리에 대해서 사법적인 판단이 별도로 있겠지만, 자치단체장의 도덕성이나 시민들의 반응에 대한 보도가 부족한 측면이 있습니다.

### 3. 지역 축제가 많이 열리고 있습니다. 해마다 축제에 대한 지적이 계속되고 있습니다만, 언론 보도는 어떻습니까?

☞ 지역축제에 지역신문들이 감시나 비판기능이 미흡한 것 같습니다. 축제에 대한 의미나 기능보다는 오로지 지역축제를 단순히 홍보하는 데에만 보도의 초점이 맞추어져 있습니다.

김치축제를 예로 들면, 지난 14일부터 19일까지 6일간 열렸는데요. '60만이 찾았다', '성료했다' 등 모두 긍정적인 부분을 부각하고 있습니다.

전남일보 20일자, <광주김치 대축제 성료>와 광주일보 20일자(18면), <관람객 60만 명… 작년의 2배> 등의 제목에서 보듯이, 거의 의미를 되새겨 보는 기사는 찾아보기 힘들었습니다.

그렇지만 축제에 대해 따끔한 채찍을 가하는 사설도 있습니다.

광주매일과 광주타임스인데요.

광주매일, 20일자, <김치축제 바가지 상혼>이라는 제목에서, "'조개구이 한 접시 3~5만 원, 전어구이(4마리) 2만 원, 낙지볶음 3만 원, 전어회 3만 원…' 올 김치축제는 이처럼 유달리 비싼 음식 가격 때문에 관광객들로부터 빈축을 샀다."고 보도하고 있습니다.

광주매일, 21일자, <사설-김치축제 내실을 기하자>라는 제목에서, 축제장 곳곳에서 바가지 요금문제나, 음식점 부스에 대한 임대과정에서 중간 브로커들의 개입문제, 전시장과 음식판매장과의 연계성을 갖지 못한다는 점을 지적하고 있고요. 축제에 대한 내실을 기하도록 지적하기도 했습니다.

광주타임스는 21일자, <사설-광주김치를 세계로>라는 제목에서, 광주김치 생산업체의 영세성과 체계적인 연구가 부족함을 지적하고, 광주김치의 세계화가 필요함을 주장하고 있습니다.

앞으로 이들 축제들을 서로 연계시키는 문제나 축제에서 나타난 문제점을 분석하고 대안을 제시해야 할 것입니다.

## 4. 기초의원 재보궐 선거를 앞두고 신당과 민주당의 경쟁이 치열한데요. 언론 보도 태도는 어떤가요?

☞ 오는 30일에, 광주시 화정 4동 및 오치 2동 구의원 재선거가 실시됩니다. 우리 지역언론들도 이와 관련한 보도를 하고 있는데요. 주민들에게는 별로 선거열기가 전달되지 않고 있다는 보도입니다.

전남일보, 20일자 <후보는 후끈, 민심은 냉담>이라는 제목에서, "민주당에 잔류한 양 지역 기초의원들이 총출동, 자당 추천 후보 홍보에 혼신의 힘을 쏟고 있다.

이에 맞서 열린우리당(통합신당) 측은 거리유세 및 다중시설 방문 등 통상적인 선거운동 이외에 주민들의 이목을 잡을 수 있는 선거운동 방법을 도입하고 있다."라고 보도하고 있어요.

언론에서는 재보궐 선거에서 과열을 부추기기보다는 차분하게 정책을 분석하는 보도가 있어야 할 것입니다.

**5. 지역신문 육성과 관련한 동아일보 보도와 관련해 지역언론들이 일 제히 반발했는데, 어떤 내용입니까?**

☞ 지난 18일, 지역신문 활성화를 위해서 '지역신문발전지원법안 (이하 지원법안)'을 국회에 제출했는데요. 이를 놓고 동아일보 보도 가 있었습니다.

먼저 동아일보의 보도를 보면, 20일자에, 지원법안에 대해 <'총 선용 지방언론 무마책' 논란>으로 보도했고요. 기사에서 "대상신 문의 상당수가 노무현 대통령의 민주당 탈당 이후 정부에 비판적 인 호남지역신문인 것으로 알려져 재신임 국민투표 및 내년 총선 을 앞두고 여권이 이 지역의 비판여론을 무마하기 위해 선심책을 내놓은 것이 아니냐는 비판이 일고 있다."고 보도했습니다.

또, 21일에는 <사설-"지방언론 정부 지원 의도 뭔가">라는 제 목에서, "'지역신문발전지원법안'이 지방언론 활성화에 긍정적 역 할을 할지는 의문이다."라며, "이 법안은 잘못 운영될 경우 권언유 착을 조장하는 악법이 될 가능성이 있다."고 주장했습니다.

그런데 동아일보의 이런 보도와 사설이 나온 이후로, 지역신문에 서는 본질을 왜곡하고 있다는 비난을 하고 있습니다.

가장 적극적인 반응을 보인 신문은 무등일보와 전남일보 등인데요.

무등일보는 21일자, <사설-지역언론지원법 왜곡 말라>라는 제 목으로 반박하고 있고요, "고사 위기에 직면한 지역신문들을 법제 화를 통해 지원하자는 취지를 담고 있다. '지원 대상 신문이 상당 수 호남지역신문'이라는 것은 그들의 근거 없는 편견이라면서, 전 국의 지역 일간신문은 모두 62종이며 이 중 호남지역 일간지는 17 종이다. 그런데도 특정지역을 들먹이는 지역갈등을 조장하는 것"이라는 주장을 하고 있습니다.

전남일보도 21일자 <사설 – '지역신문법' 회기 내 통과돼야>라는 제목으로 이번에 꼭 통과시켜야 함을 강조하고 있습니다.

광주타임스(21일자)와 전남매일(21일자)에서도 전국지방신문협의회의 성명서를 중심으로 "지방언론 무마책 아니다."라는 제목으로, 동아일보의 왜곡보도를 반박하고 있습니다.

저도 전국지방신문협의회의 주장에 일부 의견을 같이하는데요.

동아일보에서, 지원대상의 상당수가 호남지역신문으로 알려져 있다고 했는데요, 이 법안을 아무리 뒤져 봐도 호남지역신문에 유리한 조항은 없거든요.

또, 우선 지원 대상 기준인 편집규약 시행을 정부가 해당 지역언론의 편집권에 간여하려는 의도로 몰고 가는 것은 좀 문제가 있다고 생각합니다.

## 6. 이 밖에 어떤 소식이 있습니까?

☞ 언론개혁에 대한 강연회 소식을 전해 드리려고 합니다.

한겨레 기획위원인 홍세화 선생을 초청해서, 광주전남 민언련에서는 오늘 오후 6시 30분부터 후원회 행사와 함께 강연회를 가질 예정인데요. 장소는 광주YMCA이고요. 강의주제는 언론개혁과 교육개혁입니다. 관심 있는 일반 시민이나 학생들이 참여할 수 있습니다.

(2003 – 10 – 24 방송)

# 제10절 후보만 따라다녀, 시민의 관심사는 놓쳤다

## 1. 지난 한 주간 지역언론에서 주요하게 다뤘던 사안이라면, 어떤 내용이 있습니까?

☞ 몇 가지로 요약할 수 있는데요.

첫째, 총선시민연대가 최근 현역의원을 대상으로 66명의 1차 낙천리스트를 발표하고, 지난 10일 2차 공천반대자 43명을 추가 선정 발표했는데요. 이와 관련된 보도가 많습니다.

공천반대자 가운데 광주·전남지역인사로는 김대웅 전 대검중수부장과 임래규 전 산자부 차관, 오길록 민주당 해양수산특위부위원장, 이윤석 전 전남도의회 의장, 주승용 전 여수시장, 국창근·신순범 전 의원, 그리고 김옥두 의원 등 모두 8명이 포함되어 있다는 보도입니다.

둘째, '광주·전남지역혁신협의회'가 구성되고 본격적인 활동에 돌입했다는 보도입니다.

광주·전남지역혁신협의회는 지난 12일 무등산관광호텔에서 공동대표, 시장·군수 등 150여 명이 참석한 가운데 창립대회를 열고, 공동대표 의장, 운영·분과위원회별 위원장 및 간사를 각각 선임했다는 보도입니다.

참여정부의 핵심과제인 자립형 지방화를 앞당기고 지역발전의 구심 역을 맡게 될 예정이라고 합니다.

셋째, 조류독감과 관련된 보도가 있습니다.

조류독감(가금 인플루엔자) 파장이 장기화되면서 닭과 오리의 소비가 급감, 전남도 내 사육농가들이 파산에 직면하는 등 축산업 기반붕괴 위기가 고조되고 있고요.

더욱이 전 세계의 조류독감 확산과 광우병 파동 등으로 가뜩이나 위축된 육류 소비가 살아날 기미를 보이지 않고 있다는 보도입니다

### 2. 2차 낙선 대상자 발표에 대한 언론 보도는 어떻습니까?

☞ 우리 지역신문들은 1차 발표 때에는, 총선연대의 정파성과 낙천대상 선정기준, 적법성 등을 시비 삼았고, 또 일부 신문은 '정권의 들러리', '불공정행위' 등이라고 보도하기도 했습니다.

예를 들면 광주일보 6일자, <낙천, 낙선운동 위법성 논란 재연>이라는 제목입니다.

그런데 이번 2차 발표 때에도 이와 함께 낙선운동에 대한 효과를 지적하는 보도부터, 여전히 형평성의 문제를 제기하고 있습니다.

전남일보, 11일자, <총선 정국 파장 속 효과는 미지수>, 광주타임스, 11일자, <낙천대상 총선후보 '발끈'>이라는 제목에서, 낙천대상자의 말을 인용해서, "형평성이 없다."라고 보도하고 있습니다.

광주매일, 11일자, 3면 <"낙천기준 형평성 없다.">라는 기사에서, 광주전남 출마예상자들이 강력반발하고 있다는 보도를 하고 있습니다.

그리고 사설을 보면, 호남매일, 6일자, <사설 – 시민단체 공천반대 '잣대' 신중히>라는 제목에서, "시민단체의 입장표명은 우리 사회의 다원화를 상징하는 것이다."고 하면서, "단체의 성격 따라, 그 단체가 존재하는 지역 따라 그 명단이 다르게 나온다면 유권자에게 정보를 제공하는 효과보다는 전체를 불신하게 되는 일이 되지 않을까 우려된다."고 보도했습니다.

광주매일, 6일자, <사설 – 공천반대자 명단 발표의 파장>이라는

제목에서, "가장 숫자가 많은 야권에서는 자의적 명단 발표라며 수용 불가 입장을 밝히고 있다."면서, "총선 연대의 선정기준을 놓고 논란이 일고 있다."고 밝히고 있습니다.

그래서 시민단체의 낙천·낙선명단을 만든 기준의 공정성이나 형평성에 대한 문제를 좀 회의적으로 받아들이고 있습니다.

차제에 언론에서 시민단체의 낙천낙선 명단의 공정성이나 형평성에 대해서, 검증해야 할 것이라고 생각합니다.

### 3. 지역혁신 협의체 구성과 관련한 보도 태도는 어떻습니까?

☞ '광주·전남지역혁신협의회'가 광주시와 전남도, 의회, 시민단체, 대학, 경제계, 언론계, 광주·전남 발전연구원 등이 중심이 돼서, 출범을 했고요. 지역 내 발전계획과 경제 활성화 대책, 인재육성, 기반시설 확충 문제 등에 대해 협의하게 됩니다.

특히, 협의회의 구성멤버에서는 언론계 몫으로 공동대표에 선임된 언론사 대표나 신문사 직원을 운영위원과 분과위원에 모두 추천하기도 했습니다.

그런데 보도 태도는 어제와 오늘자에서, 둘로 갈라지는 것을 볼 수 있습니다. 하나는 긍정적인 역할을 기대하며, 내실 있는 운영을 지적하고 있고요. 다른 하나는, 부정적이거나 방관자적인 태도를 볼 수 있습니다.

전남일보, 12일자, <'시도 지역혁신협' 오늘 출범>이라는 기사에서, "지방화실현의 구심적 역할을 하게 되리라"는 시도관계자의 말을 인용하여 보도하고 있습니다.

광주일보, 오늘자, <사설 - 지역혁신協 내실 있는 운영을>에서는, "참여정부의 국가균형발전 계획을 효율적으로 추진하기 위해 설치한 지역혁신협의회는 그 지역의 현안을 민·관 합동으로 논의한다는 점에서 의미가 크다."라고 평가하고 있습니다.

광주매일은, 오늘자, <광주·전남지역혁신협 출범 본격 활동>이라는 제목에서, 자립형 지방화를 앞당기고 지역발전의 구심 역할을 맡게 될 기구 출범을 보도하고 있습니다.

그렇지만 전남매일, 광주타임스, 호남신문을 비롯한 일부 신문은 전혀 다른 시각으로, 자기 사람심기다. 인적 구성에 비난이 일고 있다. 인적 구성이 '나눠 먹기식'으로 짜여 있다는 의혹까지 사고 있다는 내용으로, 매우 비판적인 기사를 싣고 있습니다.

예를 들면, 전남매일, 12일자, <'지역혁신협', 출발부터 '삐걱'>이라는 기사에서, 편향된 조직구성으로 출발부터 잡음이 일고 있다고 보도하고요. 또, 전남매일은 오늘(13일)자, <'자기 사람 심기' 비난 확산>이라는 제목에서, "국가균형발전과 지역 특화개발의 효율성 제고를 위해 설립된 광주·전남지역혁신협의회가 출범 초기부터 편중인사 시비에 휘말리고 있다."고 보도하고 있습니다.

광주타임스 오늘자, <지역혁신 협의회 반쪽 출범>이라는 기사에서, "편중된 위원회 구성 등으로 대표성을 상실하는 등 '절름발이 출범'이란 지적을 받고 있다."고 보도하고 있습니다.

호남신문, 12일자, <지역혁신협 출범 전부터 구설수>라는 제목에서, 편중된 인사와 '자기 사람 심기'에 골몰해서, 대표성이 의문이 된다는 보도를 하고 있습니다.

그래서 우리 지역의 일부 신문을 보면, 여기에 포함되고 자사의 구성원이 포함되어 있는가에 따라서 보도 태도가 다르다는 지적도 있는데요.

이렇게 자사의 구성멤버가 '지역협신협의회'에 참여 여부에 따라,

긍정과 부정으로 나눠 기사를 보도하고 있는 것은, 우리 지역신문이 처한, '자사이기주의'의 결과라고 해석할 수 있고요. 독자의 시각이 아닌, 자사의 입맛에 따라 보도하는 것은 문제가 있다고 생각합니다.

### 4. 선거 관련 보도가 '단순 나열형'이거나, '후보 따라가기식' 보도로 일관하면서 시민들이 관심 갖는 사항은 누락되고 있는데 어떻습니까?

☞ 선거에 있어서 언론이 공정하고 객관적인 보도를 통해서, 중립을 지켜야 합니다. 그런데 그저 '기계적인 중립'의 보도가 나타나고 있습니다.

예를 들면, 전남일보 12일자, '17대 총선 누가 뛰나'라는 기획기사가 있는데요. 강진 완도 지역구를 소개하면서, <'무주공산' 정치신인 각축장>이라는 제목이랄지, 또, 전남매일 9일자, <'배신론', '개혁론' 유권자 표심 어디로>라는 제목에서, 각 당 경선 방식에 따른 입지자 간 명암이 엇갈릴 듯이라는 부제로, 변수와 판세를 분석하고 있습니다.

또 정당이나 후보자 간에 정책을 비교하면서, 나열하는 수준에 그치는 경우가 많습니다.

예를 들면, 광주타임스, 9일자, '4·15총선현장을 가다'라는 기획기사를 보면, 민주당, 우리당 후보들을 단순 비교하고 있고요.

구체적인 정책내용을 평가하거나 검증하는 내용이 없고, 단순나열만 하는 것은 아쉬운 부분이라고 할 수 있습니다.

좀더, 지역유권자의 의제에 충실한 정책이 제시되는가에 언론의 보도 초점이 맞추어져야 할 것입니다.

## 5. 그렇다면 선거 관련 보도의 바람직한 방향이라면?

☞ 최근 기존 정치권에 대한 유권자들의 불만이 극에 달해 있는데요. 언론에서 정치에 대한 혐오감을 조장하지 않도록 해야 할 것입니다.

또, 정책을 '단순 나열'하는 것을 삼가고, 정책의 논리적 일관성이 있는지, 얼마나 현실적으로 가능한 것인지 등을 검토해야 할 것입니다.

후보자의 출판기념회나 연구소 개소 등 이벤트성 행사를 따라다니는 취재활동은 최소화해야 할 것입니다. 그래서 유권자가 원하고, 민심의 흐름을 정확히 반영하는 보도를 해야 할 것입니다.

언론이 후보자들의 말만 일방적으로 전달할 것이 아니라, 유권자들의 의사도 전달하는 '쌍방향적인 선거보도'가 되어야 할 것입니다.

한편, 언론에서 유권자에 대한 감시와 검증역할도 충실히 해야 할 것입니다.

예를 들면, 후보자의 도덕성, 병역, 세금납부 등 검증 가능한 자료를 유권자들에게 제시해야 할 것이고요. △지역감정 자극, 흑색선전, 반통일석 색깔론 공세를 확산하지 않는 보노, △정치혐오감 확산을 경계하고 유권자 참여를 적극적으로 유도하는 보도 등을 해야 할 것입니다.

## 6. 조류 독감 여파로 지역 농가, 요식업체가 어려움을 격고 있는데요, 이런 부분에 대해 지역언론이 조금 소홀하지 않습니까?

☞ 그렇습니다.

보도를 보면, 익혀 먹으면 안전한데도, 막연한 공포감을 확산시키고, 또 이런 공포감을 질병보다 더 빠르게 확산시키고 있는 것이 문제라고 생각합니다.

제목을 보면, '사람잡는다', '비상이다' '외국의 경우는 몇 명 사망이다'라고 제목에 배치하고 있습니다.

물론 언론에서 전염병예방 차원의 보도는 좋지만, 막연한 공포를 부풀리는 것은 문제가 있다고 생각합니다. 그래서 지금 언론의 보도는 전염병에 대한 언론의 '감시 기능'을 넘어서, '공포감 조성' 그리고 이것이 축산 농가를 어렵게 만들고, 요식업체를 힘들게 만들고 있는 것 같습니다.

예를 들면, 전남매일, 13일자, <조류독감 "사람 잡겠네">라는 제목에서, "지자체가 닭, 오리고기 소비촉진을 위해 안간힘을 쓰고 있다. 그러나 12일 현재 광주지역에서만 150여 개의 오리탕 식당이 이미 휴업이나 폐업을 한 상황이다."고 보도하고 있습니다.

광주일보의 경우 제목만을 보면, <조류독감 소비심리에 더 악영향>(10일자), <조류독감 파동 '오리탕 골목' 발길 뚝>(7일자)으로 보도하고 있고요. 6일자에선, <아 조류독감 사망 17명으로 늘어>, <조류독감 10일 만에 또 발생>, <아 조류독감 사망 17명으로 늘어> 등의 기사제목을 배치하고 있습니다.

앞으로 언론에서, '언론의 예방적 기능'과 함께 조류독감에 대한 '냉철한 분석' 그리고 이성적이고 합리적인 보도를 해야 할 것입니다. 특히 축산농가가 많은 우리 지역의 특성상 좀 더 고민하고 차분하게 문제를 풀어 가는 보도 태도를 기대합니다.

## 7. 지역 무가지 신문 창간 움직임, 지역언론계 변화는 어떻습니까?

☞ 우리 지역에 무가지인, <해피데이>, <광주드림>이 곧 창간

된다는 소식입니다.

광주지역은 현재 무료일간지 2종이 올봄 창간을 앞두고 있는데요. 광주매일은 광주지하철 개통에 맞춰 3월 타블로이드판형의 무료종합일간지 <해피데이>를 창간할 예정이고요. 또, 지역 유통업체 빅마트가 출자한 ㈜전라도닷컴은 지난달 문화관광부에 <광주드림>이란 제호로 무료일간지 등록신청을 했습니다. 현재 인쇄계약 문제로 문화부가 등록을 불허한 상태지만 전라도닷컴은 4월 창간을 목표로 편집국 구성 등 준비 작업을 하고 있습니다.

이런 무가지 창간으로 우리 지역의 언론계에도 많은 변화가 있을 것 같습니다.

무료신문이니까, 부담 없이 그냥 볼 수 있고, 독자들이 확대될 것이라는 긍정적인 역할도 있습니다. 특히 활자매체를 꺼리는 인터넷세대들에게 친근감 있게 다가갈 수 있다는 장점이 있을 겁니다.

그렇지만 무료다 보니까, 독자들보다는 광고주의 영향력에 의해 신문시장이 지배될 것이라는 건데요. 그래서 자본주의적, 상업주의적 속성이 나타나서 '저널리즘'이 '질적'으로 '저하'될 것이라는 우려의 목소리도 있습니다. 또 "무료신문과 유료신문은 대결관계가 아닌 보완관계로 봐야 한다."라는 주장도 있습니다.

기존 신문들의 입장에서는 긴장하는 표정이 역력합니다. 앞으로 우리 지역의 유료신문들도 무료신문의 등장에 위협받지 말고, 그만큼 경쟁력을 높여 가야 할 것입니다.

(2004 – 02 – 13 방송)

# 제11절 여론조사를 빙자한 홍보

## 1. 한 주간 지역언론에서 주로 다뤘던 내용은?

☞ 세 가지로 요약할 수 있는데요.

첫째는, 총선이 다가오면서 총선 관련 기사가 많습니다.

제17대 총선을 90여 일 앞두고, 광주·전남지역 입후보자들에 대한 기사들로 넘쳐나고 있습니다. 그런데 일부 신문에서는 지역정가 내 '편 가르기', 민주당 경선후보 '불협화음' 등 정치기사만 1면에 연일 배치하고 있습니다.

예를 들면, 광주타임스는, 13일자 <민주 총선후보 경선 불협화음>이라는 제목 기사를 비롯해서, 14일자 <광주 전남 현역의원들 낙선낙천운동에 초긴장>, 15일자 <민주 집안싸움 점입가경, 지역당 전락되면 누구 책임>이라는 제목 등 연일 1면에 정치기사를 배치하고 있는 모습을 볼 수 있습니다.

둘째는, 오는 2010년 열리는 아시아 경기대회, 개최도시 의향을 둘러싼 광주시 체육회가 독단적으로 포기결정을 했었는데요. 이와 관련된 보도가 많습니다.

언론은 광주시의 애매한 태도를 문제 삼고 있습니다.

예를 들면, 전남일보, 14일자, 1면에 <시체육회 '독단포기'결정>이라는 제목 기사를 싣고 있고요. 15일자에 <아시아경기대회 유치 포기 전말과 문제점>이라는 해설기사를 싣고 있습니다.

셋째로, 엑스포와 경륜장, 정부합동청사 유치 등 지역현안을 둘러싸고 갈등을 겪어 왔던 광주시와 전남도가 어제(15일) 일괄하여 전격 합의했다는 보도가 많습니다.

박광태 광주시장과 박태영 전남도지사는 15일 오후 광주 한 호텔에서 공동 기자회견을 갖고, 2012년 엑스포는 여수에서 개최하고 농업기반공사는 광주에 유치하도록 하는 등 5개 항의 합의서에 서명했다는 보도입니다.

**2. 오늘 지역언론이 광주시, 전남도가 현안에 전격 합의한 내용을 다루고 있는데요. 시, 도 갈등과 관련해 지금까지의 보도 태도, 문제는 없었습니까?**

☞ 오늘자 대부분의 지역언론이 1면으로 합의내용을 다루고 있는데요.

광주시와 전남도가 2년 넘게 지역현안사업을 놓고 갈등을 빚어왔으나, 박광태 광주시장과 박태영 전남도지사가 어제(15일) 5개 현안에 대해 '공동 합의'하고 기자회견을 통해 이를 발표했습니다.

그런데 그동안 이런 지역 현안사업에 대한 언론의 보도 태도를 살펴보면, 일부 언론에서 지역 갈등을 부추기고, 또 갈등을 오히려 중계하는 듯한 보도 태도를 보이고 있었습니다.

일부 언론은 지방자치단체의 갈등문제를, 해당 지역구 국회의원들의 주도권 다툼으로까지 확대해서, 경기를 관전하는 듯한 제목을 달기도 했습니다. 예를 들면 즉 '제2라운드', '주도권'이라는 용어를 제목에 배치했고요. 지역구 의원이 국회 예결위원회 배정 여부에 따라 주도권이 달라질 수 있음을 보도하기도 했습니다(전남일보, 11월 18일자 3면 참조).

이것은 언론이 지역현안에 대한 갈등을 '조정'하기보다는, 오히려 갈등을 '확대'하고, '재생산'하는 보도를 했다는 비난을 면하기 힘든 부분입니다.

또, 양 시도의 견해 차이를 좁히려는, 대안 중의 하나가 노무현 대통령이 제시한 '협의체 구성을 통한 빅딜'로, 지역현안사업의 빅딜(안)(11월 7일)이었는데요. 이후 지역언론은 이 대안의 검토 없이, 양쪽의 주장을 흑백논리로만 접근하여 신문 제목에 배치하고 있습니다.

예를 들면, '예스(Yes)'와 '노(No)'만을 부각해서 전남매일이 <경륜장·정부합동청사·엑스포 등 지역 현안 '빅딜'은 없다>라는 제목을 배치한 것을 비롯하여, <박 시장 "시도 현안 빅딜", 박 지사 "그럴 사안 아니다.">(광주타임스), <"시도 현안 빅딜 사안 아니다.">(무등일보), <광주전남 현안 빅딜 딴 목소리>(광주일보) 등과 같이 전남도와 광주시 양측의 대립의견만을 부각시켰던 적이 있습니다(지난해 11월 18일자).

지역현안의 해결과정에는 언론의 역할이 중요하다고 봅니다.

지방자치단체가 서로 상생하도록, 공론의 장을 마련하는 데 언론이 주도적인 역할을 해야 하고요. 언론에서 양 시·도의 갈등문제를 차분하게 분석하려는 노력과 적절한 대안이 부족했음을 지적합니다.

### 3. 총선 관련 보도도 많은데, 문제는 없습니까?

☞ 총선 관련 보도가 많은데요.

사실보도, 여론조사, 인용보도, 인터뷰 등의 기사에서 특정 후보를 '키워 주기식' 보도를 하고 있고요. 또 어떤 내용을 인용 보도할 때도 '감정과 편견이 개입'된 수식어를 사용하는 경우가 있습니다.

예를 들면, 광주타임스 9일자 1면에 <호남중진 물갈이 논쟁 속 정치신인 4인방 "우리는 텃밭 대신 서울로 간다.">라는 제목과 <지역 3선보다, 수도권 초선이 낫다>라는 부제를 붙여서, 일부지역 입지자를 소개하고 있습니다. 그래서 최 모, 조 모 씨 등 정치 신인 4명의 출신지역과 수도권 출마예정 지역을 나열하고 있는데 요. 이들을 '정치 4인방', '지역 3선보다 낫다' 등으로 표현해서, 정 치신인을 '지역구 3선' 이상으로 평가하고 있습니다.

또, 특정 입지자들의 출판회 소식이나 각종 연구소 개소 소식을, 필요 이상으로 지면을 할애하여, 뉴스밸류를 높이 평가하는 경우도 있습니다.

예를 들면, 광주매일 14일자 3면에 <정치신인들 출판기념회 잇 따라 개최>라는 제목으로, 입지자들의 소식을 배치하고 있습니다.

한편, 선거에 대비한 각종 연구소, 포럼, 동호회, 동창회 등이 우 후죽순처럼 생겨나고 있다고 지적한 신문도 있습니다.

전남매일, 15일자, <총선용 각종 단체 '우후죽순' 연구소 포럼… 125개>라는 제목을 실으면서, 선거를 앞두고 급조된 것이 많다는 보도를 하고 있습니다.

이런 지적은 일단 선거의 공정성에 대한 부분을 지적한 것으로 는 긍정적으로 평가받을 수 있지만, 구체적으로 어떤 단체가, 어떻 게 선거에 관여하고 있는지에 대한 심층보도가 부족하고, 시민단체 관계자의 의견으로 지면을 채우고 있습니다.

### 4. 여론조사를 빙자한 홍보도 많고요, 후보나, 정당의 여론조사 관련 보도도 개선점이 많죠?

☞ 그렇습니다.

여론조사는 질문항목의 내용과 배치순서를 어떻게 하느냐에 따라 서, 조사자가 의도하는 특정의 대답을 유도해 낼 수 있거든요. 그리 고 '여론조사'가 아닌 '여론몰이'로 이용되는 경우도 종종 있습니다.

우리 지역신문에서도 이런 내용을 보도하고 있습니다.

전남일보 9일자 1면에 <여론조사 빙자 선거운동 기승>이라는 제목에서, "일부 입지자들이 인지도 제고를 위해 무차별적인 전화, ARS설문조사를 하고 있다."는 보도를 하고 있습니다. 그래서 후보자들이 인지도를 높이려는 수단으로 여론 조사를 하고 있습니다.

인지도, 호감도, 지지도란 용어를 사용하고 있는데요. 사전적인 의미를 보면 인지도란, 어떤 사람을 알아보는 정도를 말하고요. 호감도는 좋게 여기는 정도, 지지도는 찬동하여 원조하는 정도를 말합니다. 분명히 그 내용도 다른데, 아무런 구별 없이 혼용하고 있는 것은 좀 문제가 있다고 생각합니다.

그리고 후보나, 정당의 여론조사 관련 보도가 개선되어야 할 것 같다는 생각이 듭니다. 앞으로 방송은 공정성과 정확성에 상당한 의심이 있는 여론조사결과를 공표하지 말아야 할 것입니다.

조사결과를 보도할 때, 어디서, 몇 명을 대상으로, 언제, 실시했는지, 오차범위는 어느 정도인지, 불명확한 경우가 있는데요. 보도에 있어서는 조사기관과 의뢰기관, 조사대상, 조사기간, 조사방법, 오차한계 등을 반드시 명시해야 합니다. 이것은 국회의원 선거방송심의위원회에서 중점심의사항이라고 밝히고 있습니다.

또한 오차범위 내에 있는 여론조사결과를 보도할 때는 오차범위를 전제하지 않은 채, '1, 2, 3위' 등 순위를 표현하는 경우도 있고요. 어느 후보자가 '몇 % 앞서고 있다.'라는 보도를 하고 있는데요. 이런 표현도 사용해서는 안 될 것입니다.

그리고 선거기간 개시일(3월 30일)로부터 선거일의 투표마감 시각(4월 15일 오후 6시)까지는, 정당지지도, 예상당선자 등 여론조사 경위 및 결과의 공표, 인용보도 등도 함께 금지됩니다.

선거방송에서 공정성과 객관성을 유지해서, 선거의 중립성이 훼손되지 않도록 해야 할 것입니다.

**5. 오늘부터 토론, 보도를 제외한 후보자에 대한 광고, 일반 방송 출연 등이 금지되는데요, 방송 제작자들이 문제를 제기하고 있는 부분은 어떻습니까?**

☞ 오늘(16일)부터 총선 후보자(입후보 예정자 포함)의 방송출연이나, 광고방송이 제한됩니다. 또 방송사는 특정 후보자나 정당에게 영향을 미칠 수 있는 특집기획 프로그램을 편성할 수 없습니다.

여기서 '방송출연 제한'이라는 것은 후보자가 직접 출연하는 것뿐만 아니라, 후보자가 쓴 서적이나 출연한 영화 소개와 같이 후보자의 음성·영상 등 실질적인 출연효과를 주는 내용도 포함됩니다. 좀 과도한 제한이라는 생각이 드는데요.

현업에 종사하는 방송제작자(흔히 'PD'라고 부르는데요)들이 문제를 제기하고 있는 상황입니다.

즉 선거방송심의규정(20조와 관련)에 보면, 선거일 90일 전부터 뉴스나 토론회를 제외한 프로그램에서 후보자를 출연시키거나, 음성 영상을 방송할 수 없게 하고 있는데요.

이런 조항으로 방송사들이 문제 발생을 사전 방지한다는 명목 아래, 자체적으로는 더 엄격한 선거방송지침을 만들어서, 현업인들을 위축시키고 있다는 건데요.

이것은 한마디로 '언론자유의 침해'라는 겁니다. 선거방송심의규정의 문제점에 대해서는, '민주언론운동시민연합'을 비롯한 '언론노조', '한국기자협회' 등에서 공동 대처하고 있습니다.

## 6. 이 밖에 어떤 소식이 있습니까?

☞ '지방언론진흥법'과 관련한 소식인데요. 지난 정기국회에서 법안이 통과되지 못했는데요. 2월 임시국회 중에는 충분히 통과될 수 있을 것이라는 소식입니다.

지역언론개혁연대, 한국기자협회, 전국언론노조 등이 공동 제출한 법안에 대해 일부 국회의원의 이견이 있었는데요. 몇 가지 대립의견에 절충이 있었다고 합니다.

지방언론진흥특별법(안)으로 제출된 절충안을 보면,

① '지원' 대신 '진흥', '지역신문' 대신 '지방언론' 용어 채택

② 20조 일간신문과 주간신문 모두 지원대상으로 하되 별도 기준 마련(시행령으로 위임)

③ 9조 기금 관리 운용주체를 문광부 장관이 아닌 문광부로 변경

④ 12조 지방언론진흥위원회 위원은 12명으로, 대통령 6명, 국회 6명 임명 △14조 상근 위원을 둘 수 있도록 변경

⑤ 15조 위원회 의사결정은 과반수 출석, 3분의 2 찬성

⑥ 18조 지원기준을 강화, 광고강매 결격사유 추가 등의 내용을 골자로 하고 있습니다.

아무쪼록 이 법안이 통과되어, 열악한 처지에 놓인 지방언론에 도움이 될 수 있기를 기대합니다.

(2004 - 01 - 16 방송)

## 제12절 쌀 농가 흔들려도, 지역문제 관심 없어

### 1. 지난 한 주간 지역언론에서 중요하게 다뤘던 내용은 어떤 것이 있습니까?

☞ 첫째, 자살 관련 보도입니다.

지난 주 초등학생의 자살 사건을 비롯해서, 지난 28일에는 치매 90대 노인의 자살사건, 29일에는 해남에서는 부부가 숨져졌다는 소식 등, 자살과 생활고 관련 죽음이 잇따르고 있습니다.

우리 지역신문들도 경찰청과 통계청의 자살 관련 통계를 인용하면서, 사건을 보도하고 있습니다.

둘째, 여름방학과 본격적인 바캉스 시즌을 맞아서, 휴가와 관련된 내용을 보도하고 있습니다.

불황 속에 아르바이트 자리 구하기가 어렵다는 보도, 일부 여학생들 사이에서 휴가비용을 마련키 위한 '유흥업소 아르바이트'가 성행하고 있다는 소식 등을 보도하고 있습니다.

셋째, 광산업 위기에 대한 보도가 있습니다. 광주시가 지역특화산업으로 추진해 온 광산업이 위기를 맞고 있다는 보도입니다.

### 2. 의제 설정이 잘되었습니까?

☞ 먼저, 자살 관련 보도와 관련하여, 생활고로 인한 자살이 급

증이 급증하고 있는데요. 자살을 개인이나 가정문제로 다루지 않고, 사회적·국가적인 책임으로 연결하여 다루고 있습니다.

광주타임스, 29일자, 1면에 <'사는 게 전쟁'… 도피성 자살 잇따라>라는 제목에서, 동반자살이 급증하고 있다고 하면서, 사회안전망 구축이 시급하다고 보도하고 있습니다.

광주매일, 30일자 <사설 - 자살증가 방치하나> 등에서, 극심한 경제적 어려움을 겪고 있는 사람들에 대한 생활고 해결에 국가가 나서라고 지적하고 있어요.

그래서 대체적으로 사회적 안전망에 대한 언급은 적절합니다. 다만, 사회안전망이 제대로 가동되지 않고 있는 점이나, 어떻게 하면 자살에 대한 사회적 현상을 극복할 수 있는가에 대한 고민을 더 깊이 담아야 할 것입니다.

둘째, 광산업에 대한 보도와 관련해서는, 광산업체에 대한 대출 만기 유예와 운전자금의 지원이 시급하다는 지적을 하고 있는데요.

돈만 쏟아부으면, 위기를 벗어난 다는 식의 보도 태도에서 벗어나야 할 것입니다. 그래서 광주시의 시정과 연계된 분석이 필요한데요.

광주타임스, <사설 - 광산업, 실질적인 지원책 강구를>(29일)이라는 제목에서, "광산업을 적극 지원해야 하고, (가칭) 광산업 특별지원 조례안이라도 제정해야 한다."고 주장을 하고 있어서, 자금지원의 주장만을 한 다른 신문들과는 다른 차원에서 접근하고 있습니다.

그리고 광산업 위기를 불러온 원인과 대책에 대한 심층 분석이 있어야 할 것입니다.

## 3. 휴가 관련 보도내용은 어떠했는가?

☞ 피서철이 시작되어 지역언론에서는 휴가 관련 보도가 많은데요. 휴가지에서 체크해야 할 유용한 정보, 물놀이 질환 응급처지와 예방법을 제시하고 있습니다. 그런데 휴가정보를 가장해서 특정회사나 업체, 또는 상점이나 음식점을 홍보하고 있다는 문제가 있습니다.

물론 자세한 정보를 독자들에게 제공하는 것과, 특정업체를 홍보하는 것과의 한계가 애매모호하긴 하지만, 최근 지역신문의 보도들은 그 도가 지나치다는 겁니다.

예를 들면, 광주타임스의 경우, <목포 명물 '영란 횟집' – 입안에서 '사르르'>(28일자)라는 제목 기사에서, 민어음식에 대한 자세한 소개와 함께 특정 음식점의 손맛과 민어의 맛을 구구절절 표현하고 있어요.

남도음식을 자랑하고 있다는 점에서 수긍이 가지만, 특정음식점의 약도와 함께, 음식점 간판사진, 음식가격은 물론 예약문의 전화까지 친절(?)하게 표시하는 것은 언론 보도의 한계를 넘은 것 같습니다.

또, 휴가철에 휴대폰이 유용하다면서 휴대폰 관련 기사가 많은데요. 광주타임스, <35만 화소 '캔유폰 거리 시연회' 실시>(29일사)라는 기사는 특정회사의 제품을 언급하면서 '첨단 최신의 기능을 갖춘 핸드폰'을 유난히 강조하고, 더구나 시연회 소식을 싣고 있어요. 그리고 이 기사의 바로 위의 <'네이트 애드모아' 상용서비스 제공>(29일자)도 마찬가지고요.

광주일보도 <고화질 카메라폰 '캔유' 본격 출시>(29일자)라는 제목으로 사진을 싣고 있습니다.

그래서 언론에서는 휴가에 대한 각종 정보의 제공 못지않게, 휴가철에 나타나는 사회적 병폐에 대한 감시역할도 간과해서는 안 될 것입니다.

앞으로, 휴가지에서의 바가지요금이나 건강 유해식품에 대한 부분도 심층보도를 기대합니다.

**4. 정부가 수매제도 폐지 방침을 밝혔습니다. 쌀농가의 근간을 뒤흔들 수 있는 사안인데, 농도 전남이라고 하는 지역에서 지역언론이 조금 소홀하게 다루진 않았는지요?**

☞ 우리 지역신문의 보도 태도를 살펴보면, 농민들이 반발하고 있다는 내용으로 단순보도에 그치고 있습니다.

예를 들면, 전남매일, 30일자, <전남 농민들 "농업말살" 반발>, 광주일보, 29일자, 1면에 <전남 농민 "절대불가"… 반발>, 3면에 <농림부 업무보고> 내용을 싣고 있습니다.

광주매일, 30일자, <공공비축제 도입 농가 반발>, 그리고 무등일보, 30일자, <수매제 폐지 농민 거센 반발> 기사와 함께, <사설 - 농정전환 농민의 신뢰회복부터>라는 제목으로 보도하고 있어요.

이 사설을 보면, "농민들이 반발하는 것은 당연하다. 농업소득의 절반을 넘는 쌀농사에 대한 확실한 소득보전대책 없이 수매제 폐지부터 거론하는 것은 잘못된 발상이다."고 하면서, "농정대전환은 먼저 농민들이 동의와 함께 이뤄져야 하며, 농민들에게 자립의 확신을 주는 정책의 신뢰성 위에서 추진되어야 한다."라고 주장하고 있습니다.

그런데 도대체 공공비축제가 도입이 되면, 농민이 어떤 피해를 얼마만큼 받을 것인지. 그리고 현재 농민들의 실상은 어떤 것이고, 앞으로 공공비축제 실시에 따른 대안이 전혀 제시되어 있지 않습니다. 앞으로 이런 부분에 대한 심층보도를 기대합니다.

## 5. 눈에 띄는 바람직한 방송내용이나 보도가 있었다면?

☞ 방금 농촌에 관련된 말씀을 드렸는데요.

바림직한 보도내용으로 농촌의 어려운 현실을, 작목전환으로 극복하여 성공한 사례를 싣고 있는 보도가 있습니다.

무등일보, 25일자, <땀으로 일군 '부농의 꿈'>이라는 제목의 기사인데요.

이 기사를 보면, 농촌이 어려운 상황에서 면단위 농가들이 멜론을 재배해서 부농의 꿈을 실현해 가고 있다는 보도를 하고 있습니다.

멜론을 일본으로 100만 달러어치 수출했다는 나주 세지농협과 세지면 일대 120여 농가들을 소개하고 있습니다.

이 기사는 고소득의 비결, 농가에 주는 교훈 등을 자세하게 싣고 있고요.

이 멜론은 영산강 유역의 좋은 토질과 기후 등의 조건을 잘 활용했다는 것, 그리고 과학기술 농사와 체계적인 계통출하로 판로를 확보했다는 내용을 싣고 있어서, 어려운 농촌 환경에 새로운 대안을 제시하고 있습니다.

## 6. 각 지역신문의 만평을 보면 각 신문의 사시나 사안에 대한 시각을 볼 수 있는데, 어떤가요?

☞ 신문 만평이 차지하는 비중은 매우 크다고 볼 수 있어요. 독자들의 폭소와 함께 긴 여운을 남기고, 또 매체의 얼굴 역할도 하기 때문인데요.

독자들의 마음을 단 한 컷으로 사로잡기 때문에, 그 내용이 중요합니다. 그런데 만평이 아예 없는 신문도 있습니다.

예를 들면, 전남매일, 광주매일, 호남신문 등은 아예 만평이 없고요. 만평이 있더라도 그 내용을 들여다보면, 여성들을 비하하거나, 지역감정을 부추기는 것도 있고, 침소봉대하는 경우도 있습니다.

예를 들면, 전남일보의 30일자 전일만평과 광주일보의 29일자 광일만평을 보면, 둘 다 똑같이, 방탄국회를 표현하고 있습니다.

그런데 전일만평은 검찰이 "순결을 지킵시다."라는 피켓을 들고 있고요. 방탄국회로 표시된 텐트를 여/야로 표시된 사람이 지나고 있습니다. 방탄국회 개최에 여성의 순결이 왜 나오고 있는지, 여성을 비하하는 내용으로 볼 수 있고요.

광주일보(광일만평)는, 방탄국회를 표시하고 민생을 위해 임시국회를 연다는 국회의 목소리를 풍자하고 있고요. 사람들은 "휴가나 가라"고 야유하는 모습을 볼 수 있습니다.

전일만평, 26일자에는 '침소봉대'하는 내용을 볼 수 있는데요.

'성적 비관 자살 고교생'을 S대 총장이 바라보고 있는 모습이 나타나 있습니다.

또, 무등일보 1면 하단에는 '무등만평'이 있는데요.

28일자에는, 노무현 대통령이 쟁반 위에 '권한'이라는 빵을 놓고 피눈물을 흘리는 모습이 나오면서, "너무 많이 나눠줬나"라는 멘트가 나옵니다.

이것도 참여정부가 표방하는 것이 분권, 참여, 협력인데요. 권력의 분산을 놓고, 빨간 색깔의 피눈물이 떨어지게 하는 것은, '침소봉대'한 면이 있습니다.

사실, 특정한 이슈에 대해 첨예하게 입장이 갈리는 현실에서 시사만화가 혼자서 내용을 잡기가 어려운 경우가 많은데요. 너무 중앙정치를 위주로 하는 만평이 주류를 이루고 있어요.

좀 더 다양한 주제와 시각들을 다루고, 우리 지역에 맞는 만평들이 나왔으면 좋겠습니다.

## 7. 이 밖에 소식이나 지역언론계 동향이라면?

☞ 먼저, 공중파 방송 3사의 보도프로그램들(KBS 뉴스9, MBC 뉴스데스크, SBS 8시뉴스)이 사회소수자에 대해 무관심한 것으로 드러났습니다.

우리 민언련에서 2003년 6월 1일에서 7월 10일까지, 40일 동안의 방송 3사 메인뉴스에 대한 모니터를 실시했었는데요. 방송 3사 모두 사회소수자 관련 보도가 지극히 적었습니다.

방송 3사 총 보도량은 3,192건이었는데요. 사회소수자 관련 꼭지는 총 13건(단신 2건 제외)으로 0.4%에 불과했습니다.

특히, 이와 같은 결과는 공영과 사영에서 별 차이가 없었는데, SBS 0.38%(4/1041), KBS와 MBC가 각각 0.44%(5/1134), 0.39%(4/1017)인 것으로 나타났다고 분석되었습니다.

그래서 사회소수자의 범주는 '장애인', '성적 소수자', '외국인노동자'와 기타로 '소수인종'에 대한 보도를 늘릴 필요가 있습니다.

'공영방송'인 KBS와 MBC조차도 '소수자'들에 대한 무관심을 드러내고 있어 문제가 더욱 심각한데요. 앞으로 방송사에서는 '사회적 소수자'에 대해 관심을 기울여 줄 것을 촉구합니다.

다른 소식은, 한 주간 교육신문사가 주최한 초등학생 미술대회가 문제가 되고 있다는 소식입니다.

광주시에 있는 한 교육신문(주간)은 지난 4월 25일부터 한 달간 광주와 전남·북, 그리고 제주지역의 초등학생 7천6백여 명이 참가한 가운데 '삼남학생미술실기대회'를 열고 수상자를 선정했습니다.

그런데 문제는 이 미술대회의 후원과 관련해 과장하고 있는 부분입니다.

광주·전남북·제주도 교육청을 비롯해 광주·전주·제주교육대학교와 광주광역시의회·전남도의회가 후원을 한 것으로 돼 있습니다.

그런데 이 같은 후원은 사실이 아니었고요. 언론의 힘으로 기관을 끼워 넣기 해서, '수익사업'을 벌렸다는 비난을 받고 있습니다.

즉, 교육청부터 일선 학교장, 그리고 일부 교사들에 이르기까지 교육책임자들의 묵인과 지원하에 언론사의 수익사업 통로가 되었다는 겁니다. 언론의 힘을 이용해서, 수익사업을 하고, 아이들의 마음을 멍들게 해서는 안 될 것입니다.

(2003 – 07 – 31 방송)

## 제13절 우리는 사장님 편일 뿐이고

**1. 한 주간 지역언론에서 중요하게 다뤘던 사안이라면, 어떤 것이 있습니까?**

☞ 첫째는 '무인가 복지시설'의 회장이 수년 동안 원생들의 생계비와 임금 등을 착복했다는 보도가 많습니다. 광주시 송하동 G갱생원 회장 장 모(46) 씨가 원생들에게 매달 지급되는 생계비를 유용하고 '인권'을 유린해서 인권사각지대, '관리사각지대'였다는 보도와 함께 관할 행정기관의 관리 소홀문제도 지적하고 있습니다.

둘째, 교사 임용고시 준비생이라고 밝힌 한 네티즌의 글이 광주시교육청 홈페이지에 올라와서 문제가 되었는데요. 교육청 직원 2명이 포함된 브로커들이 교사 채용을 미끼로 8천만 원을 요구했다고 주장합니다.

교육부 감사와 검찰 수사를 촉구하는 네티즌들의 글이 잇따르고 있다는 보도가 주류를 이루지만, 언론이 이러한 비리를 수집하고 보도하는 사례는 별로 없습니다.

셋째, 나주시가 제정한 '학교급식비 지원조례안'을 전남도가 '재의요구'한 것과 관련한 보도가 많습니다.

## 2. 중앙언론, 지역언론 할 것 없이 노동자들의 임금 인상 요구를 고액 연봉자 사례를 들며 보도하고 있죠?

☞ 네, '고액연봉자', '귀족노동자' 등의 용어를 써 가면서 보도하고 있는데요. 노동자에 대한 기본개념마저 망각한 보도라고 봅니다.

광주타임스, 12일자, <사설 – 연봉 1억 받고도 파업을 하겠다니…>라는 제목에서, "기아계열사인 현대자동차의 임금수준은 연봉평균 6천만 원에 육박하고 있고, 칼텍스 정유는 전국 최고의 수준이라는 자료가 나와 있다. 특히 이 정유사의 고졸 생산직 가운데 연봉 1억 원 이상이 3명, 9천만 원 넘는 자가 20명에 달한다고 한다."라고 하면서, 연봉 6천만 원이면 한국사회에서 최상의 수준이라고 주장하고 있습니다.

노동자는 원래 임금을 목적으로 근로를 제공하는 사람이고요. 또 이들 노동자들은 임금이나 근로시간 등 근로조건의 향상을 위해 노동운동을 하는 것은 당연합니다.

그런데 일부 언론에서 '귀족 노동자'들의 노동운동 때문에 다른 노동자들이 피해를 입고 있다는 식의 보도 형태를 취하고 있는데요. 이것은 언론의 보도시각이 잘못된 것이라고 생각합니다.

임금교섭의 대상은 '사용자'가 되어야 합니다. 그런데 자꾸 자신보다 못한 노동자들을 봐라, 그들도 많이 있는데, '왜 너희들은 자꾸만 올려 달라고 하느냐'식의 보도는 잘못되어 있습니다.

언론에서 마치 경영자의 의도를 반영하는 듯한 보도는 신중해야 하며, 고액 연봉자에 대한 깊이 있는 분석이 필요하다고 봅니다.

### 3. 중증 질환 형집행정지 출소자에 대한 인권 유린 관련 보도 태도는 어떻습니까?

☞ 우리 지역의 대부분의 신문에서 이를 보도하고 있는데요.

광주의 한 복지시설에서 원생들의 생계비를 갈취하고, 또 수익금을 착복해서 인권유린행위가 벌어져서 복지시설들의 인권사각지대로 방치돼 있다는 보도를 하고 있습니다.

또, 우리 지역신문에서는, 관계 당국의 감독책임에 집중해서 보도하는 논조를 보이고 있습니다.

예를 들면,

① 광주일보 13일자, <사설 – 복지시설 비리, 당국은 뭘 했나>라는 제목에서, "이 복지시설에서만 불법행위와 인권유린이 있었다고 볼 수 없다. 잊힐 만하면 복지시설의 비리가 터졌던 점에서도 더욱 그렇다. 당국은 이번 기회에 각종 복지시설의 철저한 실태파악과 아울러 지속적인 관리·감독으로 다시는 이 같은 일이 재발되지 않도록 해야 할 것이다."라고 하고 있어요.

② 전남일보 14일자, <사설 – 인권 死角지대 누구 책임인가>라는 제목에서, "죄를 지어 수감된 재소자의 인권도 소중하고, 더욱이 병을 앓아 형집행정지로 풀려난 사람들은 우리 사회가 보살펴

야 할 의무가 있다.”는 보도이고요.

③ 무등일보 11일자, <사설 – 복지시설 빗장 풀어야 한다>라는 제목에서, “복지시설의 비리와 인권유린행위는 잊을 만하면 터져 나왔다는 점에서 관계당국의 철저한 실태 파악과 관리감독이 요구된다 하겠다.”라고 보도했습니다.

이렇게 대부분 관계 당국의 관리책임을 지적하고 있습니다.

‘무인가 복지시설’에 수용되어 있는 원생들의 불법행위의 형태와 현상에 대한 보도는 미흡한 것 같습니다. 앞으로 교도소 등과 관련된 연결고리에 대해서도 언론에서 후속보도를 해야 할 것입니다.

### 4. 신안군 공직협이 제기한 1차 소송에서 승소했는데요. 2차 소송도 준비하고 있다죠?

☞ 광주지법목포지원은 지난 5일과 6일 전남 신안군청의 두 공무원들이 광주타임스와 이 신문사 신안 주재기자를 상대로 한 명예훼손에 따른 손해배상 청구소송에서 공무원의 손을 들어 주었습니다.

그래서 “해당 신문사와 기자는 원고 측에 각각 1천만 원을 배상하라”고 했는데요.

이걸 좀 구체적으로 살펴보면, 지난해 9월 신안군청 박창훈(46) 문화관광과장과 황재훈(37) 공무원노조 신안군지부장이 언론사를 상대로 소송을 제기했는데요.

이것은 개인적 술자리과정에서 다툼을 빚은 것에 대해서, ‘공직기강 해이, 두 공직자 도덕성 문제’ 등을 거론하는 비난기사를 실었기 때문입니다.

기사가 나간 이후에 광주타임스 측에 ‘해당 기자 제명’과 정정보도를 요청했는데, 신문사 측이 이를 거절해서, 소송까지 번졌다고 합니다.

또, 이와 별도로 신문사 측과 양측에는 또 하나의 소송이 진행 중입니다.

지난해 11월, 광주타임스가 보도한 내용을 문제 삼고 있습니다.

즉 신안군 임자면 대광리관광단지 조성사업과정에 대한 특혜의혹을 제기하는 기사를 모두 7차례에 걸쳐 내보냈는데요.

공무원 측에서는 이것도 "사실과 다른 악의적 보도로 인해 명예훼손을 당했다."며 광주타임스 측 해당 기자를 상대로 소송제기 중이고요. 해당 기자도 '업무방해'를 이유로 역시 소송을 제기해서 맞서고 있는 상태입니다.

판단은 법원에서 하겠지만, 언론의 왜곡보도나 부풀리기, 선정적인 보도 등은 우리 민언련에서도 꾸준히 지적해 온 것입니다.

기사를 작성할 때는 사실 확인 절차를 거쳐야 하고요. 허위사실에 선정적인 제목까지를 붙여서 보도하는 것은 문제가 있을 수 있습니다.

다만, 언론의 주요기능이 권력집단에 대한 감시와 비판기능이라고 볼 수 있는데요. 이런 다툼으로 인해서, 언론의 비판기능이나 감시기능이 위축되지 않았으면 좋겠습니다.

그리고 소송으로만 모든 것을 해결하기보다는 언론중재기능도 활성화되면 좋겠다는 생각이 듭니다.

### 5. 노 대통령이 신문사를 상대로 소송을 제기했지요?

☞ 네, 노무현 대통령이 현직 대통령으로는 처음으로 언론사 등을 상대로 민사소송을 제기했습니다.

노무현 대통령은 어제(13일) 형 건형 씨의 부동산 투기 매매 의혹 등과 관련해서, "사실 확인도 없이 추측성 기사로 의혹을 제기해 명예를 훼손했다."면서, 김문수 한나라당 의원과 조선일보사 등 4개 언론사를 상대로 30억 원의 손해배상소송을 서울지법에 냈습니다(손해배상 요구액은 김 의원에게 10억 원, 조선일보와 중앙일보, 동아일보, 한국일보에 각각 5억 원씩임).

그런데 법적인 하자는 없지만, '언론의 자유'라는 측면에서 신중해야 한다는 지적도 있습니다.

또 소송을 거치기 전에, 언론중재위원회에서 타협이나 조정, 중재 등을 거쳤다면, 훨씬 좋았겠지 않았나 하는 지적도 있어요.

반론이나 정정 청구 등 제도적으로 보장된 장치가 있으니깐, 이걸 활용하려는 노력 없이, 곧바로 감정적으로 대응하는 것은 '언론개혁'이라는 큰 뜻을 왜곡시킬 수 있다는 우려도 있다고 봅니다.

## 6. 이 밖에 지역언론계 소식이라면?

☞ 호남신문은 지난 6일자 1면에 8월 5일자로 호남신문의 9대 사장에 중견언론인 김병규 씨(60)가 취임했다는 사고(社告)를 냈는데요.

"전남 보성군 출신의 김 신임사장은 1970년 한국일보사를 통해 언론계에 발을 들여놓은 뒤 호남취재본부장을 역임하는 등 30년 언론경력을 가진 정통언론인 출신이다."라는 사고가 실려져 있습니다.

그런데 4면 '발행크레디트'엔 '사장·발행·편집인'으로 여전히 정두채 전임 사장의 이름이 실려 있습니다.

신임사장의 취임을 공식 천명했음에도 전임사장의 이름이 발행크레디트에 실리는 것은 문제가 있다고 생각합니다.

(2003 – 08 – 14 방송)

# 제14절 태풍과 낙과 피해, 원인과 대책을 찾아라

## 1. 이번 주 지역언론에서 주로 다뤘던 보도라면?

☞ 첫째, 태풍 관련 보도가 많습니다.

태풍 '매미'로 많은 피해를 받은 상황들을 보도하고 있고요. 복구에 안간힘을 쏟고 있는 상황을 전하고 있습니다. 민·관·군의 지원 등은 피해민들에게 다시 일어설 수 있는 삶의 용기를 주고 있다는 보도입니다.

둘째, 세계무역기구(WTO) 5차 각료회의가 열리고 있는 멕시코 칸쿤에서 농업시장 개방에 반대하며 자살한 이경해 씨의 죽음에 대한 보도를 하고 있고요. 전남 곳곳에서 이경해 씨 추모집회가 열리고, 故 이경해 씨 시신이 도착했다는 소식을 보도하고 있습니다.

셋째, 노무현 대통령이 어제(17일) 광주·전남지역언론인과 대화를 가졌다는 소식을 보도하고 있습니다. 민주당 신당, 이라크파병, 농업개방문제 등 국정현안과 광주문화수도, 광양항 개발, 지방대학 육성, 시·도 통합, 지역균형발전 등을 중심으로 소견을 밝혔다는 내용인데요.

광주·전남지역 문제에 대해 통치권자의 견해와 포부를 직접 확인할 수 있었다는 데 의미를 두고 있는 보도가 많습니다.

## 2. 의제 설정이 제대로 되었습니까?

☞ 이경해 씨의 자결 소식을 살펴보겠습니다.

전남 곳곳 이경해 씨 추모집회나, 故 이경해 씨 시신이 도착했다는 소식을 싣고 있지만, 상대적으로 우리 농업의 희생과 농촌의 피폐에 대한 상황을 부각하는 데에는 미흡했다는 느낌이 듭니다.

특히 이경해 씨가 목숨까지 던지며 세계 여론에 호소했던 배경에 대한 소식도 미흡합니다. 개방에 대한 근본대책을 이번 기회에 심도 있게 다루는 내용이 있어야 할 것입니다.

농업개방에 대한 대책을 제시한 신문도 있었습니다.

전남일보, 16일자, <사설 – 발등이 불 '농업개방' 대책 세워야>라는 제목에서, "정부는 거시적인 국익차원에서 조금이라도 유리하게 대외협상력을 발휘하면서 우리 농업에 대한 기반을 보전하기 위해 대내적인 농정을 쇄신하라."고 주장하고 있습니다.

광주일보, <사설 – 개방시대 농정틀 절실하다>에서, "우리 농민들은 칸쿤에 이어 태풍과 흉년의 3중고에 시달리고 있다."며, "우리는 시장 개방의 냉엄한 현실을 인식, 농민 피해는 최소화해야 한다."라고 하고 있습니다.

그런데 농업개방시대에 대한 구체적인 대안제시가 부족해서, 약간 피상적이지 않느냐 하는 생각이 듭니다. 전남이 농도(農道)이고, 고령화 비율이 높다는 점에서, 사회복지적인 차원에 대한 접근이 부족한 것 같은데요. 사회복지적인 측면의 보도가 있어야 할 것입니다.

**3. 태풍 피해나 낙과 피해 등에 대해 지역언론이 피해사실 보고에 그칠 것이 아니라, 원인과 대책 등을 면밀히 보도해야 할 것 같은데요?**

☞ 그렇습니다.

태풍이 지난 후, 거의 피해 상황을 전달하는 보도들이 많았습니다.

'벼가 물에 잠겼다', '과일이 낙과했다', '담장이 무너졌다', '정전이 됐다', '배가 파손됐다', '도로유실', '산사태'… 등의 보도들이 주류를 이루고 있습니다.

호남신문, 15일자 <태풍에 멍든 남도(南道)…그래도 희망만은>
이라는 제목에서, 커다란 컬러 사진으로 신문을 장식하고 있습니다.

예를 들면, 광주타임스, 15일자, <태풍 매미 전남 동부 강타 14
명 사상·177억 피해>(1면), <태풍피해 주민 '망연자실'>(15면),
16일자, <낙과피해·가격폭락, 농민 울리는 '매미'>, <민·관·
군 재해극복 '구슬땀'>, 17일자 <"태풍 피해보상 현실성 없다.">
라고 보도하고 있고요.

광주매일, 15일자 1면 <태풍 115명 사망·실종 …복구 총력>
에서, 전남 11명 사망, 침수 등 재산피해가 막대하다는 내용의 기
사를 싣고 있고, 여러 면에 걸친 태풍 관련 기사를 싣고 있습니다.

그런데 피해 원인과 대책에 대한 보도는 부족합니다.

언론의 기능은 자연재해가 발생하거나 발생할 우려가 있는 경우
에는 그 발생을 예방하거나 그 피해를 줄일 수 있는 역할이 중요하
다고 생각이 되는데요.

그래서 발생한 피해 상황을 보도하는 것보다 앞으로 생길 수도
있는 다른 피해를 예방하는 데 지면을 많이 할애해야 할 것입니다.

추석연휴라는 취재의 공백기가 있었지만, 재해에 대한 상황보다
는 미리 예방하지 못해서 피해를 키운 부분이나, 앞으로의 재난에
대한 대비책에 대해 보다 상세한 보도가 있어야 할 것입니다.

## 4. 민주당 신당 관련 보도는 어떻습니까?

☞ 추석을 전후로 민주당 신당 관련 얘기가 많이 나왔는데요. 우
리 지역신문들은 추석 민심 여론에 대해서, 너무 획일적으로 재단
하고 있는 것 같습니다.

예를 들면,

광주타임스, 15일자, <"신당, 명분도 실리도 없다.">라는 제목을 뽑고, 추석민심을 접한 몇 명의 국회의원들의 말을 인용하며, 지역민의 의견인 양 보도하고 있습니다.

광주일보, 16일자, <지역감정 악화 신당은 실패할 것>라는 기사에서, 이 지역 한 국회의원의 주장이, 마치 전체 주민의 민심인 양 주장하고 있습니다. 즉, "추석 때 고향에서 만나본 사람 99.9%가 신당 반대를 이야기하고 있었다."면서, 신당추진을 이 지역의 모든 주민이 반대한 것인 양 보도하고 있습니다.

언론기관에서 정확한 여론 조사를 통해서, 객관적인 데이터를 제시하고 신뢰성 있는 보도를 해야 할 것입니다.

### 5. 대통령 지역언론과의 대화에서 지역언론 육성과 관련해 원칙적 입장을 밝혔는데요, 어떻습니까?

☞ 지역언론의 육성에 대해서는 원칙적인 발언을 했는데요. "지방언론은 전 세계에서 일본하고 우리 한국만, 한두 개의 중앙언론이 전국을 석권하고 있다."며 "그런데 진짜 도와드리고 싶은데 방법이 없다. 예를 들면 지원법을 만든다고 하면 중앙언론이 펄쩍 뛰지 않겠나. 그러나 좀 시끄럽게 넘어가더라도 지방언론 중에 어느 언론을 지원해야 하느냐는 문제에 봉착하게 된다. 좋은 방안들을 한번 연구해 주라"고 제안했습니다.

노무현 대통령의 지역언론 관련 발언을 보면, 지역언론에 대해서 몇 가지를 주문하고 있습니다.

① 노 대통령의 언론에 대한 생각을 피력했는데요.

대통령의 표현을 그대로 옮겨 보면, "대통령에 당선될 때까지 무진장 박해를 받았던 인연이 있다. 그래서 감정적으로 대응함 직하다. 그러나 이 문제를 감정적으로 대응해서는 안 된다고 생각하고 또 그렇게 하지 않으려 하고 있다."고 밝히고 있고요.

정부와 언론의 관계에 대해서 "담담하게 갔으면 좋겠다. 그리고 따질 것이 있으면 따져 가면서 서로 견제하는 것이 필요하다."는 생각을 드러내기도 했습니다.

② '호남소외론'과 관련된 부분에 대해서도 확실한 근거를 가지고 하라고 했는데요.

"한국사회가 지역구도로 돼 있는데 이것을 좀 잊어버리고 우리가 소외됐다 이런 얘기들을 정말 확실한 근거가 아니면 안 하는 쪽으로 도와주라"는 언급이 있었습니다.

그리고 "지역언론이 그 지역 발전전망 또 전략 등을 제대로 전달해서 지역발전을 주도해 주셨으면 좋겠다."라고 하면서, 언론의 기능을 다시 한 번 강조하기도 했습니다.

③ 국민 통합적 대안을 언론이 제시해 주길 바라고 있습니다. 즉, 갈등을 증폭시키거나 국민이 분열되는 우려가 없도록 국민 통합적 방향, 대안제시가 이루어졌으면 좋겠다는 당부를 했습니다.

그런데 이런 대통령의 발언 배경에서 우리 지역 일부 언론들의 모습을 살펴볼 수 있는데요.

첫째는 그동안 일부 언론이 사실에 근거하지 않고 '호남소외론'을 부추겼다는데, 이에 대한 발언이라고 볼 수 있는 겁니다. 사실 지난 3월 말과 4월에 이어지는 우리 지역 일부 신문의 호남홀대론 보도는 사실에 근거하지 않고, "지역기준에 편승한 여론몰이"라고 우리 민언련에서 성명을 발표하여, '호남소외' 관련 보도를 비판한 바 있습니다.

둘째는, 언론이 대안을 제시하는 기능이 부족함을 단적으로 드러내는 언론의 모습을 볼 수 있는 거죠.

(2003 - 09 - 18 방송)

## 제15절 지역민의 이해요구, 제대로 반영했나

**1. 연말을 정리하는 기사가 많은데요, 올 한 해 지역언론의 보도를 정리해 주시죠?**

☞ 올 한 해 지역언론은 우리 지역에 기여한 긍정적인 부분도 있지만, 대체로 몇 가지 부분에서는 부풀리기, 왜곡보도, 축소보도로 이어졌습니다.

먼저, 지역언론에서 금년 3월 말과 4월 초부터 제기한 '호남소외론'에 대한 부분을 보면, 지난 4월 무더기로 쏟아졌던 '호남소외론'에 대한 지역언론 보도의 경우에도, '지역갈등의 극복'이라는 측면보다는 '지역감정을 확대하고 심화'시키는 방향으로 보도하고 있었습니다.

광주지역언론과 지역 정치인들이, '호남홀대'에 대한 여론몰이를 했다는 것, '호남소외론'이 과대 포장돼서 지역감정을 부추겼다는 것을 시민단체에서 지적했습니다.

지역언론에서 자의적으로 지역의제를 과잉의제로 설정한 것은 지역감정을 부풀리는 기능을 했다는 비판을 면할 수 없을 것 같습니다.

둘째로, 노사 간의 분규를 보도하는 내용이 많았는데요.

이런 보도에서 주로 사용자의 시각에서 보도하고, 힘이 없는 '노동자 측'을 고려하지 못한 불균형적인 보도가 있었습니다.

특히 8월에 이슈가 되었던 문제는 소위 '귀족노동자' 관련 보도입니다.

특정산업단지 입주업체들의 생산직 노동자의 연평균 임금이, 5,000~6,000만 원에 이른다고 보도를 하고 있고요. 또 일부 언론에서 '귀족 노동자'들의 노동운동 때문에 다른 노동자들이 피해를 입고 있다는 식의 보도 형태를 취하고 있는데요.

이것은 언론의 보도시각이 잘못된 것이라고 생각합니다. 중소영세업체에서 일하고 있는 비정규직 노동자의 아픔을 제대로 이해하지 못한 보도라고 볼 수 있습니다.

세 번째로, 10월에 박광태 시장의 뇌물사건 관련 보도가 문제가 되었습니다.

박광태 광주시장이 '현대비자금' 사건과 관련, 특가법상 뇌물 사건에 대해서, 언론 보도의 보도양상이 단순사실보도, 무보도, 왜곡·축소보도 등으로 이어졌었습니다.

그런데 지역언론들이 이 중요한 문제를 제대로 인식하지 못한 것은 문제라고 생각합니다.

## 2. 한 해 동안 지역언론의 보도 방향, 보도 내용은 지역 의제, 지역민의 이해요구를 잘 반영했다고 보시는지요?

☞ 지역신문들이 지역의 의제를 정확히 설정해서 지역의 여론을 올바로 형성하고, 사회를 통합하는 역할을 해야 하는데, 올 한 해 동안의 지역언론의 보도내용을 살펴보면, 이런 기능이 좀 미흡했다고 봅니다. 특히 사회적인 약자라고 할 수 있는 노동자와 농민, 장애인 등에 대한 보도가 미흡합니다.

어떤 노동자는 자신들의 몸을 불태우면서까지 울부짖고 있는데요. 지역언론에서 노동자들의 참상을 너무 안일하게 보도하거나, 노동쟁의에 대한 강경대응을 부추기기도 하고, 또 적대적이고, 대립적인 논조를 유지하고 있습니다.

심지어 일부 언론은 '노동계 동투(冬鬪, 겨울투쟁)가 시작된다'식의 제목으로 보도를 하고 있습니다. 또 일부 신문은 노동자들의 고통에 무관심해 버리는데요.

혹시 언론이 노동자들을 벼랑 끝으로만 내몰지 않았는지 반성해 봐야 할 것입니다.

농업 관련 기사도 거의 찾아볼 수가 없습니다.

농업이 개방되고, 기상재해로 1980년 이후 최악의 흉년을 맞이했는데, 농민들의 실상을 제대로 알리는 기사가 드물었습니다.

지역신문들이 대도시중심의 보도로 일관하면서, 도농 간의 격차랄지, 지자체와 농업당국이 농촌을 되살려야 된다는 사회적 합의를 도출하는 데 미흡한 점이 많이 있습니다.

그리고 정부합동청사, 2012년 박람회, 경륜장 등 광주와 전남, 전남도 시·군 간 이해관계가 걸린 핵심 현안사안을 둘러싼 보도에서도 언론들이 지역민들의 합의를 도출하거나, 공론의 장을 마련하는 데는 미흡했다고 봅니다.

지역민들 내부갈등만 초래한 경우도 상당히 있었다고 볼 수 있는데요. "… 당분간 시·도 간 대립양상은 지속될 전망이다.", "… 두 기관 간 충돌이 재연될 것이다."라면서, 시·도 간의 갈등양상을 그저 단순히 보도하고 있을 뿐입니다. 이렇게 지역언론이 주요 의제설정을 잘못하고 있고요.

언론이 좀 더 적극적으로 '갈등을 조정'하고, 지역 간에 또는 사회집단 간의 갈등 해결의 방향과 방법을 제시하는 긍정적인 역할을 기대하겠습니다.

## 3. 지역언론사도 사주가 바뀌는 등 많은 변화가 있었죠?

☞ 네, 광주지역신문의 맏형이라고 불리는 광주일보의 사주가 바뀌었고요. 또 무등일보는 2대주주가 바뀌기기도 했습니다.

광주일보 경우는 건설회사를 주축으로 하고 있는 대주그룹에 인수되었는데요. 52년 된 광주일보의 사주가 바뀌어서 허재호 회장(발행인 겸)과 손영호 사장(인쇄인, 편집인 겸)이 취임했습니다.

대주의 광주일보 인수에 대해 '건설회사의 모기업 방패막이' 우려를 제기하고 있는데요. 실제로, 대주건설이 지난 6월 광주 학동 무등산 일대에 '입목도19) 조작의혹'이 불거지고 있고요, 광주일보가 대주그룹에 매각되기 '전'과 '후'에 상반된 보도 태도를 보이기도 했습니다.

무등일보에 새로운 대표이사로 선임된 오종택 씨(41)도 '대산주택개발'이라는 건설회사를 운영하고 있습니다. 무등일보 1대주주인 김정수 회장에 이어, 2대주주로 참여하고 있지만, 건설자본의 영향력 아래 놓이게 되었습니다. 그래서 지역신문사의 대부분이 건설자본을 끼게 되었는데요.

11개나 된 지역 일간신문들이 실제적으로 사주의 영향권에서 벗어나서, 사회적 공기로서의 역할을 얼마나 감당할지는 두고 볼 일입니다.

---

19) 입목도(立木度)는 '단위면적당 나무숫자의 비율'을 의미함.

**4. 지방신문 육성법이 국회에서 표류하고 있는데요. 현재 전망이 어떻습니까?**

☞ 현재 전망은 법안처리가 불투명합니다. 한마디로 금년 처리는 물 건너간 것이 아니냐 하는 생각이 듭니다.

그동안 시민단체를 비롯해서, 7개 단체가 지방 신문사를 살리자는 공동의 목소리를 내며, 법안의 처리를 위해서 노력해 왔는데요. 결국 정치권의 의견차이로 법안이 처리되지 못하고 있습니다.

대부분의 지역신문은 적자경영 상태인데, 이런 지역신문을 살려서, 지역 지역사회의 여론이 충실하게 형성되고, 그로 말미암아서 민주사회를 건설하자는 이유에서 입법을 청원했었는데요.

그런데 입법추진 과정에서 정당의 입장에 따라 약간의 이견이 있는 것으로 알려져 있습니다. 지원 대상에 많은 이견을 보이고 있는데요.

예를 들면, 열린우리당에서는, 지역 주간지까지 포함해서 232개 신문을 지원 대상으로 하고 있는 데 반해, 한나라당 의원들은 "옥석을 가릴 수 없다."고 이의를 제기하고 있는 것으로 알려졌습니다.

**5. 새해 지역언론의 변화는 어떻게 예상하십니까?**

☞ 새해에도 현재와 같은 지역언론의 구도하에서는 긍정적인 변화를 기대하기는 어려울 것 같습니다.

열악한 경영환경 속에서는 제대로 된 지역 의제를 설정하기도 어렵고, 경우에 따라서는 기자들이 사주들의 눈치만 보는 경우가 더욱 심화될 것이고요.

그리고 사주의 입장에서도 더욱 자신의 기업을 확장하기 위해서 언론을 이용하려고 할 것입니다.

한편, 신문사의 경영이 급속도로 악화될 경우에는 우선 기자들의 임금삭감이나 해고를 통해 인건비를 줄일 수도 있겠고요. 또, 현재 일부 신문사에서 벌이고 있는 골프 사업과 같이, 모(母)기업 건설회사의 개발 사업에 기자들을 동원해서 수익사업에 혈안이 될 수도 있습니다.

한편, 내년에는 광주전남 기초단체 82%가 계도지 예산을 없앴습니다(구례, 고흥, 담양, 함평, 장성은 편성). 그래서 지역신문이 판매수입도 줄어들고 있어서, 그만큼 생존경쟁이 가속화될 것입니다.

차별화되지 않고서는 지역신문들은 더욱 지역민들로부터 외면받을 것이고, 또 지역민들 입장에서도 지역민에게 밀착되고 건전한 비판과 올바른 지역의제를 설정해 나가는 언론에 대해서는 애정과 관심을 가져야 할 것입니다.

## 6. 광주·전남 언론학회에서 토론회가 있지요?

☞ 분권과 경쟁의 시대를 맞아 지역발전과 문화 창달을 위해 지역신문들이 해야 할 일은 무엇인가에 대한 토론회가 마련됩니다.

광주·전남 언론학회는 '지역신문의 저널리즘 기능과 역할'을 주제로 한 토론회를 오는 29일 오후 2시 전남대학교 본부 3층 대회의실에서 개최합니다.

지역 발전이라는 맥락에서 지역신문들이 어떤 역할을 해야 하는지 모색해 보는 자리인데요. 관련 학자들과 현직 언론종사자들이 지역신문의 역할, 취재, 편집, 독자참여라는 네 가지 주제를 놓고 심도 있는 토론과 논의를 할 예정입니다.

송정민 학회장이 발제를 맡고 ▲전남대 유종원 교수와 전남일보

이건상 기자가 지방 신문의 역할기능에 대해 ▲광주대 류한호 교수
와 광주일보 김희양 기자가 편집방향에 대해 ▲조선대 이동근 교수
와 김기태 광주전남기자협회장이 취재 관행에 대해 ▲조선대 박선
희 교수와 박동명 광주민주언론시민운동연합 의장이 독자 참여분
야에 대해 각각 지정토론을 벌입니다.

(2003 - 12 - 26 방송)

## 제16절 호남고속철, 감정에 호소한다

### 1. 이번 주 지역언론에서 주로 다뤘던 사안이라면 어떤 것이 있습니까?

☞ 먼저, 방사성 폐기물관리시설(핵폐기장) 유치와 관련한 보도
가 있는데요.

이것은 신청 기한이 이제 5일 앞으로 다가왔습니다. 우리 지역신
문에서는 다른 지역의 유치 상황을 비교해 보도하면서, 빠른 결정
을 유도하는 보도들이 대부분이었고요.

영광군 공무원직장협의회가 이와 관련한 성명을 발표했었는데요.
방폐물 처분장 설치와 관련한 어떠한 논의도 중단할 것을 요구하
는 내용이었는데요. 이를 비판하는 신문도 있었습니다.

둘째로, 정부가 호남고속철 건설 계획을 발표하자, 우리 지역언
론에서는 일제히 호남차별이라면서 호남선 고속철도 착공시기를
앞당겨야 한다는 보도를 하고 있습니다. 그런데 일부 신문에서는
너무 정서적이거나 감정에 흐르는 보도도 있었습니다.

셋째로, 학교 이적지 용적률 완화 관련 소식을 보도하고 있어요.

대부분의 언론에서는 광주시와 시의회가 충분한 시민의견을 수렴하는 절차를 거치지 않은 것과 용적률 완화를 반대하고 있어요.

그렇지만 광주타임스만은 용적률 완화를 '찬성'하고 교육청의 입장을 대변하는 듯한 사설을 싣고 있어서 그 배경이 주목되기도 합니다.

넷째로, 우리 지역의 경제가 어려운데요. 대부분의 언론에서 실물경기가 급격히 악화되는 조짐이 있다는 것을 통계로만 제시하고 있고요. 실제로 부딪치는 서민들의 어려움에는 너무 추상적으로 접근하는 태도를 보이고 있습니다.

### 2. 의제 설정, 잘하고 있습니까?

☞ 먼저, 방사성폐기물처리장(이하 핵폐기장) 유치 관련 보도를 보면, 제가 이 시간에 계속해서 찬반의견이 분분한 사안이기 때문에, 언론의 균형 있는 보도, 갈등 조정의 보도가 바람직하다는 걸 강조했는데요. 일부 언론사는 오히려 갈등을 조장하고 있어요.

예를 들면, 광주타임스, 7월 8일자(1면), <공직협, 국책사업 반대 파문>이라는 제목 기사에서, 영광군 공무원직장협의회가 핵폐기장 유치를 정면으로 거부하고 나서 파문이 일고 있다는 보도를 하고 있는데요. 유치위원회의 말을 인용해서, 주민-공무원 간의 갈등이 예상된다는 보도를 하고 있어요.

그런데 이것은 갈등을 '조정'해야 하는 언론이 오히려 갈등을 부추기고 '조장'한다는 듯한 인상이 있습니다.

또 핵폐기장 시설 유치신청 기한이 아직 되지도 않았는데, 이미 '물 건너갔다는 식'의 보도가 이어지고 있습니다.

무등일보, 10일자, <영광 핵폐기장 물 건너가>라는 제목의 기사도 역시, 유치신청이 5일 앞으로 다가와 사실상 영광유치가 물 건너간 게 아니냐는 분석이 나오고 있다는 보도를 하고 있어요.

광주타임스, 10일자, <영광 유치 물 건너간 듯>이라는 제목 기사에서, 영광지역은 지역 내 반대여론과 자치단체장의 반대 입장 등으로 인해 유치 신청이 어려울 것으로 전망된다는 보도를 하고 있는데요. 유치 반대와 찬성이 여전히 막바지를 치닫고 있는데, 끝까지 안정적인 보도가 중요한데, 너무 조급함을 드러낸 기사가 아닌가 생각됩니다.

둘째로, 학교 이적지 용적률 문제 관련 보도를 살펴보면, 대부분의 언론에서 시민단체의 주장과 같이 용적률 완화를 '반대'하고 있습니다.

무등일보, 9일자, <사설 – 학교 이적지 용적률 완화 안 된다>라는 제목에서, 자치단체와 의회가 입법예고 절차까지 무시했다고 주장했고요.

전남일보, 9일자, <사설 – 학교 이전부지 난개발 막아야>라는 제목에서도, 광주시교육청과 광주시, 광주시의회 등 관련 기관들은 "시민단체가 주장하는 행정 절차상의 하자와 로비설, 특혜 의혹 등에 대한 충분한 해명이 있어야 할 것이다."라고 보도했어요.

광주일보, 7일자(1면 머리기사), <'학교이전 땅' 특혜의혹>, 8일자, <사설 – '학교 용적률 완화' 재고해야>라는 제목에서도, 광주시와 의회가 공공의 이익을 위해서 고뇌한 흔적이 없고, 오히려 '사학 측'의 충실한 대변자라는 인상이 짙게 풍긴다고 하고 있어요.

호남신문, 7월 9일, <사설 – 학교땅 '용적률 완화' 안 된다>도 마찬가지입니다.

그런데 유일하게 <광주타임스>만이, 용적률 완화를 '찬성'하고 있습니다.

10일자, <사설 – 교육계 사정 우선 고려돼야 한다>라는 제목에서, "… 신축 재원이 필수적이므로 어느 정도 인센티브가 있어야한다.", "도시환경을 크게 해치지 않는 범위 내에서 이적지 용적률완화가 필요하다.", "특정 사학의 배를 불린다는 지적은 논리의 비약이고… 교육청의 재정 측면에서 검토돼야 한다."는 식의 논조를유지하고 있어서, 교육청의 홍보지를 방불케 하고 있습니다.

## 3. 호남고속철 관련 보도는?

☞ 호남고속철도건설 기본계획이 발표되면서, 오는 2015년까지서울~익산 구간만 건설하고, 익산 – 목포 구간은 기존의 호남선을활용하는 것으로 돼 있는데요. "익산 – 목포 구간은 1단계 개통(2015년) 뒤 수송수요 추이 등을 감안해 착수시기를 결정키로 했다"고 일부 언론이 아주 흥분해서 보도하고 있습니다.

예를 들면, 무등일보, 5일자, <경부선 – 호남선 차별 언제나…>,8일자, <지역민 무력감 팽배>라는 제목의 기사가 그렇습니다.

또 전남일보, 5일자, <사설 – 고속철, 호남만 배제하나>라는 제목에서, "…사업성과 경제성만 앞세우면 지역 간 개발격차 해소는 영원히 불가능하다.", "…균형발전 정책을 후퇴시키자는 논리다.", "호남의 소외감은 갈수록 깊어지고 있다."라는 논조를 유지하고 있어요.

광주매일에서 적극적으로 보도하고 있어요.

광주매일, 7월 7일과 8일, 연일 1면 머리기사로 취급하고 있는데요.

<호남고속철도 빨리 착공합시다>(7일), <"2020년 완공 시도민역량 결집">(8일)의 머리기사는 물론, 8일자 3면에서는 광주시장과전남지사의 인터뷰를 통해서, "경제성 논리로 지역개발 늦추지 말라"며, 호남고속철도의 시급성을 강조하고 있습니다.

그런데 물론 지역민의 '관심'을 반영한 것이라는 점에서는 높이 평가할 수는 있지만, 호남인의 '정서'에 호소하고 있다는 느낌이 있어요.

특히, 8일자, <사설 - 호남고속철 시급하다>는 감정에 호소하는 극치를 보여 주고 있어요. "이제 호남인은 더 이상 양보할 수 없다.", "호남고속철 사업만큼은 다른 지역과 균등하게 해야 한다.", "정부의 결단을 지켜보겠다."고 주장하고 있어요.

이렇게 호남고속철의 시급성을 '감정'에 호소하는 면이 강하게 나타나고 있습니다.

### 4. 공직 개혁 관련 움직임을 지역언론이 축소 보도한 것 아니냐는 부분에 대해서는 어떻습니까?

☞ 공직사회의 부정부패가 최근 문제가 되고 있는데요.

언론에서는 정무부지사의 구속 이후, 그리고 광산구청장 부인의 구속 이후의 공직개혁에 대한 목소리가 별로 없습니다. 인사시스템이나 입찰 관련 제도의 개선과 이에 대한 심층보도가 부족했어요.

다만 일부 신문에서 공무원노조나 시민단체의 도지사 사퇴 요구를 짧막하게 보도하고 있을 뿐입니다.

광주일보, 7월 8일, <도지사 등 사퇴 촉구> 기사에서, 공직사회 개혁과 부패척결을 위한 광주전남공동대책위원회가 전남도의 입찰 비리와 광산구청의 인사 관련 뇌물청탁과 관련, 박태영 전남도지사와 송병태 광산구청장의 사퇴를 촉구했다는 소식을 짧막하게 보도하고 있어요.

무등일보, 7월 9일, <광주. 전남 시민단체 전남지사 사퇴촉구>라는 제목으로 짧게 보도하는 데 그치고 있습니다.

이렇게 공직개혁에 대해서 목소리를 높여야 할 언론이 축소보도로 일관하고 있음을 볼 수 있습니다.

민선자방자치제도는 그 특성상 정무부지사가 독단으로 공사계약 부정을 저지른다는 것은 이해할 수 없다는 것이 공무원노조나 시민단체의 입장인데요. 심층보도가 필요한 부분입니다.

## 5. 이 밖에 지역언론계 소식이라면?

☞ 첫 번째 소식으로, 대안 언론을 표방하는 지역신문이 창간되고 있다는 소식인데요.

장성에, 주간지 <장성군민신문>이, 오늘(10일) 창간준비 1호를 발행했고요, 그리고 <우리힘 닷컴>은 인터넷(http://www.woorihim.com) 대안매체로 지난 5월 1일에 창간하기도 했습니다.

장성군민신문은 경영의 사유화를 막기 위해, 군민주주를 모집한다는 건데요. 1인당 1,500만 원으로 제한하고 있다고 합니다.

창간준비 2호까지 발행한 이후 정식으로 주간지를 창간한다는 계획인데요. 대안언론을 표방하는 지역신문이 광주전남의 현실에서 얼마만큼의 역할을 해낼지는 의문입니다.

두 번째 소식은, 호남매일 관련 내용인데요.

지난 17일자로 호남매일 신문이 일주일간 휴간에 들어간 후 23일부터 발행을 재개했는데요. <호남매일>이 전 대표이사, 주필, 기자 등 16명을 집단 해임해 반발을 사고 있습니다.

이번 집단 해임조치는 대표이사가 김한태 이사에서 고영선 이사(건설업자)로 이임되면서 이뤄진 건데요. 주필·편집국장, 부장급 기자 등 13명에 대해 해임했고요, 지금 현재는 광주지방노동청에서 부당해고에 대한 고발을 해 놓은 상태입니다.

그런데 해임된 직원들은 정당한 행정적인 절차와 말 한마디 없이 일방적인 부당해고를 했다고 주장합니다. 그래서 해고된 기자들 측에서는 해고에 대한 절차상의 하자를 문제 삼고 있고요.

지역신문 기자들의 뼈아픈 현실이 또다시 재현되고 있어서 가슴이 아픕니다.

(2003 – 07 – 10 방송)


## 제17절 대통령의 문화수도론, 차분하게 보도해라

### 1. 지난 한 주간 지역언론계 흐름부터 정리해 주시죠?

☞ 우리 지역언론들은 5 · 18민중항쟁 23주년 기념행사와 관련된 소식을 싣고 있는데요. 특히 노무현 대통령이 묘역 정문에서 한총련 소속 학생과 경찰이 대치하는 바람에 길이 막혀 정문 대신 후문을 통해 출입한 사태가 발생하고 행사가 지연되었다는 소식이 있고요.

치안당국이 국가원수의 행사참석을 방해한 한총련 학생들을 실정법 위반으로 사법 처리할 방침을 밝히고 있습니다. 그러나 광주지역 시민사회단체들은 한총련 학생들에 대한 사법처리를 원하지 않는다는 보도를 하고 있습니다.

다음은 문화수도에 대한 내용입니다.

여전히 우리 지역에 관심이 되고 있는데요. 노무현 대통령이 '광주 문화수도'라는 단어의 사용을 자제하고 대신 '아시아의 문화 메카'라는 개념을 새로이 제시하고 있고요, 이에 따라 광주시의 세부 추진계획이 상당부분 수정되어야 할 것으로 보인다는 보도를 하고 있습니다.

이와 관련해서는 광주시와 문화계, 시민단체의 의견을 대폭 수렴해야 할 것입니다.

### 2. 의제 설정이 제대로 됐는지요?

☞ 한총련 5·18시위에 대한 불법행위 책임을 물어야 한다는 방향으로 언론들이 의제를 설정하고 있습니다.

사실관계에 대한 이해가 부족합니다. 사실의 전후 사정이나, 정확한 이해나 확인보도가 없었고요. 대통령께서 식장에 늦은 사실 하나만을 부각시켜서 확대하고 있는 겁니다. 분명 그 하나만을 놓고 볼 때는 잘못되었습니다만, 언론에서는 나무와 숲을 골고루 볼 수 있는 시각을 지녀야 할 것입니다.

한총련에서도 이번 사태가 진행과정의 미숙함으로 나왔고, 또 5·18유가족과 참배객에게 불편을 끼친 데 대해 깊은 유감을 표시한 바 있습니다.

이 사건이 우발적이었다는 의견을 제시했기 때문에, 언론에서는 정부와 한총련의 대립각을 세우는 데 열을 올리는 것보다는, 갈등을 해소하는 방향의 의제가 설정되었으면 합니다.

### 3. 한총련 5·18 시위와 관련해서는 '일방식 보도'가 많았던 것 같은데요. 어떤가요?

☞ 방금 말씀드린 바와 같이 우발적으로 발생한 사건을 지나치게 확대는 것이 문제고요. 한총련을 언론에서 '밀어붙이기식'으로 보도하는 것이 문제라고 생각합니다.

광주지역 일부 시민단체에서도 대통령까지 나서 학생들을 난동자라고 규정하고 일부 현상만을 확대해 '여론몰이식'으로 대처하고 있다는 주장을 하고 있습니다.

이것은 일부 언론을 보면 알 수 있는데요.

예를 들면, ① 광주타임스, <사설 - 철저한 진상규명, 엄중한 응징을>(5월 22일)이라는 사설에서, "진상은 철저히 규명하고 그에 따라 엄정하게 응징해야 한다."고 주장하고 있습니다.

② 호남매일, <후유증 '일파만파'>(5월 22일)라는 기사에서 "전남경찰청장을 직위 해제해서, 한총련을 엄단하려는 포석 여론도 있다."는 보도를 하고 있습니다.

일부 수구언론에서 과거와 같은 냉전적 사고에만 얽매어서 특정 사실만을 확대보도해서 응징하는 자세는 문제가 있고요. 또 지역 간, 세대 간 갈등을 조장하고 있는 것도 큰 문제라고 생각합니다.

## 4. 대통령의 아시아 문화 메카 관련 발언 보도는?

☞ 노무현 대통령의 '광주문화수도론'이 이제는 "아시아의 문화 메카(성지)"라는 개념으로 새롭게 제시되고 있는데요.

원래 "광주를 문화수도로 육성하겠다."라는 것은 지난해 12월에 광주공원에서 열린 선거유세에서 노무현 당시 대통령후보가 공약을 발표했던 내용인데요.

사실, 그동안 '문화수도 육성'에 대해서 일부 시민단체의 의견이 다릅니다.

대통령의 공약 실천 의지를 가시화하라(문화관광부와 산하기관 및 연구소 이전)면서 서명을 벌인 단체(광주예총)가 있고요. 이것을 반대하면서, 사업을 추진하려면 막대한 국가예산이 들어가는데, 이게 과연 현실적이냐면서 정략적이라고 비판하는 단체가 있습니다

(민예총).

일부 언론에서는 추상적인 '문화수도론'을 놓고 소모적인 논쟁에 편승하고 있고요. 특히 광주시장이나 자치단체의 집행부들이 노 대통령의 말꼬리 잡고 늘어지는 식의 논쟁이 계속되고 있는데요. 이에 언론이 동조하고 있다는 느낌이 듭니다.

지금 문화수도에서 '아시아의 문화 메카'라는 용어를 사용하고 있지만, 광주지역 주민들의 반응은 여전히 냉담하거든요.

"현실적인 예산이 없다.", "장기적인 계획이 없다." 등등 자치단체의 논쟁에만 편승하지 말고, 차분하고 냉철한 보도가 있었으면 하는 아쉬움이 남습니다.

### 5. 문제가 있었거나 바람직한 보도나 방송이라면, 어떤 것이 있습니까?

☞ 문제가 있는 기사로는 시대 역행적인 기사를 꼽고 싶습니다.

광주타임스, 5월 22일(오늘), 지역민 <강한 대통령으로 거듭나야>라는 기사에서, "화물연대 파업과 5·18기념식에서의 한총련 학생들의 도로 점거, NEIS(교육행정정보시스템)를 둘러싼 잡음 등이 끊이지 않고 있다."고 하면서, "노 대통령이 강한 대통령으로 거듭나길 바라고 있다."는 내용의 기사를 싣고 있습니다.

현재 시대의 흐름이 분권과 참여와 자율을 강조하는 시대에, 과거 유신시대와 같은 '강한 대통령'을 제목으로 뽑고 있는 것이 문제가 있다고 생각합니다.

한편, 바람직한 보도라면, 무등일보가 5회에 걸쳐 보도했던, "고령사회 노인복지 대책"을 들 수 있습니다.

도내 노인인구 비율이 해마다 급증하고 있어서, 고령화 사회(노인인구 비율 7% 이상)를 넘어 내년에 '고령사회'(노인인구 비율

14% 이상)로, 진입이 확실시되고 있는 상황입니다.

이런 상황에서, 노인복지 정책의 방향을 수립하기 위해 민·학·관 공동으로 '선진지조사단'을 구성해 미국과 유럽을 시찰하고 그 실태를 분석, 대안을 제시했다는 것은 의미가 있다고 생각합니다.

그리고 내용에 있어서도, 도내 노인복지 문제점과 향후 정책방향 및 대안을 적절히 제시했다고 봅니다.

## 6. 지역언론계 동향은 어떻습니까?

☞ 두 가지 흐름이 있습니다.

첫째, '지역언론발전법' 제정을 위한 소식입니다.

지역언론육성은 우리 지역에서도 큰 관심을 갖고 있지만, 다른 지역에서도 지역의 관심사로 떠오르고 있습니다. 그래서 지난 5월 16일 열린 지역언론발전법 제정을 위한 민언련을 비롯한 각 지역 시민단체, 기자협회, 언론학회 등 단체대표 20여 명이 참석한 가운데, 제주대학교에서 모임을 가졌습니다.

추후 법안 단일화 작업을 논의키로 했습니다. 그래서 우선 (가칭) 지역언론개혁연대 구성과는 별도로 정책위원회를 구성해 단일안 마련을 위한 작업을 하기로 했고요. 또 각 참여 단체로부터 정책위원을 추천받아 빠른 시일 내에 정책위원회를 구성키로 했습니다.

둘째는 방송위원회 구성과 관련된 소식입니다.

지난 10일 임명된 2기 방송위원회가 위원장과 부위원장을 선출하고 상임위원도 선임해서, 표면적으로는 2기 방송위의 진용(노성대 위원장과 이효성 부위원장, 상임위원으로 양휘부, 박준영, 성유보 위원을 선임)을 갖췄는데요.

그렇지만 일부 위원의 정치적 편향성과 자질부족 등을 방송위

노조에서 문제 삼고 있습니다. 그래서 방송위의 파행이 장기화되고 있는데요. 2기 방송위원회 위원 구성과 관련해서, "방송위원회에는 지역인사가 꼭 포함돼야 한다."는 주장을 한 바 있습니다.

방송위원회의 구성은 특정 정파나 이해관계에 얽매이지 않는 인사로 구성하고, 특히 중앙 중심적인 사고방식과 운영의 형태에서 벗어나서 지방에 대한 관심과 조화를 이룰 수 있는 방송위원회의 구성이 이루어지기를 촉구했었어요.

그런데 여전히 지역성을 대표할 수 있는 인사가 포함되지 않는 부분에 대해서는 아쉽게 생각합니다. 방송위원회에서 방송 관련 정책을 수행할 때 지방분권, 지방의 균형적인 발전을 가져오는 활동을 해 주길 기대합니다.

(2003 – 05 – 22 방송)

## 제18절 예산도 지역홀대, 지역감정 부추기기

### 1. 이번 한 주 언론계에서 주로 다뤘던 사안이라면, 어떤 내용입니까?

☞ 첫째는 내년 예산과 관련해서 우리 지역의 관광산업이나 경제 분야 대규모 프로젝트들이 내년도 예산안에 거의 반영되지 않았다는 소식을 싣고 있습니다.

부처별 예산안에 빠진 주요 현안사업은 여수 해양관광복합리조트단지 조성(1천억 원), 해양레저타운 건설(450억 원), 오페라하우스 건립(300억 원), 광양만권 경제자유구역 조성(175억 원), 남악 국제비즈니스센터 건립(100억 원), 서남권 조선부품집적화단지(60억 원)

등입니다.

이에 따라 일부 신문에서는 ‘호남소외론’ 내지 ‘전남홀대’가 참여정부 출범 이후 가시화된다는 우려로 보도하고 있습니다.

둘째는 광산구청장의 부인이 공무원 승진 인사 청탁과 함께 5천여만 원을 받아 구속된 사건이 있었는데요. 이와 관련해서 구청장의 사퇴를 요구하는 시민단체의 요구가 있었고요.

광산구청장이 자신의 부인의 인사 청탁과 관련하여 일어난 것을 소상히 해명할 것과 공정하고 투명한 인사문화 정착에 따른 대안을 제시하라는 부분에 대한 일정한 보도가 있었습니다.

그렇지만 검찰에 송병태 광산구청장이 소환 조사되었는데요. 이와 관련해서 일부 신문에서만 짤막하게 보도하는 데 그쳤습니다.

셋째는 어등산 그린벨트 해제와 광주호 주변 개발과 관련된 보도가 많이 있었습니다. 어등산 일대의 그린벨트 해제가 결정되자 광주시가 즉각적으로 어등산을 ‘빛·예술테마 파크’로 조성하겠다고 발표했는데요. 언론들이 광주시의 일방적인 청사진을 보도하고 있었습니다.

넷째는 정부의 우유감산 정책에 항의하는 반발이 전국적으로 확산되고 있는데요.

그런데 언론에서는 낙농가들의 시위현장을 보도하는 데 그치고 있고요. 낙농정책에 대한 근본적인 문제를 지적하는 기사가 부족했습니다.


**2. 내년 예산과 관련해 지역신문이 또 ‘홀대론’을 내세우는 등, 신문마다 다른 색깔을 보이고 있죠?**

☞ 지난 3월 ‘호남홀대론’이 제기된 이후에 주춤했는데, 다시

'호남홀대'를 내세우고 있습니다.

광주타임스에서 강도 높게 호남홀대를 부추기고 있는데요.

예를 들면,

① 광주타임스, 6월 5일, <사설 - "비상 걸린 국고 확보">라는 제목에서, "예산을 축소 조정한다 해도 어느 정도여야지 거의 깔아 뭉개듯 해서, 다시 '호남홀대론'을 떠올리지 않을 수 없게 만든다."라고 지적하면서, 광양항 컨테이너항 개발 사업비(2천465억 원 정도만 배정)를 예로 들면서, "부산 신항 개발에 배정된 예산의 꼭 절반 수준이다."면서, 지역감정을 부추기고 있습니다.

② 광주타임스, 6월 4일, "전남홀대 우려가 현실로"라는 기사에서도, "중앙부처별 내년도 예산안에 전남지역 현안사업이 대거 누락됨에 따라 '전남홀대'가 현실로 나타나고 있다."고 보도하고 있습니다.

③ 무등일보, 5월 30일, <사설 - "국고지원사업도 호남 차별인가">라는 제목에서 내년도 국고지원 사업에 대해 해당 부처가 대폭 삭감 방침을 세운 것으로 알려지고 있다고 하면서, 광주·전남지역은 한마디로 '소외' 그 자체일 수밖에 없다고 주장하고 있습니다.

이렇게, 걸핏하면 뚜렷한 근거 없이 지역감정에 호소하여, '호남홀대'라는 선정적 보도를 하고 있는데요. 지역감정을 조장하는 것은 올바른 언론의 자세가 아니라고 봅니다.

우리 민언련에서는 지역감정을 부추기는 언론에 대해서 퇴출운동을 벌이겠다는 성명을 발표한 바 있습니다.

3. 송병태 광산구청장 소환 조사는 무등일보를 제외하고는 지역신문이
   전혀 다루지 않았습니다. '봐주기식' 보도가 아닌가요?

☞ 그렇습니다.

무등일보와 광주일보가 보도하고 있고요. 다른 언론에서는 찾아
보기 힘듭니다. '봐주기식' 보도라고 볼 수 있는데요. 다른 지방자
치단체장의 검찰소환 보도와는 형평을 잃고 있습니다.

예를 들면,

① 무등일보, 4일자, <"광산구청장 소환">이라는 제목에서, 광
주지검 특수부는 3일 송병태 광주 광산구청장을 소환, 부인 이 모
(58) 씨의 사무관 승진 대가와 관련한 뇌물수수에 대한 관련 여부
를 조사했다는 보도를 짤막하게 하고 있습니다.

② 광주일보, 4일자, "광산구청장 소환 조사"라는 제목의 기사를
싣고 있습니다.

그런데 단순한 사항만을 보도할 것이 아니라, 심층 분석이 필요
할 것으로 생각됩니다. 또 보도자체가 없는 신문사의 보도를 촉구
합니다.

4. 어등산 그린벨트 해제, 광주호 수변 구역 개발과 관련한 보도에서
   '장밋빛 개발' 논리만 일방적으로 보도된 것 같은데, 신문별로 구별
   해 본다면 어떻습니까?

☞ '개발'이냐 '보존'이냐를 놓고, 언론에서는 '개발'이라는 손을
들어 주고 있습니다.

사실, 어등산 개발계획은 광주시의 원칙 없고 즉흥적인 개발계획
이라면서, 중단을 촉구하기도 했습니다.

건설교통부 중앙도시계획위원회에서 어등산 일대 등에 대한 개발제한 구역을 해제했는데요. 이로 인해서 광주시의 자연경관 훼손과 생태계 파괴에 따른 심각한 녹지훼손이 우려되는 상황입니다.

그렇지만 언론은 개발의 논리를 앞세운 광주시의 논리를 '장밋빛'으로 보도하고 있습니다.

예를 들면,

① 광주타임스, 4일자, <광주호 주변 호수생태원 조성>이라는 기사에서, "광주호 주변에 시가문화유적과 수려한 자연경관, 전통문화가 어우러진 호수생태원을 조성키로 했다."라고 하면서, 시민들에게 휴식공간을 제공하고, 동시에 관광명소로 가꾸기 위한 것이라는 보도를 하고 있습니다.

② 무등일보, 4일자, <광주호 주변 호수생태 공원 조성 가시화>라는 기사도 마찬가지이고요.

③ 광주매일, 5월 24일, <어등산 반세기 만에 관광테마파크로 탈바꿈>이라는 기사에서, 한결같이 광주시의 입장을 대변하고 있습니다.

그렇지만 개발을 주장하는 논리와는 달리, '보존'의 논리를 주장하는 신문도 있습니다.

호남매일, 5월 30일자, <사설 - "어등산 개발, 생태계파괴 최소화를">이라는 제목에서, 광주시는'어등산' 개발에 있어 생태계 파괴를 최소화하는 개발계획의 추진에 만전을 기해야 한다는 논지를 펴고 있어서, 개발을 강조하는 다른 신문과는 대조가 됩니다.

그래서 친환경적 생태관광명소를 포함한 여러 대안을 언론에서 열린 자세로 검토해야 할 것으로 생각됩니다.

## 5. 전 광주매일 집행부에 대한 항소심이 기각됐죠?

☞ 광주고법이 지난달 28일 전 광주매일노조위원장 정한진 씨 (40) 등 임금협상과정에서 회사 측의 폐업결정에 반발, 집회를 주도한 혐의 등으로 기소됐던 당시 노조집행부 3명에 대한 항소심에서 검찰과 노조 양측의 항소를 기각하고, 일부 무죄와 선고유예 판결을 내린 원심을 인정했습니다.

당시 광주매일의 폐업조치에 대한 항의시위를 했다는 이유로 회사 측으로부터 고소를 당했던, 전 광주매일 노조원들의 법정다툼이 1년 반이 지났는데요.

잠깐, 전 광주매일에 대한 내용을 살펴보면, 2001년 9월 26일 노조의 파업, 한 달 뒤 회사 측의 폐업 결정, 그로부터 다시 한 달 뒤 사주가 조합원들을 무더기로 고소했고요. 그 이후 법정공방이 이루어졌던 것입니다.

아직 검찰 측의 상고 여부가 남아 있긴 하지만, 법정다툼은 사실상 마무리된 것으로 보입니다.

이 사건은 우리 민언련에서도 지속적으로 관심을 가졌던 부분인데요.

언론을 모기업의 방패막이로 이용하려 했던 신문사주와, 이에 반발하면서 언론개혁을 부르짖었던 노조원들, 이 모두가 우리 지역언론의 단면을 보여 주는 부분입니다.

노조원을 중심으로 지난해 5월 <다른신문>을 창간했었는데, 하지만 <다른신문>은 경영난을 극복하지 못하고, 발행 33호(2003년 1월 23일자)로 끝을 낸 적이 있습니다.

지역신문의 난립과 열악한 경영구조는 앞으로 해결해야 할 문제로 대두되고 있습니다.

## 6. 바람직했던 보도나 프로그램이 있었다면?

☞ 농촌지역에 밀착하고 고발기사를 하고, 휴대폰 업체의 '잇속 챙기기'로 소비자들이 불만을 겪고 있다는 기사 등 두 개를 살펴보겠습니다.

하나는 광주일보, 6월 5일자, <경지정리 늑장 '애타는 농심'>이라는 기사에서, "가뜩이나 일할 사람도 없어 모내기를 서둘러 끝내야 하지만 경지정리사업 마무리가 안 된 탓에 못자리를 해 놓은 지 한 달이 훨씬 지났는데도 여태껏 논(726평)에 옮겨 심지도 못했다."는 기사를 싣고 있습니다.

그리고 현지주민들의 인터뷰를 싣고 있는데요, 대부분 도시 중심의 기사들이 많은데요. 농촌 지역에 밀착해서 고발성 기사를 발굴했다는 점에서 대체적으로 긍정적으로 평가할 수 있습니다.

다른 하나는, 전남일보, 6월 6일자, <"휴대폰 정액요금제 소비자 불만">이라는 기사에서, 휴대폰 정액요금제가 통신업체의 잇속으로 그 기능이 변질되고 있고요. 특히 통신업체들이 정액이용료를 초과한 금액의 고지서를 발송해서 원성이 높다는 기사입니다.

소비자들이 쉽게 지나칠 수 있는 부분을 언론에서 제기하고 있어서 눈길을 끕니다.

(2003 - 05 - 29 방송)

<table><tr><td>제4장</td><td>언론, 현재와 미래, 그리고 개혁</td></tr></table>

## 제19절 주재기자, 무엇이 문제인가

### 1. 한 주간 지역언론에서 주로 다뤘던 내용은 어떻습니까?

☞ 첫째로, 광주국제영화제에 대한 소식이 많은데요. 광주국제영화제가 예상 외로 '시들'하다는 보도입니다.

내일(22일) 개막이 되는데도 개막 사실조차 모르는 시민이 많고, 티켓 예매율 또한 부진하다는 겁니다.

광주국제영화제 조직위원회의 분발이 있어야 할 것이고요. 시민들이 관심을 보여 줄 필요가 있습니다.

둘째로, 기아자동차의 파업사태에 대한 보도가 많습니다.

협력업체 직원들이 파업 자제를 촉구하고 나섰다는 소식이 많고요.

기아자동차 광주공장의 협력업체 대표 150여 명이 지난 19일 오후 광주공장 정문 앞에서 '파업철회'를 요구하는 집회를 벌였습니다.

셋째로, 농촌소식들이 많이 있습니다.

지난 6월 말부터 계속된 장마로 일조량이 부족한데요. 더구나 병해충이 급속히 확산돼서 논밭 작물의 피해가 확산되고 있다는 겁니다.

올 여름에는 농민들이 방제부담에다가 수확감소가 우려된다는 소식입니다.

## 2. 순천지역 주재 기자들이 순천 시민단체 관련 기사를 연일 싣고 있죠?

☞ 네, 최근 순천시의회 유럽해외연수 기자 공짜동행이 문제로 되었는데요.

'순천기자협회' 회원인 순천주재기자들이 시민단체를 공격하는 '보복성 기사'를 썼다는 겁니다.

시민단체가 해외공짜여행을 비판한 데 대해서, 시민단체를 겨냥한 보복성 담합기사라고 볼 수 있는 것이죠.

광주전남 8개 지방일간지 순천 주재기자들이 제기한 내용들을 보면, 14～16일 사이에, 시민단체들의 보조금사용에 대한 의혹을 제기하는 기사를 보도했습니다.

예를 들면,

"순천 시민단체 예산집행 '의혹'"(전남매일, 14일자),

"순천 시민단체 혈세 낭비 말썽"(전남매일, 19일자)

"시 보조금 관리 '구멍'"(호남신문, 14일자),

"시민단체 보조금 멋대로 펑펑"(무등일보, 14일자),

"시 보조금관리 '구멍'"(광주매일 ),

"市 '퍼주기식 예산 증액' 비난"(광주매일, 19일자) 등의 기사가 있는데요. "순천시는 그린순천21이 제출한 예산총액만 맞추는 식의 소극적인 감독 탓에 지금 같은 방만한 운영을 부채질했다는 지적을 받고 있다."라는 식의 보도를 하고 있고요.

"시민단체들 이래도 되나?"(전광일보),

"순천 일부 시민단체 혈세낭비(호남매일)",

"순천 시민단체 보조금 '어디에'"(대한일보),

"순천 일부 시민단체 보조금 집행 문제"(전남일보) 등의 제목의

가사입니다.

그리고 무등일보 21일, 12면 <기자의 눈>에서, "변명 급급한 시민단체"라는 제목으로, "지난 96년 설립된 이후 6억 5천만 원의 시 예산을 지원받아 온 그린21은 수년간 각종 사업을 수행해 오면서 일과성 겉치레 요식행위에다 정산서나 영수증을 허위로 작성, 주먹구구식 짜 맞추기로 시민혈세를 축내고 있다."고 비판하기도 했습니다.

<호남신문>과 <광주매일> 기사가 너무 같고요(제목·부제·보조제목, 기사내용까지), <전남매일>과 <무등일보>도 거의 비슷합니다.

다른 신문사들도 기사 내용과 인용 구절이 거의 유사해서 담합한 흔적이 보이고 있습니다.

이런 기사가 나오게 된 배경은 순천시의원(10명)과, 기자(2명), 공무원(4명) 등 모두 16명으로 구성된 해외연수단이 지난달 14일부터 9박 10일간의 일정으로 영국 등 유럽 5개국을 다녀왔는데요. 여기에 순천주재 기자 2명이 시 예산으로 갔다 왔다는 거예요. 공짜 해외취재여행이었는데요.

그래서 순천지역 시민단체들이 기자들의 공짜동행을 출발 전에부터 반대[20]했었는데, 이것이 기자들의 마음에 들지 않은 모양입니다.

순천지역 시민단체들은, 지난달 14일 9박 10일간의 일정으로 다녀온 순천시의회의 유럽해외연수에서 기자들의 공짜동행을 적극 반대한 데 대한 보복성 담합기사로 해석하고 있습니다.

기자들이 해외취재를 가는 것은 좋습니다. 그런데 거기에 들어가

---

20) 순천경실련·순천YMCA 등 5개 시민단체는 지난달 15일 성명서에서 "순천시의회가 스스로 제정한 조례를 무시하고 낡은 관행을 내세워 기자들을 동행한 행태를 한없이 부끄럽게 생각한다."면서 "최근 3년간 순천시가 지출한 민간인 해외여비는 모두 기자들(2001년 4명, 2003년 3명)에게 지급됐다."고 문제 삼았다.

는 비용은 해당 언론사나 기자 본인이 경비를 부담하는 것은 별문제가 없습니다. 문제는 시민들이 낸 혈세를 가지고, 기자들의 해외여행취재까지 부담하는 데 있습니다.

그런데 실제로 보도된 내용과는 다른 것으로 확인이 되고 있거든요. 시민사회단체의 흠집 내기라고 볼 수 있는 거죠. 왜곡한 내용은 정확하게 시정되어야 하고요.

시민단체들도 기사의 보도경위와 배경을 파악해서, 언론중재위 제소, 그리고 민·형사상(명예훼손) 책임까지 따지겠다는 주장입니다.

### 3. 지역신문의 주재기자 제도가 현재 어떻게 운영되고 있습니까?

☞ 일부 주재기자[21]들의 횡포가 심각하다는 의견들이 분분합니다.

모든 주재기자들에게 해당되는 내용은 아니지만, '일부 주재기자'는 지역의 유지로서 지방자치제가 실시되면서, 지방자치단체나 지방의회 등과 더욱 밀착되고 있는 현실입니다. 그리고 건설공사나 공무원 인사에 직·간접적으로 관여해서 공무원들이 불편을 당하고 있다는 주장들이 있어요.

최근에 신안군공무원 2명이, 광주타임스와의 법정 다툼에서 이긴 사례도 있습니다.

여기서도 전남 신안군청의 두 공무원들이, 광주타임스와 이 신문사 신안 주재기자를 상대로 한 명예훼손에 따른 손해배상 청구소송에서 승소(원고 측에게 각각 1천만 원을 배상하라)한 사례를 보더라도, 얼마나 주재기자들의 횡포가 심한지를 알 수 있습니다.

---

21) 신문사가 지역에 기자를 파견하는 주재기자제도는 독자들이 지역의 뉴스를 서비스받을 수 있도록 하고, 경우에 따라서는 지방자치단체에 대한 감시와 지역주민의 다양한 여론수렴 등 지역 특성을 살릴 수 있는 장점이 있다. 그러나 자칫 지역 이권에 개입하는 사례가 나타나기도 한다.

개인적 술자리과정에서 다툼을 빚은 것에 대해서, 우연한 개인적 다툼을 부풀려서 보도한 사례가 있고요. 뿐만 아니라, 기사와 이권을 바꿔치기하면서 정작 국민(해당 군민들)이 알아야 할 정보들이 왜곡되고 있는 현실입니다.

그래서 군민들의 알 권리를 위해서, 성실한 공무원들이 의욕을 갖고 열심히 일할 수 있도록 반드시 주재기자제도는 개선이 되어야 할 것입니다.

**4. 학교 용적률 문제에 대한 시민단체의 행정 심판 보도를 하면서 용적률 150－200% 완화를, 대부분 지역언론이 200－150% 완화로 오보를 했죠?**

☞ 네, 광주일보를 비롯해서 학교 용적률문제는 지난 7월 10일, 당시 시민단체 등의 반대에도 불구하고 광주지역 학교이전부지의 용적률을 150% 이하에서 200% 이하로 조정하는 개정조례안이 광주시의회 본회의를 통과되면서, 문제가 되었는데요.

시의회는 도심에서 시 외곽으로 이전을 추진 중인 학교의 이전 비용 부담을 덜어 준다는 차원에서 조례안을 가결시켰는데요.

한 시민단체(참여자치 21)는 도시계획조례 개정안을 심의한 광주시규제개혁위원회의 위원별 표결결과 내용에 대해 광주시에 정보공개를 요구했었는데, 이것을 시가 거부함에 따라 16일 행자부에 행정심판을 청구했습니다.

그런데 이 과정에서 오보가 발생했는데요. "용적률 150% 이하에서 200% 이하로 완화"를 "200％에서 150％로 완화"로 바꿔서 보도를 했습니다.

예를 들면, 광주일보, 16일자, "광주시 상대 행정심판 청구"라는

제목에서, "…용적률을 200%에서 150%로 완화하는 내용의 도시
계획조례안을 가결…" 등의 보도를 하고 있어요.

이와 같은 오보는 신문의 신뢰성을 떨어뜨리는 커다란 요인으로
작용하기도 합니다. 기자와 데스크 신문사의 책임 있는 보도 태도
가 요청됩니다.

## 5. KBS 사원 채용에서 지방 할당제를 해서 눈길을 끌고 있죠?

☞ 공영방송인 KBS가 신입사원 채용에, 지방대 출신 할당제·장
애인 혜택 확대 등을 도입해서 눈길을 끌고 있는데요.

KBS는 지난 12일부터 서류접수를 시작해 오는 2004년 1월 1일
자로 채용할 예정인 올해 예비사원 공채에서 △지방대 출신 할당
제 △장애인 혜택 확대 △상식시험 폐지와 실무능력평가 강화 △
채용 예정인원 명시[22] 등의 조처를 취하기로 했다는 소식입니다.

그렇지만 일부 지역총국 사원들은 '실효성에 의문'을 제기하는
사람들도 있습니다.

즉 총국 소속 사원들은 운영의 문제점을 제기하기도 했는데요.
지역 총국에 채용됐더라도 5년이 넘으면 서울 등 다른 지역으로
옮길 수 있게 하는 현 순환근무제가 제대로 이뤄지지 않고 있는 현
실이 지속되는 한 지역할당제의 본뜻이 살 수 없다는 겁니다.

지방대 출신 기자가 해당 지역에 근무하게 되면, 사회와 환경의
감시 역할 대신에 오히려 지방과 유착될 가능성도 있다는 거예요.

어찌 되었던, 실제로 지역할당제가 실효를 거두기를 지역민의 입

---

22) KBS는 전국을 3개 권역으로 나눠 신입사원을 뽑은 뒤 5년간 해당 권역에서 의무적으로 근
무하도록 할 방침이다. 전국권 66명(기자 9, PD 17명 등), 영남권 20명(기자 7, PD 13명
등), 호남·제주권 36명, 충청·강원권 26명 등 모두 140여 명이 채용될 예정이라고 한다.

장에서 기대해 봅니다.

(2003 – 08 – 21 방송)

## 제20절 백화점 광고 때문에, 신문편집 영향받나

### 1. 지역언론에서 한 주간 주로 다뤘던 내용은 무엇입니까?

☞ 첫째로, 광양항 활성화와 관련된 보도가 많습니다.

대통령 직속 동북아경제중심추진위원회는 어제(27일) 광양시청에서 노무현 대통령 주재로 열린 '동북아 물류중심 추진 로드맵'과 관련, 국정과제토론회를 가졌는데요.

'광양항 활성화 방안'이 제시되긴 했지만, 당초 기대와는 달리 광양항 배후부지 조기개발이나 광양항 활성화 방안에 대한 구체적인 언급이 없어 실망감을 안겼다는 보도가 있고요.

둘째로, 파업 관련 소식이 많이 등장하고 있습니다.

기아차 勞使, 임협안에 잠정 합의했다는 소식과 화물연대 파업소식이 있는데요.

기아차 노사가 밤샘협상 끝에 26일 오전 임금협상 잠정안에 전격 합의했다. 이에 따라 기아차광주공장은 조업정상화에 들어갔고 1·2차 협력업체들의 공장가동도 정상화될 전망이라는 것이고요.

주초에는 화물연대 재파업으로 광주전남 수출에 찬물을 끼얹고 있다는 보도를 하고 있습니다.

예를 들면, 광주타임스 26일자, <광주 전남 수출상승세 '찬물'> 기사가 그렇고요.

그리고 주 중반에는, 화물연대의 조합원들이 속속 운행에 복귀하고 비조합원들의 화물차 운행이 증가하면서 광양항의 컨테이너 처리량이 점차 정상을 되찾아 가고 있다는 보도를 하고 있습니다.

셋째로, 추석이 보름 앞으로 다가왔는데요.

추석으로 우울한 소식들을 보도하고 있습니다. 전반적으로 '경기가 어렵고 제수용품 가격도 올랐다'는 것이랄지, '임금 체불업체도 급증했다.'는 소식입니다.

## 2. 노무현 정부 6개월을 평가하는 기사들이 있었는데, 어떻게 다루고 있습니까?

☞ 참여정부가 출범한 지 6개월을 맞았는데요.

노무현 대통령의 지지도에 대한 통계를 인용한 보도들이 많이 있습니다. 20~40%대의 낮은 지지도랄지, 국정운영 안정성과 현실 타개 능력에 대해서 대체로 부정적 평가가 있고, 이제 시작이니까 힘을 내라는 식의 격려성 기사도 있습니다.

격려성 기사를 보면,

광주매일, 26일자, <사설 – 참여정부 6개월, 이제 시작이다>라는 제목에서, "정부의 옳은 정책에 대해서는 무조건적인 비판보다는 지지와 협력의 자세도 필요하다. 참여정부가 초기에 많은 실수를 했다 하더라도 우리 스스로 우리의 기득권을 유지하기 위해 이기적인 목소리를 내지 않았는지 반성해 봐야 한다."라는 보도가 있습니다.

한편, 부정적인 판단과 부족한 면을 애교 있게 지적하는 부분도 있습니다.

호남신문, 25일자, 26일자와 27일자에서, 부정적인 기사를 싣고 있습니다.

25일자, 1면, <믿었던 만큼 아쉬움도 컸다>,

26일자, 1면, <"당선되면 빚 갚겠다." 지역민 갈수록 의구심>,

27일자, 1면 <국정운영 추동력이 없다>,

무등일보, 26일자, <"역량결집 국정목표제시 부족">이라는 기사 등이 있습니다.

이처럼, 격려보다는 부정적인 지역민의 의견을 제시하고 있는 것을 볼 수 있습니다.

### 3. 지역신문사와 백화점 광고 문제가 논란이 되고 있죠?

☞ 지역 6개 신문지면에 거의 동시에 신세계와 롯데백화점 광고가 실렸는데요.

광고지면구성도 똑같이 맨 뒷면엔 광주신세계백화점 전면광고를, 8면과 9면엔 롯데백화점 전면광고가 실렸습니다. 신세계는 개점 8주년을 기념하는 기업이미지광고를 실었고, 롯데백화점은 22일부터 시작되는 매장 내 유명브랜드 기획전 광고를 실었어요.

이 지역신문사들이라면 누구나 유치하려는 두 백화점광고가 이렇게 같은 날 모두 3개 지면에 걸쳐 실리는 경우는 그렇게 흔하지 않은 일인데요.

이런 광고배경에는 신세계광고는 이미 1년 단위로 계획한 바에 따라 집행한 것인 반면에, 롯데백화점 광고는 일부 언론을 통해 보도된 '롯데백화점 8층 불법용도변경' 보도와 관련이 있지 않느냐는 지적이 있습니다.

이 보도기사를 잠깐 살펴보면, (20일 보도에서) "롯데백화점이 지난해 2월 8층 운동시설공간을 영업매장으로 바꾸는 과정에서 동구청에 용도변경신청을 하지 않은 채 1년 반 동안 불법영업을 해왔다."고 지적한 것인데요.

그래서 롯데 측에서 이런 문제가 다음 날 신문에 '기사화되지 않도록 하는 것'과 일제히 '광고가 실린 것'과는 '모종의 거래'가 있는 듯한 지적도 있는데요.

저는 기업체의 자사 광고활동에 간섭할 생각은 없고요. 다만, 언론이 '광고' 때문에, '편집권에 영향을 받아서는 안 된다.'는 점을 지적하고 싶습니다.

열악한 제작환경 속에서도 지역주민들로부터 신뢰를 잃지 않도록 언론들은 각별히 노력을 해야 할 것입니다.

### 4. 전남매일 신문의 체불이 계속되고 있다는데, 어떻습니까?

☞ 조금 전에 전남매일 노조위원장(박재일 차장)과 인터뷰를 했는데요.

작년에 지급되었어야 할 4개월 정도의 임금이 체불되어 있는 상황이라고 해서, 임금 체불이 매우 심각한 실정이라고 하는데요.

이런 임금체불 현상은 특정신문사만의 문제가 아니어서, 우리 지역언론 현실을 단적으로 보여 주는 것이라고 할 수 있습니다.

지역신문의 난립으로 신문시장, 광고시장이 좁은데다가 11개 신문이 나눠 먹고 있는 실정이고, 그나마 일부 신문들은 지역민들로부터 외면받는 현실입니다.

특히 신문 사주의 입장에서도 언론노동자들에게 임금을 주지 못하는 현실이 가슴 아픕니다. 다만 근본적인 것은 신문사의 태생적인 한계라고 볼 수 있는 것이지요.

신문사가 적자를 감수하고서라도 '사주의 정계진출수단'이나, '모기업의 방패막이', 또는 유리하게 '건설공사를 낙찰'받으려는 생각으로 일부 신문사들을 운영하고 있기 때문인데요.

저는 여기서 노동당국이 적극적으로 개입을 해야 한다고 생각합니다.

자금 여유가 있는데, 일부러 임금을 주지 않을 때는, 근로기준법 위반으로 악덕 사업주를 처벌해야 하고요. 또 일정한 기준으로, 몇 개 신문사를 선정해서 편집의 독립성 등이 확보된 신문사에 대해서는 일정한 지원도 해야 할 것입니다.

우리 지역신문의 임금체불 문제는 어제 오늘의 문제가 아니고, 그동안 여러 차례 제기된 문제입니다. 언론노조에 의해 일부 신문사의 사주가 고발된 사례도 있고요. 11개 신문사주들이 큰 차원에서 구조조정을 논의해 보는 시기가 되었다고 생각이 됩니다.

임금도 못 주는 열악한 신문사가 여론을 형성하는 역할을 제대로 할 수 있을지는 의문이 듭니다.

### 5. 광주일보 해고자들에 대한 서울 행정지법 1심이 다음 달 3일로 예정돼 있죠?

☞ 지난 4월에 중앙노동위원회에서, 광주일보 해고자들을 "원직복직시키고, 해고기간 동안의 임금상당액을 지급하라."라고 판결을 내렸었는데요.

이것은, 광주지방노동위원회에서 내린 판정을 뒤집어서, 해고 당사자는 물론 언론노조의 환영을 받았었는데요. 회사 측에서는, 이에 불복해서, 위원회가 아닌 법원에서 '법적 판단'을 받아 보겠다면서, '행정소송'을 제기했습니다.

그동안 경과를 잠깐 살펴보면, 광주일보는 지난해 3월 김 모 신임사장의 취임 이후, 인력구조조정을 통해 편집국 기자를 포함해 모두 23명에 대한 정리해고를 단행했었고, 당시 이들 가운데 13명이 회사 측의 해고가 부당하다며 광주지방노동위원회에 부당해고 구제신청을 냈었습니다.

지난해 8월 지노위에서, '회사 측의 해고'가 정당하다는 판정을 내렸는데, 11명이 이에 불복해서, 다시 중앙노동위원회에 재심을 신청했던 거죠.

그 이후에 중노위에서 사측이 '부당해고' 했다는 판정이 나자, 광주일보 사측이 행정심판을 제기해서 관심을 모았습니다.

중앙노동위원회로부터 받은 판정은, 회사 측의 구조조정과 관련한 해고가 '부당'한 것으로 인정되어서, 경영상 어려움을 겪고 있는 언론사들에 영향을 주기도 했습니다.

앞으로 판결이 주목됩니다.

### 6. 이 밖에 어떤 소식이 있습니까?

☞ VJ[23]에 대한 시민들의 관심이 증가하고 있다는 소식을 전해드리고 싶습니다. 이런 교육은 우리 민언련을 비롯해서 몇 개 단체에서 하고 있는데, 뜨거운 관심을 보이고 있는 것을 볼 수 있습니다.

비디오저널리스트는 개인 비디오카메라를 가지고, 영상물의 기획·촬영·편집 등 전 제작과정을 혼자서 할 수 있는 사람을 일컫는 말인데요.

최근엔 공중파 방송에서 시청자참여프로그램의 실시와 함께 TV에 자신의 작품을 출품할 기회도 가질 수 있습니다

우리 민언련에서는 지난 6월부터 2개월 과정으로 비디오저널리

---

23) VJ는 Video Journalist의 약자임. 비디오카메라를 사용하여 주제 선정에서부터 기획, 취재, 편집, 해설에 이르는 모든 작업을 혼자서 처리하여 영상보도 자료를 제작하는 사람을 말하는데, 영상기자라고도 한다.

스트 강좌를 진행했었는데요. 며칠 전에 수료해서 VJ로 활동을 시
작하였습니다. 방송위원회에서도 정책적으로 지원을 하고 있고요.
CA－TV를 비롯한 공영방송에서도 관심을 갖고 있습니다.

이것은 시민운동으로, 퍼블릭엑세스(public access, 미디어에 대한
시청자의 접근권)를 실현하는 것이라고도 볼 수 있어요. 이제까지
는 TV 시청에 머물렀던 시민이 보다 능동적으로 방송에 참여할 수
있게 된다는 점에서 의의가 있습니다.

(2003 － 08 － 28  방송)


## 제21절 지방이 희망이다


### 1. 한 주간 지역언론에서 주로 다뤘던 내용은?

☞ 첫째로, 총선 관련 기사가 많습니다.

총선이 100여 일 앞으로 다가오면서, 총선 불출마 선언이 급속히
확산되고 있다는 소식과 함께 총선출마자와 관련된 기사가 많습니다.

민주당은 물론 우리당에서도 비리의원에 대한 징계가 검토되는
등 소위 '물갈이' 흐름이 빨라지고 있다는 소식입니다.

광주·전남지역을 전통적 지지기반으로 하는 민주당도 당내 중
도·소장파가 호남중진 '용퇴론'을 본격적으로 제기하고 있는데요.

이런 소위 '물갈이'는 정치개혁으로 연결될 수 있는 부분이기 때
문에, 언론에서도 단순보도보다는, 정치개혁의 필요성에 대한 부분
에 관심을 가져야 할 것이고요. 또 시민단체들의 적극적인 선거 참
여에 대해서도 관심을 가져야 할 것입니다.

둘째로, 경제 관련 기사가 눈에 많이 들어옵니다.

경기 불황과 빈부 격차로, 광주·전남지역민들이 경제적으로 힘든 나날을 보내고 있다는 건데요.

특히, 법원에 접수된 가압류·가처분, 민사 소액사건, 소비자 파산 등 각종 보전처분 소송사건이 굉장히 늘고 있고요.

예를 들면, 광주일보, 8일자에는, <집요한 빚 받기 주민등록 말소>라는 기사에, 지난해 주민등록이 말소된 사람이, 전년에 비해 10~20%가량 늘고 있다는 안타까운 소식들이 많이 있습니다.

셋째로, 농업 관련 기사도 있습니다. FTA 처리가 무산되었다는 소식을 싣고 있습니다.

한·칠레 간 자유무역협정(FTA) 비준 동의안이 국회에서 또다시 무산되어서, 향후결과가 주목된다는 소식인데요. 농촌 출신 국회의원들이 국회의장 단상을 점거하면서 비준안을 처리하지 못했다는 소식입니다.

## 2. 새해 지역의 중심 의제를 각 신문에서는 어떻게 다루고 있습니까?

☞ 새해에는 지역신문에서 여러 가지 의제를 설정하고 있는데요. 내용을 보면, 지방분권, 인권문제, 경제 살리기 등을 주로 설정하습니다.

광주일보의 경우에는 '작은 인권이 존중되는 사회'라는 의제를 다루고 있고요.

광주매일의 경우는 농업을 중심으로 해서, 의제를 설정하고 있습니다.

예를 들면, 5일자에, <'개방위기'수출 농업으로 돌파하자>라고 싣고 있습니다.

무등일보는, 중앙과 대비해서, 분권 관련 의제를 중심으로 다루고 있는 것을 볼 수 있습니다. '지방이 희망이다'라는 연중기획으로 다루고 있습니다.

전남일보의 경우는, 정치개혁을 의제로 설정하고 있습니다.

무등일보는, <지방이 희망이다>라는 슬로건을 내걸고, 1일자 3면에, '지방이 희망이다' 지방분권 좌담회, 7면 '지역경제 희망찾기' 전문가에게 듣는다. 고속철도(8면)와 광주도 지하철 시대(9면)에 배치하고 있습니다.

광주일보는 <광주전남 4·15총선 이슈>라는 의제를 설정해서, 4-5면에 '17대 총선 누가 뛰나'라는 제목으로 배치하고 있고요. 광주전남 의식조사(12-13면)를 해서 그 분석기사와, 광주 지하철 시대(16면) 등을 배치하고 있습니다.

광주타임스도 <다시 희망을 찾자>라는 슬로건으로, 1일자, 여론조사 분석 '광주전남 17대 총선 전망'을 싣고 있고, 5일자에 <광양만권 '전남경제' 살린다>라는 기사를 배치하고 있습니다.

광주매일도 <업그레이드 광주전남> 등을 제목으로 배치하고 있습니다.

그래서 대부분 4·15총선과 관련된 선거와 정치개혁 관련 기사와 지하철, 고속철도 관련 경제관련 기사를 중심으로 싣고 있습니다.

### 3. 신문사별로 기획시리즈들을 싣고 있는데요. 소개를 해 주시죠?

☞ 신문사별로 지역의제를 설정했던 부분을 대부분 기획기사로 다루고 있는 것을 볼 수 있습니다.

예를 들면, 무등일보는 '쌀의 해' 기획기사와 함께 '한국쌀 돌파구는 없다' 등을 연재하고 있고요. 문화수도와 관련해서도 시리즈를 연재하고 있습니다.

광주일보의 경우도, 1일자, 9면에 '쌀의 해' 연중기획—전남쌀을 한국대표 브랜드로—을 싣고 있고요. 광주문화수도 관련 기사를 시리즈로 싣고 전문가의견을 곁들이고 있습니다.

광주타임스는 "광주시청 이전 …. 상무 신시대 열린다."(5일자) 등의 기획기사를 싣고 있습니다.

전남일보는 '남도문화 신기행' 기사로 전남지역의 문화재와 사찰 등을 답사해서 기행문형식으로 싣고 있습니다.

### 4. 입목도 논란이 언론에서 계속되고 있는데요. 이 문제는?

☞ 무등산 자락 아파트 신축공사와 관련 건축허가를 받으면서 허가 조건인 입목도를 조작했다는 의혹과 관련해서 문제가 되고 있습니다.

문제는 광주일보가 당시 사업주였던 D건설(대주)에 대한 비판기사를 게재하다가, 이 건설사가 신문사를 인수한 이후 이 문제에 대해 침묵하기도 해서 문제가 되기도 했습니다.

지역사회에서 큰 논란을 일으켰던 비리사건에 모기업이 연루된 사건을 단순 보도하거나, 축소해 보도하는 양태를 보여 지탄의 대상이 되기도 했습니다.

그런데 우리 지역신문들은 새해 들어서 '입목도 조사'와 관련된 의견들을 내놓고 있습니다.

광주타임스, 오늘(9일)자, <사설 - 동구청 부실행정이 화(禍) 불렀다>라는 제목에서, "동구청이 당초 입목도가 기준치(50%)를 밑돌아 토지형질변경 승인을 해 줬다지만 무등산 보호단체협의회의 끈질긴 추적으로 기준치를 훨씬 초과한 59.7%로 밝혀졌다."면서, "동구청은 무보협의 지적이 사실이라면 해당 책임자를 엄중 문책하고 미진

한 관계법령 개정에도 적극 나서야 한다."라고 주장하고 있습니다.

### 5. 새해 지역언론계, 달라진 점이라면 무엇일까요?

☞ 새해에 지역언론계가 달라진 점이 있다면, 크게 광주일보의 변신과 무료일간지 창간 등 변화조짐이 있다는 겁니다.

광주일보는 올 1월 1일부터 지면을 증면하고, 조간으로 전환하고 있고요. 또 종이색깔도 '살굿빛 지면'으로 눈의 피로를 덜어 주는 지면으로 바꾸는 변신을 단행했습니다.

이렇게 광주일보가 변화하면서, 다른 지방신문들에 긍정적인 영향을 미칠지, 그렇지 않으면 출혈경쟁 등 부정적인 영향을 미칠지 주목이 됩니다. 특히, 신문사 소유주(사주)의 영향력에서 얼마나 벗어날지가 새해에 주목해서 바라봐야 할 점입니다.

두 번째로 <전라도닷컴>이 무료일간지를 창간할 것이라고 합니다. 그래서 기존 신문들과 달리 지역주민들이 실제 관심을 갖고 독자들에게 필요한 정보를 제공할지는 많은 의견들이 있습니다.

특히 이런 무료신문의 등장에 대해서, 우려를 나타내는 사람들도 있습니다. 즉 무료다 보니까, 독자들보다는 광고주의 영향력에 의해 신문시장이 지배될 것이라는 건데요. 자본주의적, 상업주의적 속성이 나타나서, 아마 저널리즘이 질적으로 저하될 것이라는 우려를 나타내고 있습니다.

그렇지만 무료신문이 긍정적인 역할을 할 것이라는 지적도 있습니다.

예를 들면, 활자매체를 꺼리는 인터넷시대 독자들에게 신문에 대한 친숙도를 높인다는 건데요. "무료신문과 유료신문은 대결관계가 아닌 보완관계로 봐야 한다."는 주장도 있습니다.

앞으로 우리 지역의 유료신문들도 무료신문의 등장에 위협받지 말고, 그만큼 유료신문의 경쟁력을 높여야 할 것입니다.

**6. 시민단체들의 낙선 총선운동에 대해서 언론은 어떤 입장을 취해야 할까요?**

☞ 지난 총선 때에 이어 시민·사회단체들을 중심으로 한 유권자 운동이 4월 총선의 향방을 크게 좌우할 것 같은데요. 시민·사회단체들은 지난 총선 때 위력을 발휘했던 낙선운동과 함께 이번에는 적극적인 당선운동을 할 것이라고 합니다. 그런데 낙선운동이나 당선운동에 대해서도 이제 언론들은 입장을 분명히 할 필요가 있다고 생각합니다.

언론들이 평소 정치개혁의 필요성과 정치 참여의 당위성을 강조했던 것처럼, 많은 관심을 가져야 하고요. 더 나가서 낙선운동이나 당선운동이 당파적인 정략의 도구로 전락하는 것에 대해서는, 언론의 감시와 비판이 필요할 것입니다.

(2004 − 01 − 09 방송)


## 제22절 사설과 기사의 논조가 달라도 되나

**1. 이번 한 주 지역언론에서 주로 다뤘던 사안이라면, 무엇이 있습니까?**

☞ 첫째로, 저명인사의 광주방문 관련 소식을 보도하고 있습니다. 10일 오후 대통령부인 권양숙 여사 등이 참석해서 순천 '기적의 도서관'을 개관했다는 소식을 다루고 있고요. 11일에 정찬용 청와

대 인사보좌관이 광주에 와서, '참여정부 인사혁신 광주 전남지역 토론회'에 참석하고, 기자들과 간담회를 가졌다는 소식, 12일 민심 탐방을 위해 광주에 온 민주당 추미애 의원 소식을 다루고 있는데 요. 주로 저명인사의 주장과 동정에, 큰 관심을 두고 있는 언론의 모습을 발견할 수 있습니다.

둘째로, 열린 우리당 창당 관련 보도가 많습니다. '열린우리당' 광주 북을 지구당과 강진·완도 지구당이 지구당 창당대회를 개최 했다는 보도가 있고요. 민주당과 대비한 기사들도 많습니다.

예를 들면, 광주타임스, 11일자, <민주당 독주 막 내릴까>라는 제목으로, 열린우리당 창당으로 내년 총선과 향후 지역정치 지형의 변화를 예측하는 보도가 있습니다.

셋째로, 문화중심 도시 관련 기사가 많습니다.

광주를 문화수도, 문화중심도시로 만들기 위해서, 경제통상부 등 5개 부처장관과 관련 시도지사, 민간전문가 등 범정부 기구가 구성 된다는 소식을 보도하고 있습니다.

광주매일, 10일자, 1면, <아시아 문화예술 허브도시 건설>, 전 남매일, 10일자, <문화수도 본격 후속조치>, 전남일보, 11일자, 1 면, <亞 문화중심도시 추진 기획단 – '범정부기구'뜬다> 등과 같 이 문화수도 관련 기사가 많이 등장하고 있습니다.

**2. 기사와 사설의 논조가 달라 독자를 혼란시키는 기사(광주일보 11월 11일자 농업 관련 사설과 1면기사 등)도 있죠?**

☞ 지난주 이 시간을 통해서 지적한, 우리 지역신문에 농업 관련 기사가 적다는 것을 시정하기라도 하듯이, 1면에 농업 관련 기사를 많이 배치했는데요.

광주일보 11일자 1면에, <농촌에 10년간 119조 투융자>라는 기사와 함께, 노무현 대통령이 "앞으로 10년간 119조 원 규모의 농업·농촌 투융자 계획을 마련하겠다."고 밝힌 내용을 싣고 있습니다.

그렇지만 정작 '사설'과 지면에 실린 '기사'의 논조에 차이가 있어서 독자들에게 혼란을 줄 수 있는 내용도 있습니다.

예를 들면, 광주일보, 12일자를 보면, 사설과 기사의 논조가 다릅니다.

<사설 - '119조 원 농촌투자' 적극 환영>이라는 제목을 싣고 있는데요. 내용을 보면, "'농업인의 날'을 맞아 노무현 대통령이 앞으로 10년 동안 농업부문에 119조 원을 지원하겠다고 밝힌 데 대해 적극 환영"하는 논조를 펴고 있습니다. 그리고 이어서, "이번 정부의 발표가 그 10%에는 미치지 못하지만 우리 농촌의 획기적인 발전에는 크게 기여할 것임에 틀림없다."고 대대적인 환영의 뜻을 표명하고 있습니다.

그런데 12일자, 1면에는 <정부 농촌 투융자 대책, 영세소농 정책적 배려 없다>라는 제목을 배치해서, 농민단체의 반응을 중심으로 기사를 싣고 있습니다.

기사내용에는 "영세소농에 대한 정책적 배려와 식량자급 장기계획이 없다며 비판적인 반응을 보였다."는 것이고, 또 "이번 대응책은 과거에도 제시됐다 실패한 장밋빛 청사진에 불과하다."고 한 주장이나, "119조 원이라는 재원도 결국은 향후 10년간의 농업예산을 합친 것에 불과해 새로울 것이 없다."는 주장을 싣고 있어서, 사설의 환영이라는 논조와는 상당히 반대되는 기사내용을 엿볼 수 있습니다.

그리고 여기에 그치지 않고, 13일자, 1면 하단에 <국회 농해수

위, '농촌 투융자', 실현 가능성, 실효성 의문제기>라는 제목으로, "국회 농림해양수산위원회는 지난 11일 노무현 대통령이 발표한 '농업 농촌 중장기 투융자 계획'에 관한 보고를 받는 자리에서 실현 가능성과 실효성에 대해 강한 의문을 제기했다."고 보도하고 있습니다. 여야 의원들의 말을 빌려서, "정부가 엄청난 지원을 하는 것처럼 부풀리기를 하고 있다."고 보도하고 있습니다.

이 기사를 접하는 농민이나, 독자들은 혼란에 빠질 수밖에 없는데요. 신문사에서 '사설'을 통해, 특정정책이나 발표에 대한 찬반의견을 표시했다면, 일관성 있는 논조나 편집방향을 지키는 것이, '줏대 있는 언론'이 취할 보도 태도일 것입니다.

### 3. 광주시와 전남도가 내년 예산을 확정했습니다만, 지역언론이 '받아쓰기형' 기사로 처리하는 부분은 없습니까?

☞ 광주시와 전남도가 총 5억 원대의 내년도 예산안을 편성했는데요.

우리 지역언론들은 이런 예산 편성소식을 거의 앵무새처럼 그대로 나열하고 있습니다. '받아쓰기' 기사의 전형적인 형태를 보이고 있습니다.

예를 들면,

광주매일, 12일자, <전남도 예산규모 첫 3조 원대 돌파>

전남일보, 12일자, <광주·전남 내년 예산 7% 증액 편성>

무등일보, 12일자, <광주 1조 9천69억 전남 3조 752억, 내년도 예산안 편성… 올해보다 각각 6.7%, 7% 증가>

광주일보, 12일자, <광주 내년 예산 1조 7천억 전남도 3조 752억>이라는 제목을 달고 있는데요.

광주일보의 경우는, 광주시의 예산을 다른 신문과 다르게 수치를 제시해서 오차를 나타내고 있습니다.

광주시나 전라남도의 보도 자료를 베끼고 있는데,[24], 신문 간에 차이가 거의 없습니다.

예산의 적절성을 평가하는 것은 언론이 지방자치단체를 감시하는 중요한 기능 중에 하나이고요. 예산을 통해서 다음 연도 주요 활동 등이 결정되기 때문에 매우 중요한 것이라고 볼 수 있습니다.

언론에서 예산에 대한 배분의 적절성이나, 특정 사업에 대한 분석, 평가 등에 대한 기사를 마련했으면 하는 아쉬움이 있습니다.

### 4. 대주가 광주일보를 인수하고 사장 등을 선임했죠?

☞ 광주일보가 결국 대주그룹에 팔렸습니다.

광주일보사와 무등빌딩에 대해 대주그룹이 인수하기로 하고 지난 3일 계약서에 서명했다고 합니다. 확인되고 있는 인수금액은 350억 원으로 파악되고요. 구체적인 내용은 추후에 밝혀질 것 같습니다.

한편, 대주 측은 광주일보 신임 대표이사로 손영호 씨를 선임했는데요.

새로운 대표는 명문대학 경영학과를 졸업, 생명 보험회사 등을 거친 영업마인드를 갖춘 사람으로 평가되지만, 그가 걸어온 길에서 언론과 관련된 경력은 그 어디에서도 찾아볼 수 없다는 점에서, 언론에 대해서는 전혀 경험이 없는 사람이, 언론사 경영에 어떤 역할을 할지가 주목되고요, 일각에서는 언론의 사회적 기능보다는, 기

---

24) 광주시의 내년 주요 투자사업은 ▲광산업 등 3대 핵심전략산업 육성과 산업·경제기반 확충 등을 통한 첨단산업도시 육성 1천859억 원 ▲문화수도 육성과 문화·관광산업 기반육성 241억 원 ▲생태환경·녹색도시 육성을 비롯한 환경모범도시 조성 부문 1천95억 원 ▲노인복지 향상과 장애인·저소득층 지원 등 인본복지도시 구현 부문 3천52억 원 등으로 구성되어 있다.

업이윤 추구에 더 열을 올릴 것이라는 우려도 제기되고 있습니다.

시민단체에서는, 대주의 광주일보 인수에 대해서, '건설회사의 모기업 방패막이'가 될 거라는 우려를 제기하고 있는 상황입니다.

### 5. 이 밖에 다른 소식은 무엇입니까?

☞ 무등일보가 사옥을 이전했다는 소식입니다.

무등일보는 지난 8일 광주시 서구 치평동 BYC빌딩 7층으로 사옥을 옮겼다고 사고 <알림>을 냈습니다. 상무 신도심 시대가 열면서, 광주전남지역의 아젠다를 발굴해서, 독자들과 함께하겠다는 뜻을 밝히기도 했습니다.

그런데 우리 지역 대부분의 신문사들이 경영난을 겪고 있는 것은 이미 알려진 사실인데요. 무등일보도, 사옥 이전을 통해서 경영난을 타개하려는 모습을 보이고 있습니다.

우리사주 형식으로 타 신문사에 비해, 비교적 건전한 자본을 형성하고 있는 것으로 알려지고 있지만, 역시 지방언론이 해결해야 할 현실적인 한계가 있는 듯합니다.

새 사옥에 이전한 무등일보가 지역과 밀착된 기사를 통해서 지역민들과 함께하기를 기대합니다.

(2003 - 11 - 14 방송)

# 제23절 언론의 자유를 탄압한다는 것인가

## 1. 지난 한 주간 지역언론에서 중요하게 다뤘던 내용은 어떻습니까?

☞ 첫째로, 기아자동차 광주공장 노조가 지난달 23일부터 부분 파업을 벌여 왔는데요. 파업 관련 보도를 하고 있습니다. 파업 자제를 촉구하는 보도들이 주류를 이루고 있습니다.

둘째로, 휴가철에 접어들면서 휴가 관련 보도가 많이 있습니다.

휴가철에 안전성을 강조하는 기사와, 무질서와 바가지요금에 대한 기사도 많았습니다. 백사장엔 쓰레기가 뒹굴고 깨진 병이 널려 있다는 것, 민박료가 평소의 2~3배가 되고 있다는 것, 안전사고가 잇따르고 있다는 보도가 많았습니다.

셋째로, 양길승 대통령 부속실장의 '향응' 관련 보도가 많았고요. 양 전 실장이 호남 출신 인사라는 점에서 지역언론에서도 크게 다루고 있었습니다.

넷째로, 경제난으로 빈곤층이 생활고 등으로 자살하고 있다는 보도가 많고요. 현대 아산 정몽헌 회장의 자살 관련 보도도 많은 부분을 차지했습니다.

무등일보, 7일자, <심각한 경제난 신빈곤층 생활고로 벼랑 끝 민간사회 안전망 재구축을>이란 기사와 같이, 사회 안전망의 확대를 강조하는 기사들이 많았습니다.

## 2. 의제 설정은 잘되었습니까?

☞ 먼저, 노조파업과 관련된 내용을 보면, 노사 양측의 입장을 고려하는 균형 있는 시각이 필요합니다.

그런데 '노동자 측의 파업 때문에 손해를 보고 있다.'는 식으로, 한쪽에서만 원인을 찾고 있습니다.

예를 들면, 호남신문, 6일자 <사설 - '기아파업'이 지역경제 흔든다>라는 제목과, 광주일보, 5일자, <사설 - 기아차 노조, 파업 그만둘 때다>에서, "지난달 23일부터 있었던 파업으로 하루 83억 원의 매출 손실이 발생했다."면서, 여전히 사용자의 시각에서 노조파업의 부당성을 지적하고 있습니다.

보도의 관점이 단체협상의 결렬에 따른 노동자의 파업이기 때문에, 노사 '양쪽'에서 그 원인을 찾아야 할 것입니다.

둘째, 양길승 전 실장에 대한 보도를 살펴보면, 우리 지역신문에서 '음모론'이 주류를 이루고 있고요. 특히 일부 신문에서 주도하고 있습니다.

호남신문, 2일자, <사설 - 기강해이인가, 음모희생인가>, 호남신문, 4일자, <사설 - '양길승사건'은 단순하지 않다>에서, "정치적 의도가 숨어 있는 음모를 보는 것 같다."라고 하면서, 불순한 세력에 대한 음모론을 제기했습니다.

이 사건은 공직자의 도덕성과 함께, 몰래카메라에 의한 '사생활 침해' 부분을 언급해야 하는데, '정치적 음모'에만 초점을 맞추고 있는 듯합니다.

셋째로, 자살 관련을 보면, 생활고와 카드 빚 등이 원인이기도 하지만, 언론에서 너무 무분별하게 자살을 보도하고 있어서, 혹시나 모방 자살을 부추기고 있지는 않나 하는 생각이 듭니다.

자살했다는 단순한 보도보다는 좀 더 사회를 바람직하게 이끄는 쪽의 보도가 많이 되어야 할 것 같습니다.

즉, 언론에서 '계도형 기사'를 개발해야 할 것 같은데요.

예를 들면, 전남일보, 5일자, <자살은 탈출구가 아니다>와 같이, 계도적인 제목이 바람직할 것 같습니다.

### 3. 정몽헌 회장 투신자살과 관련된 보도가 많았는데요. 우리 지역신문들은 어떻게 다루고 있습니까?

☞ 5일자에 우리 지역의 거의 모든 신문이 1면 머리기사로 정 회장의 투신자살 소식을 다루고 있습니다. 자살 원인에 초점을 맞추는 보도가 많았고요. 대북 사업이 계속되어야 한다는 사설이 많았습니다.

광주일보, 4일자, <사설 - 정몽헌회장 투신자살 충격>

광주일보, 5일자, <사설 - 남북 경협 자질 없는 추진을>

광주매일, 5일자, <사설 - 대북사업은 계속되어야 한다>

전남일보, 5일자, <사설 - '자살'이 남북관계 걸림돌 안 돼야>

그렇지만 자살원인을 놓고 여야가 공방한다는 보도도 있어요.

호남신문 5일자, <사설 - 정몽헌 회장도 자살하는 나라>에서, 자살하는 사람들이 늘어나는 것은 "국가적인 재앙"이라고 보도하고 있습니다.

한편, 자살원인에 초점을 맞추기보다는, 죽음의 결과 나타날 미래에 대한 과제에 초점을 맞추는 사설도 있습니다.

무등일보, 5일자 <사설 - 정 회장의 죽음이 남긴 과제>라는 기사에서, "정몽헌 회장이 남긴 과제는 그의 죽음을 남북경협을 새롭게 조명, 점검, 재검토하는 계기로 삼아야" 한다는 것을 강조하고, 미래 지향적으로 승화시키자는 주장을 하기도 했습니다.

**4. 검찰이 양길승 씨 '몰래카메라' 원본 테이프 입수를 위해 압수수색 영장을 발부받았는데요. 이를 두고, '언론자유 침해' 논란이 일고 있지요?**

☞ 원본 테이프 입수를 위한 압수수색 영장을 놓고, 두 가지 의견이 대립됩니다.

하나는 언론의 자유침해라는 것이고, 다른 하나는 철저한 진상규명을 위해서는 영장을 집행해서 원본 테이프를 입수해야 한다는 것입니다.

언론자유의 침해라는 주장은, 특히 해당 언론사 노조에서 강하게 주장을 합니다. 그래서 SBS 노동조합에서 5일, 성명서를 발표했는데요. "검찰의 압수수색을 규탄한다!"라는 제목의 내용입니다. '취재원 보호'는 언론사로서는 어떠한 상황에서도 포기할 수 없다고 주장을 하고 있습니다.

이런 주장과는 달리, 우리 민언련에서는 다른 견해를 표시합니다. 몰래카메라의 진상을 명백히 규명해서, 고의적이고 악의적인 범죄를 정확히 판단하자는 것입니다.

민언련에서는 6일, "양길승 씨 '몰래카메라'의 철저한 진상규명을 촉구한다."라는 성명을 발표했는데요. 이번 '몰래카메라' 파문 역시 그 진상을 정확히 밝혀 불법이나 비윤리가 있다면 해당자에게 그에 대한 응분의 책임을 묻는 것이 당연하다고 밝히고 있습니다.

저도 개인적으로, 이번 사건을 노무현 정권의 언론자유 침해와 탄압으로 보기보다는, 진실을 정확하게 규명한다는 차원에서 접근해야 한다고 생각합니다.

**5. 제2차 국정토론회에서 노무현 대통령의 대언론 발언이 있었는데요.
우리 지역신문에서는 어떤 태도를 보이고 있습니까?**

☞ 노 대통령이 국정토론회에서, 언론을 비판했지요. 즉 "언론이
공정한 의제, 정확한 정보, 냉정한 논리를 통한 공론의 장으로 기
능을 제대로 못 하고 있다."라고 했는데요.

우리 지역신문들은 대통령의 이런 비판을, 다시 맞받아서 비판을
하고 있어요.

호남신문, 5일자, <사설 – 언론성토로 끝난 국정토론회>라는 제
목에서, "노 대통령과 정부는 깊이 반성해야 한다. 집권에 따른 국
민의 기대에 부응하지 못한 결과에 책임을 지고 심기일전하는 모
습은 보이지 않고 그 책임을 언론에 떠넘기려 하는 것은 위험한 사
고"라고 보도하고 있어요.

광주일보, 2일자, <사설 – 정부가 국정 주도력 잃었다면?>라는
제목에서, "정부가 잘하면 언론이 딴죽을 걸겠는가?"라며, "정부는
지금 '남의 탓'을 할 때가 아니다."라고 보도하고 있고요.

그러나 그동안의 언론의 횡포를 지적하며, 언론개혁에 동조하는
신문사설이 있습니다.

전남일보, 4일자, <사설 – 언론의 특권과 횡포 바로잡아야>라는
제목에서, 언론이 "오보를 양산하면서도 부끄러운 줄 모르고, 자전
거 등 과도한 경품을 통해 신문시장을 계속 어지럽히고 있다."고
하면서, "언론개혁에서 지방신문에 대한 개혁 또한 빠져서는 안 된
다."고 보도하고 있습니다.

전남일보가 자사의 사설을 통해서, 자성의 목소리와 함께 언론개
혁을 부르짖고 있는데요.

앞으로 언론개혁을 위해서 얼마나 노력할지 지켜보겠습니다.

## 6. 대학 교수가 몰래카메라를 설치했다가 여성 조교로부터 고소를 당한 사건이 있었는데요. 이에 대한 보도 태도는 어떻습니까?

☞ 언론에서 단순 보도를 하는 데 그치고 있습니다.

대학의 이미지 손상 등을 염려해서 축소보도로 일관하고 있다는 생각이 드는데요.

전남매일, 1일자의 경우에는 '가십'란에서, 간단히 다루고 있고요.

광주일보, 1일자, <전남대 잇단 성추행 '말썽'>이라는 기사에서, 여조교 사무실에 몰래카메라를 설치한 사건을 단순히 보도하고 있습니다.

전남일보, 1일자, <캠퍼스 '성추행' 공개를>이란 기사도 마찬가지입니다.

전남일보와 무등일보에서는 성희롱에 대한 관련 <사설>을 싣고 있습니다.

전남일보, 2일자, <사설 - 대학 내 성폭력 방치할 것인가>라는 제목에서, "학교 이미지 타격을 우려해 무조건 쉬쉬하고 넘어갈 것이 아니라, 예방 차원의 대책과 솔직한 대화 등 적극적인 노력을 기울여야 한다."고 보도하고 있어요.

같은 대학에서 연속해서, 교수의 성희롱 문제가 불거지고 있는 것은 언론의 감시기능이 미약하다는 것을 입증하는 것입니다.

1년에 1회 이상 성희롱예방교육을 의무적으로 실시하도록 되어 있는데, 이런 교육을 교수들이 제대로 받았는지, 대학 본부에서도 현행법에 있는 성희롱예방노력을 제대로 기울였는지, 그리고 성희롱이 발생한 후에 재발방지 노력이 있었는지에 대한 보도가 부족한데요. 이 부분에 대한 심층보도를 기대합니다.

(2003 – 08 – 07 방송)


## 제24절 언론개혁 과제는


### 1. 갑신년 새해가 밝았습니다. 새해 맞는 소감이라면?

☞ 희망과 기대 속에 '갑신년' 새해가 시작되었는데요. 새해에는 사회의 여러 계층이나 지역 간에 갈등이 해결되고, 경제적으로 어려운 상황이 개선되면 좋겠다는 소망입니다.

그리고 개인적으로는 저술활동과 연구활동을 통해서, 지역사회와 학문의 발전에 기여하고 싶고요. 또 대학에서의 강의활동도 활발하게 하고 싶고, 우리 CBS방송 활동도 더욱 열심히 하고 싶습니다.

### 2. 언론개혁 차원에서 새해의 의미도 클 것 같은데 어떻습니까?

☞ 그렇습니다. 새해에는 국회의원 총선도 있고, 신문업계에 일부 '무가지'가 등장할 예정이라고 합니다. 특히, 지역 경기가 위축되고 침체되어서, 대다수의 지역신문사가 큰 폭의 적자를 기록할 것 같다는 생각도 듭니다.

이런 상황에서, 신문사에서는 내부의 '비용'을 줄이려는 노력으로, 구조조정이 더욱 가속화될 수 있고요. 또 새로운 수익원을 창출하려는 노력이 계속될 것입니다.

이런 상황에서, '언론개혁'은 빼놓은 수 없는 화두입니다. 신문이 독자들의 신뢰를 받는 것이 중요하고, 또 독자나 지역주민의 사랑을 받는 언론만이 살아남을 수 있게 될 것입니다.

아무쪼록 지역언론이, 선거나 정치개혁에 좀 더 긍정적인 역할을 하기를 기대하고요. 전문적인 여론조사나, 폭넓은 전문가들의 의견들을 경청하고, 적절한 대안 제시도 함께 있어야 할 것입니다. 그리고 지역사회의 공감대를 형성해 나가도록 하는 의제설정 기능도 다해야 할 것입니다.

### 3. 전국 민언련 차원에서 언론개혁의 구체적 과제를 제시해 주신다면?

☞ 몇 가지로 요약할 수 있는데요.

먼저, 신문과 방송의 지속적인 모니터 활동을 통해서, 왜곡보도를 개선해 나갈 생각입니다.

특히, 신문에 비해서 방송모니터가 약한 편인데요. 다채널 방송시대를 맞이해서, 방송모니터를 강화할 것입니다.

둘째로, 새해에 총선을 대비해서, 선거보도 태도를 감시하고, 이를 감시할 연대기구를 발족할 것입니다. 그래서 공정한 선거보도가 되도록 하고, 올바른 선거 문화가 정착될 수 있도록 노력할 겁니다.

셋째로, ‘퍼블릭 엑세스’ 운동을 강화합니다. 이것은 시청자들이 방송프로그램을 직접 제작하고, 제작된 결과물을 공영방송을 통해 방영되도록 해서, 시청자들의 주권을 찾으려는 노력인데요. 앞으로 이런 ‘퍼블릭 액세스’ 활동이 강화되어야 할 것입니다.

넷째로, 전국 민언련 차원에서 벌이고 있는, ‘안티 조선일보운동’에 참여할 것입니다. 이것은 조선일보의 편파왜곡보도에 대해서, 전국 민언련 차원에서 대처하고 연대하는 활동입니다.

다섯째로는, 온라인 운동을 확대해서 대안언론매체와의 연대를 강화할 것입니다.

마지막으로, 시민들을 대상으로 한 언론학교를 개설해서 교육 사업을 강화할 것입니다.

## 4. 지역에서는 건설사의 신문사 소유 등으로 공정 언론에 대한 우려가 더 높아졌는데, 지역언론개혁 과제라면 어떤 것이 있습니까?

☞ 우리 지역은 다른 지역에 비해서, 대학이 많고, 건설업체가 많고, 언론사도 많데요. 그래서 어떤 사람들은 광주전남을 '삼다도(三多道)'라고 부르기도 합니다. 그중에서도, '건설사'와 '언론사'가 매우 유착되어 있다는 것이 특징입니다.

현재 광주에서 발행 중인 10개의 일간지 가운데, 호남일보와 광주매일을 제외한 8개가 건설자본과 밀월관계에 있다고 보면 같고요. 작년 11월에, 52년간의 역사를 지닌 광주일보가, 대주주택과 대주건설을 계열사로 거느린 대주그룹에 넘어가서, 건설자본과 언론자본의 결합이 절정에 이르기도 했습니다.

공정성과 객관성을 생명으로 하고 있는 언론의 본질적인 기능이 침해될 우려를 제기하고 있는 상황입니다. 사실, 우리 지역의 일부 언론의 경우에는, 건설이나 유통업체를 거느린 '모(母)기업의 방패막이' 노릇을 하기도 하고, 또, 여러 가지 이권에 개입해 온 사례가 있었습니다. 건설업체를 끼고 있는 광주지역의 신문사들이, 얼마나 보도에 공정성을 지킬 것인가가 중요한 과제로 등장하고 있는 상황입니다.

신문사의 사주가 편집에 간섭하거나, 영향을 주어서는 안 된다고 생각하고요. 지역 시민사회단체에서도 언론의 감시와 견제가 필요할 것 같습니다.

5. 4월 15일 총선을 앞두고 언론의 총선 관련 보도도 중요한 부분인데요. 총선 보도와 관련한 민언련의 계획이라면, 어떤 것이 있습니까?(우려되는 문제점과 바람직한 방향, 민언련 활동 계획)

☞ 선거 때마다 언론의 문제가 되는 것은 불공정한 편파보도라고 볼 수 있는데요.

언론에서 보다 공정한 보도가 중요하고요. 저희 단체에서도 언론보도를 감시하는 활동을 벌일 계획입니다. 다른 시민단체와 연대해서 4월 총선을 감시하기 위한 '선거보도감시연대회의(선감연)'를 가동할 계획입니다.

언론계 전문가들이 참여해서 토론회를 개최한달지, 모니터 보고서를 발표해서 올바른 선거보도가 되도록 할 것입니다.

지금 현재 활동 중인 신문모니터분과, 방송모니터분과 등이 더욱 구체적으로 활동할 것이고요. 보통 선거 1개월(3월 15일)을 전후로 해서 언론의 선거보도가 본격화되기 때문에, 이때부터 감시활동도 집중될 것입니다.

6. 지방분권 3대 특별법 시행으로 지역에서 언론의 역할도 더 커 가고 있는데요, 어떤 역할이 필요할지 말씀해 주시겠습니까?(지방분권특별법, 국가균형발전특별법, 신행정수도특별조치법)

☞ 지방분권이 이제 새로운 화두로 등장하고 있는데요.

지방분권이 올바르게 정착되기 위해서는 무엇보다도 지방언론의 역할이 중요할 것 같습니다.

지역이 균형 있게 발전할 수 있도록, 언론 보도 태도가 달라져야 할 것입니다.

지역언론이 지역소식을 중심으로 보도하는 '지역 밀착형 보도'가 이루어져야 하고요. 또 도시와 농촌, 사용자와 노동자 등 사회를 통합하고, 희망을 제시하는 '사회통합적인 역할'도 수행해야 할 것입니다.

전남지역은 노인과 농민들이 많은 농도(農道)라는 점을 감안해서, 농민, 노인들에 대한 관심이 확대되어야 하고요. 여성, 장애인, 소수 권리자 등 사회적 약자들을 위한 보도도 강화할 필요가 있습니다.

**7. 권력의 4부라고 하지만, 요즘 언론이 훨씬 강력한 힘을 발휘하는 듯합니다. 시민들의 역할이 더 강조된다고 하겠는데요, 이 부분과 관련해서 한 말씀 해 주시지요?**

☞ 언론이 권력기관으로 등장하고 있는데요.

지난 12월 초 새로운 사주가 취임하는 사주 취임식에 광주전남 시도지사를 불러서 축사를 하게 한달지, 지난여름에는 도청을 출입하는 한 지방일간지 기자가 술을 마신 채 도지사실에 들어가서 박태영 도지사와 지역민들 간의 간담회를 방해한 사건 등을 보면 언론이 대단한 권력으로 등장하고 있는 것을 볼 수 있습니다.

이런 언론은 정부에서 통제하기는 어렵고요. 시민들을 통해서 통제되고 감시되어야 할 것입니다.

시민들이 언론을 감시하고, 또 각종 보도행태를 모니터해서 언론의 잘못된 부분을 개선할 수 있도록 해야 할 것입니다.

새해에는 시민들이 조그마한 힘을 모아서 언론을 감시하는 역할을 했으면 좋겠습니다.

(2004 － 01 － 02 방송)

<table><tr><td>제5장</td><td>교육 및 사회 문화 관련 보도</td></tr></table>

## 제25절 교육행정정보시스템(NEIS), 부풀리기 보도인가

### 1. 지난 한 주간 지역언론계 주요 흐름을 짚어 주시죠?

☞ 첫째로, 집권여당인 민주당은 신당 창당 논의를 둘러싼 신·구 주류 간의 논쟁과 관련된 보도를 하고 있습니다.

광주·전남지역 국회의원들도 민주당의 신당 창당 논의 과정에서 신·구 주류로 각기 편이 갈려 정쟁에 휘말려 있다는 보도입니다. 최근에는 민주당의 신당 창당 논의가 '개혁신당' 흐름에서 '통합신당' 쪽으로 급격히 무게 중심이 쏠리고 있다고 보도하고 있습니다.

둘째로, 교육행정정보시스템(NEIS)[25] 실시를 놓고 논란이 많은데요. 교육부의 교육행정정보시스템(NEIS) 전면 재검토 결정으로 광주·전남지역 일선 학교가 학교종합정보시스템(CS) 등으로 복귀해야 하지만 이에 따른 처리문제가 산더미처럼 쌓여 있어 학사업무 마비가 우려된다는 보도가 주류를 이루고 있습니다.

셋째로, 현금인출기(CD기)를 해킹해 고객예금을 빼돌리는 사건과

---

25) 교육행정 전반의 효율성을 높이고, 교직원의 업무환경 개선을 위해 교육인적자원부가 구축한 전국 단위의 교육행정 정보체계를 말한다. 보통 'NEIS'로 약칭되며, 2003년 4월 11일부터 시행된 제도이다. 교육 관련 정보를 공동으로 이용하기 위해 전국 1만여 개의 초·중등학교, 16개 시·도 교육청 및 산하기관, 교육인적자원부를 인터넷으로 연결하는 전국 단위의 교육행정 정보시스템을 말한다. 예를 들면, 학부모는 직접 학교를 방문하지 않고 인터넷을 통해 졸업증명서·성적증명서, 교육통계 현황, 학생 정보 등 각종 정보를 쉽게 확인할 수 있다.

관련된 보도도 있습니다.

최근 위조카드 인출 범인들은 현금인출기 내의 하드디스크에 노트북을 연결, 고객들의 현금 카드에 실린 신용정보를 노트북에 저장한 후 현금 카드를 복제하는 수법으로 남의 돈을 빼돌려 왔다는 보도입니다.

## 2. 현안, 주요 사안을 지역언론이 잘 보도했습니까?

☞ 우리 지역의 현안 중에 하나가 민생문제입니다.

서민들의 생활이 점점 어려워지는데 신당 창당 논의가 머리기사를 차지하고 있습니다.

먼저, 신당 창당 논의에 대해서는 정치권의 입장이나 국회의원들의 이야기가 너무 부각되어 있고, 지역민의 의견들은 등한시되고 있습니다. 일부 언론사에서 여론조사결과가 나오긴 했지만, 지역여론을 수렴하는 노력이 부족했다고 봅니다.

둘째로, 나이스(NEIS) 관련 보도를 보면, 균형적인 보도가 상실되었다고 봅니다.

매우 기회주의적이고 편향적인 보도라고 볼 수 있는데요. 문제의 본질인 '인권' 문제는 전혀 도외시하고 있다는 느낌이 들어요. 그래서 보수와 진보집단 간의 갈등을 조장하고 있다고 봅니다. 너무 부분적인 사항을 확대해 보도함으로써 전체를 보지 못하고 있는 것 같습니다.

셋째로, 현금 카드 복제사건과 관련된 보도는, 단순한 사건을 보도하는 데 그치고 있는데요. 현재 현금인출기 CD기를 이용하는 사람들이 많은데, 이번 사건을 계기로 CD기 시스템의 보안상 허점이나, CD기 판매와 관리상의 문제를 다루는 보도는 부족했다고 봅니다.

넷째로, 5월 '가정의 달'을 맞아서 가정폭력 피해의 심각성을 다루는 기사가 많았는데요. 이런 기사에 있어서도 너무 '남성적인 시각'에 치우쳐 있다는 지적이 있습니다. 피해를 당하는 '여성이나 아동의 시각'에서 가정폭력들이 다루어져야 할 것입니다.

**3. 신당 논란과 관련해서는 지역민 여론을 듣기가 힘들고 일방적인 전달 보도에 그친 면이 있습니까?**

☞ 그렇습니다. 신당 관련 보도가 정치인들의 시각에서 전달되고 있는 것이 문제입니다. 정당을 만들 때 중요한 요소 중의 하나가, 정당구성원들인데요. 이 지역민들의 여론이 거의 무시되고 있다는 느낌이 듭니다.

신당 논의가 당의 갈등과 분열을 확대하는 방향으로 전개되고 있습니다. 정치인의 일방적인 의견만이 전달되고 있고요. 지역민들은 어떤 생각을 가지고 있는지에 대해서는 너무 등한시되어 있습니다.

한 여론 조사(현대사회리서치·시민의 소리)에 의하면, 정치권의 신당논의와 관련 광주시민의 71%가 신당 창당을 지지하는 것으로 나타났고요. 그렇지만 신당의 성격에 대해서는 개혁신당 36.8%와, 통합신당 34.3%로 신당 선호도가 팽팽하게 맞선 가운데, 민주당을 현행대로 유지해야 한다는 의견도 19%나 됐습니다.

특히 여론조사결과 '통합신당'과 '개혁신당'의 지지층 사이에서는, 연령과, 학력, 지지정당에 따라 신당 컬러에 대한 선호도가 확연하게 달라지고 있습니다.

그래서 언론 보도에서는 이러한 지지층에 대한 의견이나 지역민의 밑바닥 정서를 읽는 것이 중요하다고 생각합니다.

**4. NEIS의 경우 실제 현장 실태보다는 '부풀리기식' 보도가 많지 않았 습니까?**

☞ 그렇습니다. '부풀리기식' 보도가 많았습니다.

예를 들면, NEIS 후유증 교육청. 교총 '협상안' 반발(광주일보 5. 27.)이라는 기사를 볼 수 있는데요. '교육계 혼란'이라거나 '교육계 갈등'이라는 식으로 부정적 측면만을 부풀려서 보도하고 있습니다.

인권위 결정[26]이 가지고 있는 의미에 대한 보도보다는, 추가예산 문제에만 관심을 집중시키고 있습니다. 당장 NEIS 문제가 해결되 지 않으면 '파업'을 결행하겠다던 전교조의 입장과, 기존의 학교종 합정보관리시스템(CS) 업무 거부를 선언한 교총의 입장을 대립적으 로 보도하고 있습니다.

양측의 힘겨루기 보도양상보다는 보다 더 본질적인 문제에 접근 해서 보도를 해야 할 것입니다.

나이스 보도의 본질적인 문제는 NEIS가 '교육과 인권 차원'에서 정말 필요한 제도인가 아닌가라는 것이 주된 내용인데요. 이런 부 분에 대한 보도보다는 '전교조 집단항의에 정부가 손들어 줬다.'는 식의 보도가 주류를 이루고 있습니다.

**5. 지역언론계 소식을 전해 주시지요?**

☞ 먼저, 지역신문 기자들의 업무과중으로 와병 중에 있는 기자 들이 많다는 소식입니다.

신문사가 인건비를 줄이기 위해서 구조조정을 했고, 적은 인원으 로 지면을 채우려다 보니까, 자연히 업무가 과중된다는 것입니다.

---

26) NEIS에 대해 국가인권위원회는 인권침해 소지가 있다는 지적과 함께 교무, 학사, 보건영역을 제외하라는 권고안을 낸 바 있다.

이것은 지역신문사의 공통된 현상입니다.

예를 들면, 모 신문사의 경우에는 세 명의 중견기자들이 병을 앓고 있다는 소식이 전해지고 있습니다. 사진부 신 모 부장, 사회부 박 모 부장, 정치부 박 모 부장 등인데요.

이것은 열악한 근무환경 속에서 업무가 너무 과중하다는 사실을 단적으로 보여 주는 것이라고 볼 수 있어요. 특히 사진부 경우에는 심한 고통에 시달리는 것으로 알려지고 있습니다. 실제로 카메라기자 71%가 '척추질환'으로 고통을 당하고 있다는 보도도 있습니다.

지방 신문사들의 존속능력에 의문이 제기되고 있는 상황에서, 기자들의 근무조건이 개선될 수 있을지는 의문입니다.

두 번째는 전직기자가 복직투쟁 끝에 복직통보를 받고 근무를 하고 있지만, 취재나 편집업무에 종사하지 못하고 본래의 업무와는 관계없는 광고업무에 종사하고 있다는 소식입니다.

주인공은 김민영 기자인데요. 김 기자는 기자시절 언론노동운동을 했던 사람입니다. 김 기자는 지난 3월 말 전남일보에서 해고를 당했는데, 이를 부당해고라고 하면서 해고철회를 주장하며 1인 시위를 벌였고요. 또 이를 지지하는 시민사회단체에서는 투쟁을 지지하는 1인 시위를 벌이면서 주목을 받았었습니다.

결국 5월 2일에 김민영 기자는 복직하게 되었는데요. 그런데요. 문제는 형식적으로 복직은 되었다지만, 과거 김 기자가 근무했던 편집이나 취재업무와는 완전히 동떨어진, 광고국의 부장으로 근무를 하면서, 고질적인 미수금을 정리하는 업무를 하고 있다는 겁니다.

복직은 했지만, 회사에 대항에서 노동운동을 했다는 이유로 펜을 잡지 못하게 하는 것은 문제가 있다는 것이 시민단체들의 주장입니다.

(2003 − 05 − 29 방송)

# 제26절 문화도시 건설, 감정으로 대응하나

## 1. 지난 한 주 지역언론에서 주로 다뤘던 내용은 무엇입니까?

☞ 먼저, 문화수도 예산 관련 보도입니다. 국회가 5일 광주 · 전남 정부합동청사 나주건립을 무산시켰는데요. 향후 부지유치를 둘러싼 광주시와 나주시 간의 격렬한 격돌이 예상된다는 보도들이 많이 있습니다.

둘째로, 수학능력시험 관련 보도가 어제 오늘 주류를 이루고 있습니다. 5일 실시된 2004년도 대학수학능력시험 난이도 분석을 놓고 신문사마다 약간씩 다른 해석을 내놓고 있습니다.

광주타임스는, 대학수학능력시험은 영역별로 난이도가 지난해와 대체로 비슷한 것으로 분석돼 상위권 수험생들의 점수가 약간 오를 것이란 전망을 하고 있고요. 전남일보는, 지난해와 비슷하고 점수는 인문계를 중심으로 약간 오를 것으로, 전남매일은, 지역대학 명문학과의 경우 예상 점수를 밝히고 있습니다. 지난해 수능변환표준점수 평균치를 감안할 때 합격안정권은 몇 점이 될 것(370~380점대)이라는 성급한 전망을 내놓고 있는데요. 이러한 전망이 오히려 수험생들의 혼란을 부추기지나 않을까 우려됩니다.

셋째로, 정부 합동 청사 건립 관련 보도가 많습니다.

## 2. 정부 합동 청사 건립과 관련한 보도, 어떤 문제가 있습니까?

☞ 우리 지역언론들의 정부 합동 청사 건립관련 보도는 심층보도 없이 '광주와 나주', 또는 '광주와 전남' 간의 지역갈등으로만

접근하는 경향이 많았습니다.

예를 들면, 광주타임스는 31일자, <정부기관 합동청사 부지 광주 - 나주시 연일공방>이라는 제목이나 6일자, <합동청사 신축 논란 2라운드 돌입>이라는 제목에서 보듯이, 공방이나 논란이 '2라운드'다. '더욱 치열해질 것으로 보인다.'라고 보도하고 있고요.

전남일보, 3일자, <'통합청사' 광주시 행보 불만, 나주시민 사회단체 반발움직임>이라는 기사에서도, 나주지역주민들의 '반발'을 부각하고 있고요.

전남매일, 4일자, <정부, 통합 청사 광주건립확인>이라는 제목에서, 행정자치부가 광주시의 부지제공 의사 등을 내세워 사실상 광주건립을 분명히 했다면서, 정부에서 마치 광주에 건립할 것을 확정한 것처럼 보도하고 있습니다.

그리고 6일자, <광주·나주 간 갈등 부추겨>라는 기사에서, "… 시도 간의 갈등이 장기화될 것"이라고 보도하고 있습니다.

오늘자(6일자)에는 호남신문, <사생결단 극한대결 예고>, 전남매일, <나주시장, 무기한 단식>, 무등일보, <나주시, 합동청사 유치 상경투쟁>이라는 각각의 제목에서, "신정훈 나주시장이 세종로 정부종합청사 앞에서 항의하는 사진과 함께 단식투쟁에 돌입했다."는 내용의 보도도 하고 있습니다.

이렇게 언론에서, 합동청사에 대한 본질적인 문제를 심층적으로 보도하려는 노력보다는, 시도 간의 '갈등을 부추기고 있다'는 느낌이 들고요. 행정자치부의 명확한 입장에 대해서 좀 더 정확한 보도가 필요한 부분입니다. 앞으로 장소결정 과정에 대한 방법들에 대해서도 차분하게 접근하는 자세가 필요하리라고 생각됩니다.

## 3. 문화도시 건설 관련한 언론 보도! 문제 제기된 수개월 전부터 지금까지 보도 논조! 어떻습니까?

☞ 광주문화수도 육성과 관련해서는 우리 지역의 중요한 화두인데요.

'지역균형'이라는 시각에서 접근하기보다는 '지역감정'을 내세워 접근하는 경우도 있었고요. 또 문화수도의 핵심 사업이라고 할 수 있는 '복합문화센터의 위치와 내용'을 놓고 지역신문들 간의 자사이익에 따라 적극적인 입장(광주일보와 전남일보)을 보인 경우도 있고, 소극적인 입장(무등일보와 광주매일)을 견지한 경우도 있었습니다.

최근에는 문화수도 '예산'과 관련한 보도가 많습니다. 그런데 언론에서 문화수도 관련 예산 '심의의 적절성'보다는 '지역감정'을 부추기는 듯한 보도가 나오고 있습니다.

전남일보, 4일자, <한나라 亞 문화중심, 광주예산 제동 움직임/광주시, 지역의원들 대책필요>라는 제목에서, 한나라당 의원들이 예비타당성 조사 및 국민적 합의 미비로 예산반영이 어렵다는 건데요. 한나라 의원들이 예산에 제동을 걸고 있는데, 광주지역 국회의원들이 안이하게 대처한다며, 예산심의에 있어서의 적절성이라는 본질적인 문제를 따지기보다는 '지역'과 '정당'을 부추겨서 예산관련 보도를 하고 있습니다. 이 점이 '지역감정 부추기기'라고 볼 수 있는 것입니다.

그리고 전남매일도 5일자에서, <광주 '문화수도' "발목잡지 말라">라는 제목을 뽑아서, 한나라당의 예산 삭감을 '감정적으로 대응'하는 모습도 있습니다.

국가의 예산을 심의하는 헌법상의 여러 문제들을 너무 지역감정에 의존하려는 보도 태도가 아닌지 자문해 봐야 할 것입니다. 언론에서는 좀 더 냉정하게 접근해야 할 것입니다.

**4. 추곡 수매가격, 물량 축소와 관련해 농민들의 반발이 높습니다. 최근 노동계는 노동자 분신에 언론의 책임도 있다고 주장했는데요. 지역언론의 경우, 노동자, 농민 관련 보도는 어떤가요?**

☞ 우리 광주 전남지역은 농업을 기반으로 하고 있는데요. 23년 만의 흉작으로 정말 농민들이 시름에 잠겨 있습니다.

그리고 노동자들도 자신들의 고통을 자신의 몸을 불태우면서까지 울부짖고 있는데요. 지역언론에서 노동자들의 참상을 너무 안일하게 보도하거나, 노동쟁의에 대한 강경대응을 부추기기도 하고, 또는 적대적이고, 대립적인 논조를 유지하고 있습니다.

최근 1명의 노동자가 목을 매 목숨을 끊었고, 2명이 제 몸을 불살랐는데, 대부분의 언론에서는 한 차례 단순 보도로 처리했고요. 심지어 일부 언론은 '노동계 동투(冬鬪, 겨울투쟁)가 시작된다'식의 제목으로 보도를 하고 있습니다.

예를 들면, 광주타임스, 31일자, <노동계 동투시동>이라는 제목에서, 민노총 광주전남본부의 투쟁모습을 사진과 함께 싣고 있습니다. 이렇게 민노총의 투쟁소식을 전하는 신문은 조금 나은 편입니다.

일부 신문은 아예 이와 관련된 소식조차 없습니다. 노동자들의 고통에 '무관심'하고 있습니다. 혹시 언론이 '노동자들을 벼랑 끝으로만 내몰지 않았나' 반성해 봐야 할 것입니다.

농업 관련 기사도 거의 찾아볼 수가 없습니다. 농업이 개방되고, 기상재해로 1980년 이후 최악의 흉년을 맞이했는데도, 농민들의 실상을 제대로 알리는 기사가 드물었습니다.

이렇게 노동자·농민 등이 언론에 의해서 외면당하고 있고요. 이러한 언론의 무관심은 정책당국과 국민의 무관심으로 연결되어서, 정책의 희생양으로 등장할 수 있음을 알아야 할 것입니다.

이제, 언론에서 노동자들의 투쟁적이고, 파괴적인 모습만을 부각해서는 안 될 것 같고요. 어렵게 살아가는 노동자의 실상을 제대로 알려야 할 것이고, 농업문제도 현실을 좀 더 적극적으로 취재할 필요가 있다고 생각됩니다.

## 5. 소송이 제기된 순천 지역신문과 시민단체의 갈등이 계속되고 있죠?

☞ 전남 순천지역 시민단체들이 일부 지방일간지 기자들을 사법당국에 고소했는데요.

순천지역 시민단체 사무국장 5명들은, 광주·전남 5개 지방일간지 기자들의 허위보도로 인해 명예훼손을 당했다는 것이고요.

광주지검 순천지청에 17일 고소된 기자들은 <무등일보> 서 모, <전남매일> 최 모, <호남신문> 주 모, <호남매일> 김 모, <전광일보> 김 모 기자 등 5명입니다. <광주매일>, <광주타임스>, <전남일보>, <대한일보> 등 4개 지방언론사는 시민단체의 정정보도 및 반론보도 요구를 받아들여 사태를 일단락 지었었습니다.

그런데 최근 이런 갈등이 계속되는 듯한 양상을 보이고 있습니다. 몇몇 신문에서, 순천지역 시민단체의 예산 집행과정상의 문제를 보도하고 있는데요.

예를 들면, 무등일보 3일자에서는 <가짜 영수증 사실로>라는 제목으로 순천시의회 시정질의 내용과 영수증 사본을 제시하고 있고요,

전남매일 3일자에도 <순천 YMCA 허위영수증 확인>이라는 제목의 기사에서 "순천시 예산을 받아 사업을 벌여 온 '그린순천 21'

을 비롯하여 일부 시민단체들이 일부 사업에 대해 정산서를 나중에 허위로 만들었다는 의혹이 제기되었다."라는 보도를 하고 있습니다.

이러한 보도는 시민단체와 지역언론 간의 갈등이 지속될 것 같다는 생각이 드는데요. 사법적인 판단을 통해서 진실이 가려졌으면 좋겠다는 생각이 듭니다.

(2003 − 11 − 06 방송)

## 제27절 '고령사회'로 진입, 노인문제 관심 없다

### 1. 한 주간 지역언론에서 주로 다뤘던 사안이라면?

☞ 첫째로, 설 연휴를 마치고, 설 관련 기사를 배치하고 있습니다. 4월 총선을 앞두고 국회의원들이 전한 민심은 '썰렁'했다는 보도입니다.

둘째로, 전남이 '고령사회'로 접어들었다는 겁니다.

지난해 말 현재 202만 4천여 명인데요. 이 중에서, 65세 이상 노인인구는 28만 4천670명으로 전체의 14%를 차지했다는 겁니다. 이것은 전국 최초로 '고령사회'에 진입한 것인데, 노인증가에 따른 사회복지 대책을 점검하는 신문기사가 부족하고, 단순보도에 그치고 있습니다.

셋째로, 박광태 광주시장의 법정구속 소식을 보도하고 있습니다.

현대그룹 비자금과 관련, 29일 전격 법정 구속됐다는 보도를 오늘자 거의 1면에 배치하고 있습니다. 광주시는 이날부터 심재민 행정부시장이 시장의 권한을 대행하는 권한대행체제에 들어갔다는 보도가 주류를 이루고 있습니다.

## 2. 박광태 시장 구속, 한화갑 의원 수사 등에 따른 보도가 많았는데요. 문제는 없었습니까?

☞ 박광태 광주시장의 법정구속에 대해서, 일제히 우리 지역신문들은 1면에 사진과 함께 커다란 제목을 배치하고 있습니다. 그리고 '해설'란과 사회면을 통해서 보도하고 있고요. 법정구속에 대한 각종 해설을 싣고 있습니다.

해설의 내용을 보면, 크게 ① '호남희생양'이라고 하면서, 열린우리당에 입당하지 않은 것과 관련이 있는 듯한 정국연계로 해설하기도 하고요. ② 재판과정에서 반성의 기미가 없이 혐의를 부인했기 때문에, "'괘씸죄'가 적용된 것이 아니냐."라는 분석이 나오기도 합니다.

그런데 문제는 '시장'에 대한 구속을 놓고, '호남의 희생양'으로 표현하는 것은 문제가 있다고 생각합니다. 그러면서 은근히 지역감정을 부추기고 있는데요.

좀 더 내용을 깊게 살펴보면, 호남신문, 30일자, <호남정치권 '초토화'되나>라는 제목과, <한화갑 사전영장·지역의원 줄소환설·연고기업 수색 등>이라는 부제목에서, "4·15총선이 70여 일 앞으로 다가온 가운데 검찰수사의 '칼날'이 민주당 특히 호남정치권의 '심장부'를 향했다."라면서, "호남정치권이 초토화되는 게 아니냐는 위기감이 고조되고 있다."고 보도하고 있습니다.

이처럼 정치비리인 수사를 호남정치권의 '초토화'라고 표현해서 제목에 배치하는 것은 좀 무리가 있는 듯합니다.

또, 30일자, <'호남정벌' 신호탄인가>라는 제목과, <중진의원 소환에 시장 구속까지, 지역 대표 정치인 잇따른 '검풍' 추가 소환·연고기업 수사설 파다, 민주 4월 총선전략 차질 불가피>라는 리드기사를 달면서, "검찰발 '사정태풍'에 호남정치권이 쑥대밭 상태로 내몰리고 있다."라고 보도하고 있습니다.

광주타임스 30일자, <'사정태풍' 속 호남정치 '흔들'>이라는 제목에서, "참여정부를 탄생시킨 민주당이 검찰의 사정 태풍 속에서 허우적거리면서 호남정치권이 '고사 위기'에 놓였다."고 보도하고 있습니다.

전남매일 30일자, <호남 정치권 초토화>라는 제목도 그렇습니다.

이렇게 '호남정벌'이니, '고사위기' 또 아주 무시무시한 '초토화'라는 용어를 거침없이 사용하고 있습니다. 그리고 이처럼 '지역감정'을 부추기는 듯한 보도는 문제가 있다고 생각합니다.

언론이 사법부의 판단에 대해서, 정치적으로 몰고 가는 것은 문제가 있고요. 또 비리를 감시하고 사회정의를 위해서 노력하려는, 언론의 보다 더 성숙된 보도 태도를 기대합니다.

### 3. 총선 관련 보도가 많았는데, 어떻습니까?

☞ 그렇습니다.

총선과 관련해서는 민주당과 열린우리당과 관련, 특정정당의 시각에서 보도하는 경우가 있습니다.

30일자, 호남신문, <총선 앞두고 민주당 '풍전등화'>라는 기사는, 특정정당을 지칭하며 관심을 유도하고 있습니다.

또, 광주타임스, 30일자, <사설 – 열린우리당 官權選擧 하겠단 말인가>라는 제목과, 광주타임스, 28일자, <사설 – 열린우리당 지

나치다>라는 제목에서, "집권 여당인 우리당 실력자가 광주까지 내려와 수사기관을 방문한 것은, 일종의 압력으로 작용할 수도 있다."라면서, 특정정당을 두둔하는 듯한 보도가 있습니다.

그래서 특정정당을 중심으로 한 보도시각보다는, 좀 더 객관적인 보도가 요청된다고 할 것입니다.

또, 인용보도나 사실보도에서 특정 후보를 '키워주기식' 보도를 하고 있습니다.

전남매일, 28일자, 3면에 보면 민주당으로 공천을 신청한 '특정 후보'를 띄워 주고 있습니다.

즉, 다른 후보의 출판기념회와는 달리, 출판기념회 사진과 함께 "순수이미지로 공천혁명을 주도"한다는 제목으로, 같은 지면에 실린 다른 후보의 기사와 지면에 차이가 납니다. 많게는 4배 이상 차이가 나고, 사진도 크게 싣고 있습니다.

언론의 공정하고, 신중한 보도를 기대합니다.

## 4. 무등산 입목도 논란과 관련한 보도 내용도 정리해 주시죠?

☞ 무등산자락 아파트 건설사업 부지의 허가타당성을 두고 사업자와 환경단체 간에 갈등이 계속되고 있는데요. 이런 입목도 논란은 광주일보를 인수한 회사와 관련이 있어서, 그 보도를 놓고 주목을 받고 있습니다.

대주건설이 광주일보를 인수하자마자, 입목도[27] 관련 보도를 '침묵'하거나 소극적으로 보도해서, "모기업의 방패막이가 아니냐."라는 비판이 있었고요. 언론과 환경단체의 지속적인 감시의 결과로,

---

27) 입목도(立木度)란 단위면적상에 생립하고 있는 임목의 실제재적과 법정림 재적(보통은 수확표상의 수치)과의 비를 말한다. 재적 이외에 흉고단면적 또는 임목본수로 나타내는 경우도 있다.

입목도를 조사했던, 산림조합 측의 자료에 오류가 있었다는 것이
밝혀지기도 했습니다.

그래서 '무등산보호단체협의회'(이하 무보협)에 의하면, "입목도
조사와 관련해 부실조사와 함께 내용을 허위로 조작한 산림조합을
검찰에 고발할 계획"이고, 또 "부실하게 조사된 내용으로, 아파트
신축사업을 인허가해 준 동구청도, 부패방지위원회에 고발할 방침
이다."라는 겁니다.

전남매일의 경우에는 객관적인 보도 태도를 보이고 있습니다.

예를 들면, <대주 공사 반드시 저지>(30일자)나, <무보협, 산림조
합 검찰고발>(29일자), <대주건설 무등산 공사 강행>(28일자), <무
등산 입목도 법정공방 전망>(27일자) 등 연일 보도하고 있습니다.

또, 광주매일, 28일자, <무등산 아파트 공사 강행>, 광주타임스,
30일자, <무등산 자락아파트 공사>라는 제목으로 각각 보도하고
있습니다.

이렇게 입목도 관련 보도를 객관적으로 보도하고 있지만, 일부
신문, 특히 광주일보는 여전히 자사와 관련된 입목도 관련 보도를
소극적으로 하고 있는데요.

부디, '환경감시'가 언론기관의 역할 중에 하나라는 것을 망각해
서는 안 될 것 같고요. 언론에서 환경감시와 환경보호 관련 보도를
충실히 해 줄 것을 기대합니다.

## 5. 전남 인구 감소, 전남 고령사회와 관련한 보도는 조금 미흡하지 않았습니까?

☞ 전남지역이 전국에서는 처음으로 '고령사회'로 진입해, 노인
복지대책이 시급한데요.

우리 지역신문에서는 여전히 전남도가 발표한 '2003년 말 주민
등록 인구통계'를 인용해서, 전국 최초로 '고령사회'에 진입한 것이
라고 단순 보도하고 있습니다.

일부 신문에서만 대책을 서두르라고 주장하고 있을 뿐입니다.

광주일보, 28일자, <사설 - 고령사회 전남, 대책 서둘러야>라는
제목이 그렇습니다.

이렇게 '고령사회'에 진입한 것은 매우 심각한 사회적인 문제이
고 대책이 필요한 부분인데, 언론에서는 본격적인 대안을 제시하거
나, 사회복지대책을 근본적으로 제안하는 모습은 찾아보기 힘들었
습니다. 노인복지문제를 심층적으로 보도할 것을 기대합니다.

(2004 - 01 - 30 방송)

## 제28절 물류 대란, 노동자만의 잘못이라고

### 1. 한 주간 지역언론계 흐름부터 정리해 주시죠?

☞ 첫째, 광양물류 대란 소식이 많았습니다.

전국운송하역노조 화물연대와 정부의 노·정 협상이 15일 새벽
타결됐지요. 이제 빠른 속도로 정상화될 것 같습니다.

둘째, 창당 움직임에 대한 소식이 있습니다. 호남의원들이 "통합신
당으로 쏠린다."는 보도가 있고요. 민주당 내 신당논의가 '개혁신당
파'와 '통합신당파'로 나뉘어 세 대결 양상을 보이고 있다고 합니다.

셋째, 5·18 관련 소식들이 눈에 많이 띄었어요. 여·야 정치인
들이 광주를 방문하고 있는데, 호남민심을 볼모로 한 '지역주의'

조장 관련 보도가 있습니다.

그리고 5월 '가정의 달'을 맞이해서 가정 관련 기사가 많았어요. 이혼·양육·보육 문제를 다루고 있는 보도가 눈에 많이 띄었습니다.

**2. 광양 물류 대란에 대한 기사가 많았는데 이번 한 주 언론에서 주요 의제들을 잘 설정했는지요?**

☞ 광양 물류 대란에 대해서 우리 지역신문에서 많은 보도를 했어요.

언론들은 화물연대 집단행동 장기화로 이 지역 대기업들의 물류 피해가 생산라인으로까지 확대되고 있다고 보도하고 있습니다. 특히 삼성전자 광주공장, 금호타이어 등 기업들을 예시해 가면서, 이번 파업으로 대기업들의 피해가 잇따르고 있다는 것을 보도하고 있습니다.

예를 들면,

호남신문, 13일자, 1면 <지역 수출 자질 1천만 달러>,

광주일보, 14일자, 1면 <지역 기업 '수출입 대란' - 광양 '컨' 화물 반출입 거의 끊겨 - >

전남일보, 14일자, 1면 <광양항 수출 선적 '올 스톱', 재고누적 가동중단 위기>라는 기사가 있습니다.

그렇지만 이번 파업이 일어나게 된 동기나 배경에 대한 심층 분석기사는 제대로 찾아볼 수 없었고요. 있다고 하더라도 지면할애에 인색했어요.

지역신문들이 너무 노조 활동의 문제점 등을 부각시키고 있는 것 같습니다.

다시 말씀드리면, 노동자의 노동운동에 대해서 '기업 측의 입장'

만 대변하고 있어서, 언론의 균형적인 보도가 아쉬웠습니다.

**3. 5·18을 앞두고 정치권의 호남 정략적 이용을 경계하는 기사들이
있었는데요, 이 부분은?**

☞ 오는 18일을 전후해 당권주자들이 대거 이 지역을 찾고 있습니다. 올해 5·18 기념식에는 노무현 대통령을 비롯해 민주당 신·구주류 인사와 한나라당 대표 등 지도부, 정치 신인 등 정치권 인사들이 대거 참석할 예정인데요.

신문들이 5·18의 의미보다는, 정치권의 정략적인 형태에 덩달아 춤추고 있는 듯한 보도 태도를 보이고 있습니다. 누가 참석했고, 어느 지역 의원이 몇 명 참석했는지를 보도하고 있습니다.

전남일보, 15일자, <민주당 진로 '5·18' 분수령 – 신, 구 주류 기념식 참석 후 '창당' – '당 사수' 양분 예고>,

무등일보, 14일자, <5월 광주는 정치인 집결지?>,

호남일보, 15일자, <여야 '지역구도 허물기'>,

광주타임스, 15일자, <올해도 5·18만은 광주만의 축제>라는 기사가 있습니다.

여기에서, "일부 의원들이… 지역민심 잡기에 나설 것으로 알려졌다.", "한나라당 당권 주자들도 기념식을 전후해 호남민심 잡기에 나선다." 등의 내용을 보도하고 있습니다.

민주당은 호남중심의 정당이고, 특히 16대 대선에서도 노무현 대통령은 호남에선 90% 이상의 압도적 득표를 했기 때문에, 지역 구도를 타파하는 것은 제일 큰 과제인데요.

한나라당도 '부산지역 의원 10명이 묘역을 참배키로 한 것' 등을 내세우고 있습니다. 이것을 일부에서는 '서진 정책'을 위한 사전

탐색전으로 해석하는 시각도 있습니다.

정치권에서 5·18 광주민주화운동을 정략적으로 이용해서는 안될 것이고요. 언론도 이에 덩달아서 정치권의 방문사실만을 단순 중계할 것이 아니라, 5·18의 참된 의미를 되새겨 보는 자세를 가져야 할 것입니다.

### 4. 바람직했던 보도가 있다면, 어떤 것이 있습니까?

☞ 지역밀착형 보도로는 광주매일이 이동편집국체제를 운영하고 있는데요.

"장죽전 녹차시배지 재고증해야(광주매일, 2003.05.15. 1면)"라는 기사가 눈에 들어옵니다.

구례군이 우리나라 녹차 시배지(始培地)인 장죽전(長竹田)에 대해 3억 원의 사업비를 들여 복원사업을 추진 중인데요. 최근 경남 하동의 '차문화회'가 또다시 지리산의 차 시배지는 하동군 화개면이라고 주장하고 나서 물의를 빚음은 물론 녹차 시배지에 대한 철저한 역사적 재고증 작업이 절실해졌다는 것입니다.

녹차는 우리 지역의 특산물인데요. 지역신문이 지역 간의 서로 다른 주장을 위해 밀착보도를 위한 활동을 하는 것은 바람직하다고 봅니다.

### 5. 최근 전남일보의 정리해고와 관련해 지역신문 개혁을 위한 모임이 시작됐는데, 현재 경과는 어떻습니까?

☞ 전남일보와 관련해서는 지난달 말 전남일보에서 해고된 김민영 부장이 지난 4월 7일부터 부당해고 철회를 주장하며, '1인 시위'를 했는데요.

이어서 그의 투쟁을 지지하는 시민사회의 1인 시위를 시작하였습니다.

광주전남민언련(의장 박동명)과 참여자치21(공동의장 민경한 민형배)은 22일 '지역언론개혁을 위한 작은 모임 – 김민영과 함께하는 사람들'을 제안하며, 이날부터 모임참가자들을 중심으로 광주시 북구 중흥동 전남일보 사옥 앞에서 1인 시위를 했습니다.

모임제안자로는 류한호 광주대 언론정보학부 교수, 문병훈 전 광주언개혁광주시민연대집행위원장, 조삼수 민주노총광주전남본부장, 박동명 광주전남민언련의장, 오미란 참여자치21 운영위원장 등이 참가하고 있습니다.

이런 활동에 힘입어서 김민영 부장이 전남일보로 복직하게 됐습니다.

전남일보(사장 임원식) 사측은 지난 5월 1일 김민영 부장과 임미희 부장에게 원직복직을 통보했다고 하는데요. 김 부장 등이 지난 3월 31일자로 해고된 지 꼭 한 달 만입니다.

또 다른 소식은 우리 지역에 일간신문이 창간된다는 것입니다.

바로 '대한일보' 창간소식인데요.

특히 건설업체가 모기업인 이 신문이 경제문제를 중심으로 지역의 다른 업체들의 문제점도 파헤칠 계획을 강하게 내비치고 있습니다.

이 신문이 창간되면, 우리 광주지역 11번째 신문이 됩니다.

(2003 – 05 – 15 방송)

# 제29절 대학 기숙사가 모텔로 전락되었다니

## 1. 이번 주 지역언론이 다뤘던 주요 사안들이라면 무엇입니까?

☞ 첫째로, 핵폐기물 유치문제를 둘러싼 지역 내의 '찬반' 의견이 뜨거운데요.

영광과 장흥지역에서 방사성폐기물처리장 주민설명회가 가까스로 열리거나 열리지 못하는 등 마찰을 빚고 있다는 소식을 싣고 있습니다.

그리고 원전폐기물 처리시설 사업에 대한 '주민설명회 파행'과 관련해서 전라남도의 역할이 매우 소극적이고 무책임한 처신을 하고 있다는 지적을 하고 있습니다.

둘째로, 문화수도와 관련한 내용인데요. 이에 대한 보도는 계속되고 있습니다. 광주에만 국한된 '문화수도론'보다는 전체적인 호남문화를 사업대상으로 삼아야 한다는 기조발표[28](박준규 전남대 명예교수)를 인용, 보도하고 있습니다.

광주만의 문화벨트로는 호남의 오랜 문화와 정신을 담아낼 수 없으며, 문화수노 추신과정에서 지자체 간 정치논리는 배제돼야 한다는 주장을 싣고 있습니다.

셋째로, 지방신문 활성화와 관련해서는 거의 모든 신문에서 관심을 보이고 있습니다. 지역신문 활성화에 대한 토론회나 세미나는 앞으로도 신문사나 지역언론학회에서 열었거나, 열릴 예정인데요.

전국지방신문협의회(전신협) 소속 광주·전남 5개 회원사 주최로 어제(11일) 오후 2시 전남대 용봉문화관에서 열린 '지방분권시대

---

28) 전남대 호남문화연구소는 10일 전남대 용봉문화관에서 각계 전문가들이 참석한 가운데 가졌다.

지방신문의 활성화 방안' 세미나 소식을 싣고 있습니다.

지방분권과 국토균형발전을 위해서는 중앙정부의 사고전환 및 내부개혁을 전제로 한 지방언론육성이 절실하다는 지적이 제기됐습니다.

### 2. 한 주간 지역 흐름의 주요한 핵심들을 지역언론이 제대로 다뤘습니까?

☞ 먼저, 핵폐기물 관련 보도를 살펴보겠습니다.

지역의 갈등문제에 대해서, 언론이 제대로 대처하지 못했다는 생각이 듭니다.

핵폐기장과 관련된 민감한 문제는 언론에서 다양한 입장을 검토하거나 논쟁의 공간을 제공해서, 사회적 합의를 형성하도록 언론이 일정한 역할을 해야 하는데, 이런 모습을 찾아볼 수가 없고요. 오히려 갈등을 부추기고 있어요.

예를 들면, 광주타임스, 10일자, <핵폐기장 찬·반 몸싸움>이라는 기사에서, 사진과 함께 방사선 폐기물 관리시설 설명회에 유치 '반대 쪽'과 '찬성 쪽'의 몸싸움 광경을 싣고 있습니다.

이렇게 처음에는 폐기물 관련 시설을 놓고 갈등을 빚는 모습을 부각시키다가, 이제는 광역지방자치단체에 화살을 돌리고 있습니다.

전남일보, 11일, <道 – 지자체 '갈등현장' 외면>,

전남일보, 12일, <사설 – 전남도, 핵 폐기장 입장 뭔가>,

광주매일, 12일, <원전폐기물 처리시설 유치 道가 나서야>라는 기사가 있습니다.

그런데 저는 언론의 태도를 꼬집고 싶습니다. 심층취재가 부족하고, 갈등을 부추기는 듯한 보도 태도는 문제가 있다고 봅니다. 폐기물처리장과 같은 사회적 갈등으로 번질 우려가 있는 문제는 언론에서, 지역여론을 파악하는 적극적인 노력이 있었으면 좋겠습니다.

둘째로, 지역 최대 이슈 중 하나로 떠오른 문화수도, 문화의 메카 등과 관련해서는, 프랑스의 퐁피두센터와 같은 복합문화센터의 청사진을 그리는 작업을 하고 있는데요.

현재는 여러 토론회 등을 통한 의견 수렴을 하고 있고요. 지난달 20일 한 연구기관에서, 문화수도 육성책에 대한 시민의식을 조사한 결과 '전혀 들어 보지 못했다.'가 51.1%로 절반을 넘긴 통계도 있었는데요. 사실 문화수도에 관련한 내용을 시민들이 잘 모르고 있어요.

좀 더 구체적인 담론을 형성해 나가는 것이 중요할 것으로 생각이 됩니다.

### 3. 지방 신문 활성화 관련 토론에서는 어떤 얘기가 있습니까?

☞ 신문사들이 자신들에게 유리한 부분을 크게 부각시키고 있어요.
전국지방신문협의회 소속 광주·전남 5개 회원사 주최로 어제(11일) 오후 2시 전남대학교 용봉문화관에서 열린 '지방분권시대 지방신문의 활성화 방안' 세미나가 열렸다는 소식을 먼저 말씀을 드립니다.

전남대 신원형 법대학장과 광주대 이종수 언론홍보대학원장이 주제발표를 통해서 몇 가지를 지적했어요.

여기에서 나온 내용을 정리하자면, 이종수 원장의 주장은 이렇습니다. 중앙지에 비해 지방지의 위상이 너무 빈약하다. 그래서 지방지의 보도 내용 등이 부실하다. 때로는 지방지가 토호세력의 정계진출의 발판으로 이용되는 경향도 있다. 일부 신문들은 지역 현안의 밀착취재를 하려 해도 인적, 물적 한계성을 극복하지 못하고 있다. 등의 내용입니다.

또 신원형 학장의 내용을 보면, 지역언론이 언론으로서의 기능을 제대로 수행하지 못하고 있다. 지역언론 광고시장이 위축되어 있다. 등을 지적했습니다.

그리고 토론자들의 주장을 살펴보면, 김기태 회장(광주·전남 기자협회)은, 공정·객관적 보도를 위한 편집권 독립이라는 대전제 아래 편집국장 직선제나 임명동의제, 중간평가제 등 사전 또는 사후 승인제를 마련하고 학계, 시민단체, 독자 등이 참여하는 실질적인 독자위원회를 설치, 운영해야 한다고 주장했습니다.

김영욱 위원(한국언론재단 연구위원)은, 지원방법은 직접적인 현금지원보다는 간접방식을 택해야 한다. 예를 들어 지역별 기자교육 기관을 마련하고 이를 통해 기자를 채용하거나 공동배달제에 대한 정부지원 등을 들 수 있다고 합니다. 또 기획취재 경비를 보조하고 정부광고를 지원하는 방식도 있고 연합뉴스 수신 비용 지원, 각종 기자재 구입비 지원도 꼽고 있습니다.

그러데 제목은 신문사마다, 일단 지역신문사를 육성해야 한다는 부분을 크게 다루고 있고요. 개혁과 관련된 부분은 축소 보도하고 있습니다.

예를 들면,

호남신문, 12일, <"지방분권·지방언론은 쌍둥이">라는 제목 기사를 비롯하여,

광주타임스, 12일, <지방분권 국토균형발전 위해 지방언론육성 절실> 기사,

무등일보, 12일, <분권시대 지방언론 육성 절실>이라는 제목을 뽑고 있는데요.

언론의 육성과 함께, 개혁이 강조되어야 하고요.

우리 민언련(민주언론운동시민연합 약칭)에서는 육성의 전제조건

으로, 편집권이 독립되어 있는 언론 등 언론사 개혁이 먼저 달성될
수 있도록 주장할 것입니다.

### 4. 광주대학 관련 대한일보 기사로 문제가 되고 있죠?

☞ 대한일보 6월 3일자 머리기사에, '광주대 기숙사 모텔전락'이
라는 제하의 기사를 싣고 있는데요. 이 기사가 왜곡 보도됐다는 주
장이 제기되고 있습니다.

특히 이 대학 학생들이 대한일보를 찾아가서, 피켓을 들고 구호
를 외치면서 항의를 했다고 합니다.

그런데 이 기사가 나오게 된 배경을 보면, '의도적'이고, '보복적'
이라는 겁니다. 즉 이 기사가 광고 관련 보복성 보도라는 의혹을
제기하고 있어요.

기사가 나가기 하루 전날 대한일보 광고국 직원이 광주대를 찾
아와서 내년도 수시모집 관련 신입생모집광고를 요청했다는데, 거
절당했는데요.

우연의 일치인지는 몰라도 광고를 거절당한 다음 날 이런 기사
가 나왔다는 것입니다. 그리고 뭔가 의도가 담겨 있다는 겁니다.

지역의 일부 신문은 배달 자체가 안 되는데, 이 기사를 실은 신
문이 평소에는 볼 수도 없었던 대학 주변에 뿌려졌다는 점에서, 의
도가 있는 보복기사라는 겁니다.

일단, 신문사 쪽에서는 "기사에 잘못 있다면 법대로 하라"며 배
짱을 부리고 있고요. 학생들은 "명예훼손 등으로 손해배상 청구할
것"이라는 겁니다.

그런데 이런 부분은 사실에 근거한 것인가의 여부, 뉴스의 밸류가
1면 기사를 장식할 정도인가, 확대과장 보도 여부 등이 검토될 수

있을 텐데요. 해당 언론사의 도덕성에 대한 문제라고 생각합니다.

광고를 주지 않을 때 보복성 기사를 쓰거나 광고를 미끼로 돈을 뜯어가는 부분은 우리 민언련에서 감시활동을 펴고 있고요. 만일 이런 부분이 광고와 관련되어 왜곡되었다면, 지방언론개혁 차원에서 강력하게 대처할 생각입니다.

### 5. 지역언론사 논설실장 구속 사건의 의미, 어떻습니까?

☞ 일단 석방을 미끼로 1천만 원을 받은 무등일보 신문사 김 모 논설실장이 구속되었는데요. 검찰에 의하면, 김 씨는 2000년 12월 광주 동구 충장로 모 커피숍에서 공갈 등 혐의로 구속된 당시 주재기자 S 씨의 부인으로부터, 법원과 검찰에 부탁해 석방되도록 해주겠다고 속여 1천만 원을 받은 혐의입니다.

본인은 이 같은 혐의를 부인하고 있지만, 검찰은 사실 여부에 대해서 조사 중입니다. 그런데 이런 신문사 간부들의 비리는 우리 지역신문의 난립과 무관하지 않습니다. 특히 열악한 임금구조에 시달리는 기자들의 실상이 너무 안타깝습니다.

특히 주재기자들은 취재네트워크보다는 영업네트워크로 활용되고 있어서, 신문의 영업을 위해서는 때때로 공갈을 하기도 하고요.

이렇게 해서 구속된 기자를 검찰직원에 부탁해서 석방되도록 해주겠다는 것은 정말 우리 지역기자들의 부정적인 단면을 보게 된 것 같습니다. 이처럼 일부 지역주재기자들이 지역토호들과 밀착되어 있고요. 금품의 유혹에 쉽게 노출되어 있는 현실입니다.

### 6. 이 밖에 지역언론계 소식이라면, 어떤 것이 있습니까?

☞ 지역신문들의 '성인폰팅광고'들이 여전합니다. 선정적 사진과

함께 전화번호를 실으면서 유혹하는 종류가 많은데요. 이런 전단이나 명함광고들은 청소년에게 악영향을 끼치고 있습니다.

우리 민주언론운동시민연합(약칭 민언련)에서도 공익성을 담보하는 신문에서, 이런 광고를 자제하도록 했는데요. 우리 지역신문들의 대부분이 이런 광고를 하고 있지만, 우리 민언련이 지적한 이후로 이런 폰팅광고를 하지 않는 신문을 소개해 드리려고 합니다.

그것은 바로 무등일보인데요. 이 신문은 2년 6개월 정도 이런 광고를 억제해 왔다고 합니다. 성인폰팅광고는 모두 수용했을 때 최고 월 1천만 원가량의 광고수익을 올릴 수 있다고 합니다. 그렇지만 언론의 공익성 차원에서, 성인폰팅광고를 하지 않는 부분을 높게 평가합니다.

(2003 – 06 – 12 방송)

## 제30절 어등산, 개발인가 보존인가

### 1. 한 주간 지역언론계에서 주로 다뤘던 사안이라면, 어떤 내용입니까?

☞ 첫째로, '2004 총선시민연대'가 5일 공천반대 66명 명단을 발표했는데요.

전남지역에서는 민주당 박상천·박주선·한화갑 의원 등 3명이 포함됐다는 보도입니다.

시민연대는 부패·비리에 연루됐거나 헌정파괴, 도덕성, 정치자금법 위반 혐의 등을 이유로 꼽고 있으나, 이들 대상자들은 '보복정치', '형평성 문제' 등을 거론하며 반발하고 있다는 소식입니다. 지역신문들은 선정사유와 대상자들의 해명을 싣고 있습니다.

둘째로, 장애인 부부가 추위를 견디기 위해 촛불을 켜 놓고 자다가 불에 타 죽었다는 소식을 보도하고 있습니다.

지난 2일 밤 목포에서 일어난 사건인데요.

숨진 부부는 최근 3개월치 전기요금을 납부하지 못해 이날부터 단전조치를 당한 것으로 밝혀졌습니다. 우리 지역신문들은 이 소식을 보도하고, 여러 신문에서 '사설'로 다루고 있습니다.

앞으로 지역의 복지정책과 문제점을 진단하는 보도를 기대합니다.

셋째로, 전남도의회 의원들의 '외유 행태'에 대한 보도가 많습니다.

교육사회위원회 허 모 위원장 등 의원 8명과 사무처 직원 등 모두 10명은 9박 10일 일정으로 2일 피지와 뉴질랜드, 호주 등 3개 국 외유에 나섰는데요. 연수경비는 의원과 직원 등의 경비를 합쳐 서 모두 5천600여만 원이라는 겁니다.

이들은 '선진국 사회복지와 교육시설, 관광지 견문확대 등 해당 분야 전문성 확보'를 연수 목적으로 내세웠지만, 연수지는 시드니 등 유명 관광지가 대부분이라는 보도입니다.

### 2. 민주당 광주 집회와 관련한 보도는 어떻습니까?

☞ 우리 지역 대부분의 신문에서, 민주당 집회 관련 기사를 큰 사진과 함께 1면에 배치하고 있습니다. 4일자 1면에 한결같이, 민 주당의 주장을 제목으로 뽑고 있습니다.

전남일보, 4일자, 1면에 <민주 대여 전면투쟁 선포, "관권선거 계속 땐 탄핵 발의도 불사">라는 기사나, 3면에 <'노 정권 심판' 내세워 텃밭 공략>이라는 기사도 마찬가지로 '호남 죽이기'라는 표현을 거침없이 쓰고 있습니다.

또 광주매일, 4일자, 1면에 <총선 '호남민심' 주도권 쟁탈전>이 라는 기사에서, 호남민심을 놓고 열린우리당과 민주당 사이에, 총선 주도권 쟁탈전이 치열하게 전개되고 있다는 보도를 하고 있습니다.

호남신문, 4일자, 1면 <노 대통령과 전면전 선포>라는 제목,

전남매일, 4일자, 1면에 <민주 '호남 민심잡기' 총력>이라는 기 사를 배치하고 있고요.

광주타임스, 3일자, 1면에<민주당, 호남 민심 잡기 '올인'>이라 는 기사,

광주타임스, 4일자, 1면에 <민주당, 반노 장외투쟁 돌입>이라는 기사,

그 바로 밑에, <"노 대통령 계속 선거 개입하면 탄핵 발의도 불사">라는 제목을 배치하고 있습니다.

이렇게 '호남표' '텃밭' '민심' '3월 대란설' '투쟁선포' '호남죽이기' '전면전 선포'라는 단어를 제목에 배치해서, 지역감정을 조장하고 있고요. 문제를 과장 확대 보도하고 있습니다.

또, 신문사별로 민주당 집회를 1면 톱으로 배치하는가 하면, 그렇지 않은 신문도 있어서, 편집이 상이한 것을 볼 수 있습니다.

### 3. 광주시장 구속 관련한 시정 공백 보도는 어떤가요?

☞ 박광태 광주시장이 법정 구속된 이후에, 우리 지역에서는 안타깝다는 반응과 함께 시정공백을 우려한 보도가 나오고 있고요. 심재민 광주시 행정부시장이 기자회견을 갖고, 시정공백을 최소화하기 위해 현안업무를 중단 없이 추진키로 했다는 보도를 하고 있습니다.

최근 불구속 상태에서 재판을 받도록 하자는 단체들의 목소리를 전하고 있습니다.

예를 들면, 광주일보, 4일자, <시장 불구속 재판 건의문>이라는 제목에서, 광주시 공무원직장협의회(회장 김재현)가 박광태 시장을 불구속상태에서 재판해 주도록 요청하는 건의문을 서울지방법원에 제출키로 했다고 합니다.

그런데 문제는 일부 언론에서 시정공백을 부풀리고, 시정공백을 과장 확대하는 보도를 하고 있다는 점입니다.

광주일보, 30일자, <'시장 구속' 광주시정 차질>이라는 기사에서, 해외개척 중단·문화수도 선포가 불투명하다는 보도를 하고 있고요.

광주타임스, 5일자, 1면에 <"박 시장 불구속 재판여론">이라는 제목을 배치해서, 불구속을 주장하는 일부 시민단체의 주장을 그대로 제목으로 뽑고 있습니다.

언론이 비리를 저지른 지방자치단체장의 문제를 정확하게 보도해서, 시민들에게 알려야 할 것입니다. 그런데 언론이 앞장서서 시정공백을 부풀리는 것은 문제가 있다고 생각합니다.

### 4. 어등산 개발과 관련해서도 골프장 위주 개발, 위락시설 부족 등 상이한 보도가 있었는데요?

☞ 광주시는 2일 시청 상황실에서 어등산[29] '빛과 예술의 테마파크' 조성 기본계획 및 사전환경성 검토 중간 보고회를 가졌는데요. 이에 대한 보도를 각 언론에서 하고 있습니다.

어등산을 골프장 중심으로 개발하자면서, 또 다른 측면에서 위락시설이 부족하다는 보도가 있었습니다. 국민관광 단지로 조성한다면서 골프장 위주로 개발한다는 발표를 했는데요, 놀이공원 및 편의시설도 부족하다는 지적도 있습니다.

우리 지역언론에서는, 단순보도에 그친 경우도 있었고요. 이에 대한 문제를 제기한 신문도 있었습니다.

광주일보, 2일자, <어등산 종합개발계획 제시>라는 제목에서, "광주시 광산구 어등산 일원 84만평에 파충류 전시관과 수족관, 특급 호텔, 골프장, 빛의 탑 등을 조성하는 내용을 골자로 하는 종합개발계획이 제시됐다."며, 비교적 사실보도로만 끝내는 경우가 있었고요.

광주매일, 3일자, <어등산 테마파크, 골프장 위주 개발 논란>이

---

29) 광주광역시 광산구의 진산인 어등산(338.7m)은 송정과 임곡의 경계에 위치하고 있는 산이다. 한말 때 우리 의병들과 왜병이 자주 싸운 전터로 알려져 있으며, 개발과 보존을 둘러싸고 논란이 많다.

라는 제목에서, "광주시가 역점사업으로 추진 중인 어등산 '빛과 예술의 테마파크' 조성 사업이 가족 휴양시설 및 놀이 공간 위주가 아닌 골프장 중심으로 개발될 것으로 보여 논란이 예상된다."고 보도했어요.

전남일보, 3일자, <'어등산 테마파크' 내달 본격화>라는 제목에서도 "광주 광산구 어등산 일대 80여만 평에 유원지, 체육시설, 보존녹지 등 '빛과 예술'을 주제로 한 테마파크가 오는 3월부터 조성된다."는 보도를 하고 있습니다.

이렇게 사실 위주의 보도에 그치고 있습니다.

그렇지만 일부 신문은 골프장 조성하는 게 문제가 있거나, 지나치다는 보도를 환경단체 관계자의 의견을 인용하여 보도하고 있습니다.

호남매일, 3일자, <어등산 골프장 조성 문제 있다>라는 기사에서, "…대표적인 국민관광단지로 조성한다는 취지에 걸맞지 않게 골프장 중심의 체육휴양시설로 개발될 방침이다."라고 보도하고 있습니다.

호남신문, 3일자, <"수익성만 좇는다." 논란 일듯>이라는 제목에서도, "가족단위 휴양시설보다는 골프장 등 수익성 중심으로 추진될 계획이어서, 논란이 예상된다."는 보도를 하고 있습니다.

또, 호남신문, 5일자, <"역사성 무시" 어등산 개발 반대>라는 제목에서도, "역사성을 고려한 의병공원과 유적지 복원을 병행하는 것이 바람직하다."는 보도를 하고 있습니다.

무등일보, 3일자, <골프장 위주 개발 논란>이라는 제목도 마찬가지입니다.

이렇게 똑같은 사안을 보도하는 데 있어서, 광주시가 맡긴 용역 중간보고만을 단순 보도하는 신문, 환경보호나 수익성만을 추구하는 데에 대한 감시 역할을 하는 신문이 있습니다.

'개발' 쪽에 관심을 갖고 있는 건설사를 모기업으로 하는 신문이 있고, '보존'과 연관이 있는 신문사도 우리 지역에 있습니다.

특히 특정신문은 어등산 보존과 직·간접인 관련이 있어서, 시민단체의 주장을 근거로 어등산 개발을 반대하는 논리를 펴고 있는 것을 볼 수 있습니다.

### 5. 도의회 외유를 비판한 기사와 사설도 많았는데, 어떤 보도 태도를 보였습니까?

☞ 전남도의회 교육사회위원회 소속 의원들이 관광성 해외 연수 길에 올라 비난을 사고 있다는 보도를 하고 있습니다.

예를 들면, 광주매일, 3일자, <도의원 해외연수 혈세 낭비>라는 제목에서, 해마다 지속되고 있는 전남도의회 '의원 해외연수'가 아직도 형식적 심사 등 구태를 벗어나지 못하고 있어 주민의 혈세만 낭비한다는 지적을 하고 있습니다.

호남신문, 3일자, <도의회 선진지 시찰 알고 보니 '관광외유'>라는 제목에서, 전남도의회 의원들이 수천만 원의 예산을 들여 해외연수를 잇따라 떠나 '관광성 외유'가 아니냐는 지적을 사고 있다는 보도를 합니다.

또 사설에서도 잘못된 외유를 비판하고 있습니다.

무등일보, 4일자, <사설 - 도의회, 또 '외유' 말썽이라니>라는 제목에서, "관광성 외유에 나섰다니 지방정치의 앞날이 걱정스럽기만 하다. 지역살림이 도탄에 빠진 지금 의원들이 외유에 정신을 팔아서는 안 될 일이다."라고 보도하고 있습니다.

광주일보, 3일자, <사설 - 얼빠진 도의원들 '외유 행태'>라는 기사에서, "참으로 시대착오적 행태가 아닐 수 없다. 나라 전체가 '반개혁'을 주적으로 전면전을 펴고 있는 상황에서 전남 도의원들이 보이고 있는 행보는 구시대적 작태 바로 그것이다."라고 보도하고 있어요.

대체적으로 언론에서 외유를 지적한 것은 긍정적이긴 하지만, 좀 더 상세하게 어떤 부분이 관광성이고, 어떤 부분이 외국에서 연수 받은 점인가를 구체적으로 지적하지 못했습니다.

또한 후속보도나 심층보도가 없이 단지, 외유성이라는 지적만을 하는 것은 아쉬운 부분이라 하겠습니다.

### 6. 지역언론계 소식을 전해 주시겠습니까?

☞ 일부 신문(전남매일)이 경영에 어려움을 겪고 있는 것으로 알려지고 있다는 소식입니다.

'경영난'을 겪으면서, 기자들에 대한 체불임금이 쌓여서 일부 사무집기가 '가압류'된 상태라고도 합니다.

지역신문의 어려움을 나타내는 단적인 예인데요. 지역신문이 제대로 된 역할을 하고, 지방분권시대에 지역신문이 '지역의 아젠다(Agenda)'를 설정해 나갔으면 좋겠습니다.

(2004 – 02 – 06 방송)

# 제31절 지역 갈등, 그저 바라만 볼 것인가

### 1. 이번 한 주 지역언론에서 주로 다뤘던 사안이라면?

☞ 첫째로, 지역경제에 관련된 보도가 많습니다.

"계속된 경기침체 속에 가동률 하락과 판매부진 현상도 모자라 대기업 최저 경쟁입찰로 인한 출혈경쟁, 납품단가 인하, 금융권의 대출 상환기간 임박 등이 맞물리며 4중고를 겪고 있다."는 보도를 하고 있습니다.

광주매일, 24일자, <지역中企 4중고에 허덕인다>라는 기사가 대표적입니다.

둘째로, 민주당의 임시전당대회가 오늘 개최되었는데요. 민주당과 우리당에 관련된 기사가 많습니다. 지역정가가 변동될 것이라는 것, 특히 시도의회의장, 의원 30여 명이 열린우리당에 입당할 것이라는 보도를 하고 있습니다.

셋째로, 시·도 간 갈등을 빚고 있는 현안을 둘러싸고 광주시와 전남도의 갈등이 계속되고 있다는 보도가 많습니다.

27일 예정됐던 박광태 광주시장과 박태영 전남지사 만찬소식이나, 양 시도지사와 정찬용 청와대 인사보좌관의 3자회동이 취소됐다는 보도가 많습니다.

## 2. 지역현안의 갈등문제가 여전히 계속되고 있는데, 언론은 제대로 역할을 하고 있습니까?

☞ 정부합동청사, 2012년 박람회, 경륜장 등 광주와 전남, 전남도 시·군 간 이해관계가 걸린 핵심 현안사안을 둘러싼 지역 갈등이 계속되고 있는데요.

박광태 광주시장과 박태영 전남지사가 지난 26일 회동했으나 이른바 4개 갈등현안에 대한 빅딜은 이뤄 내지 못한 채 성과 없이 헤어졌다는 보도, 정찬용 청와대 인사보좌관과 시장·도지사가 참석하는 3자회동도 무산됐다는 보도가 주류를 이루고 있습니다.

그러면서 갈등이 계속될 거라는 보도를 하고 있습니다.

예를 들면, 광주매일, 28일자, <무산된 시장·도지사 회동…꼬이는 ‘상생해법’>이라는 제목에서, "광주·전남지역민들에게 큰 실망감을 안겨 주고 있다. … 당분간 시·도 간 대립양상은 지속될 전망이다. … 성명전과 항의시위 등 두 기관 간 충돌이 재연될 것"이라는 보도를 하고 있고요.

또, 호남신문, 오늘자, <‘시·도 갈등’ 수렁 속으로>라는 제목에서, "시·도 간 갈등과 갈등이 계속되어… 수렁으로 빠져들 수밖에 없을 것"이라는 보도도 그렇습니다.

언론에서는 시·도 간의 갈등양상을 그저 단순히 보도하고 있을 뿐입니다. 언론이 좀 더 적극적으로 ‘갈등을 조정하는 역할’을 해야 한다고 생각합니다.

언론이 지역 간의 또는 사회집단 간의 갈등 해결의 방향과 방법을 제시할 필요가 있는데요. 특히 사안의 원인과 배경, 그리고 진행상황에 대한 다각적인 분석이 필요합니다.

현재 보도되는 양태는 거의 단순보도로 일관되고 있습니다. 언론에서 시·도 간의 갈등을 조정하기 위한 노력이 중요할 것 같고요. 구체적인 사안별로 심층보도를 기대합니다.

### 3. 시·도 예산에 대한 보도도 있었는데요. 언론의 보도 태도는 어떻습니까?

☞ 연말이 다가오고 있어서 예산 관련 보도가 많은데요.

무등일보, 오늘(28일자), <국회서 사업비 당초 예정액比 42% 삭감 전망 市 광산업 추진 차질 우려>라는 제목에서, 예산확보의 중요성을 보도하고 있습니다.

그런데 일부 신문은 예산 확보에 있어서, '감정적'으로 접근하는 신문도 있습니다.

예를 들면, 전남도가 '주는 떡마저 받아먹지 못하고 있다', '실망스럽다'라는 보도를 하고 있습니다.

광주일보, 27일자, <사설 – 법에 규정된 예산도 못 따오나>라는 제목에서, 내용을 살펴보면 이렇습니다.

"정부에 대한 예산투쟁의 방법도 획기적으로 달라져야 한다. 예산담당자들만 정부 부처와 국회를 쫓아다닐 일이 아니다. 도의 전 직원이 나서야 한다."라는 건데요.

또 내용 중에는, "광역의원이나 기초의원들도… 자신의 정치기반을 발판으로 예산투쟁을 벌일 수 있다."라는 부분도 있습니다.

물론 지방자치단체의 예산확보는 매우 중요합니다. 그렇지만 예산의 확보에는 일정한 절차가 있는 것인데, 이런 절차까지 무시하고, 예산에 대해 '투쟁'이랄지, 도의 '전 직원이 나서라'는 것은 너무 감정적으로 대처하는 것 같습니다.

예산이 어디에 얼마나 필요한데, 구체적으로 얼마나 확보 못 하고 있는지에 대해서 차분한 분석과 접근이 필요하다고 생각합니다.

**4. 이번 정기국회에서 통과될 것 같았던, '지역언론육성법안' 등의 국회통과가 불투명하다지요?**

☞ 이번 정기국회에 통과를 목표로 했던 '지역언론육성법안'은 문화관광위 전체회의에 상정조차 되지 못한 채 '대기' 상태에 들어갔다는 소식입니다. 그래서 언론개혁 입법이 장기간 보류될지도 모르는 상황입니다.

그 이유는, 국회가 한나라당의 전면투쟁으로 공전되고 있기 때문인데요. 앞으로 그 추이가 주목됩니다.

## 5. 이 밖에 다른 소식은?

☞ 먼저 대산기업(대산주택개발, 광고기획)에서 무등일보를 인수했다는 소식인데요.

6억 2천만 원에 넘기기로 한 것인데, 주식의 50%가량을 인수하기로 한 것으로 알려지고 있고요. 12월 초부터 대산기업의 사장 오종택 씨가 경영권을 행사하기로 했다는 소식입니다.

한편, 현재의 김정수 회장은 매달 일정액을 투자하는 조건으로 회장직을 유지하기로 했다는 겁니다.

우리사주 형식으로 비교적 자본의 건전성을 유지한 신문사가, 특정회사에 인수되는 걸 보면, 우리 지역언론의 열악한 경영구조를 읽을 수 있는 대목인데요.

언론이 수익성을 갖기 위해서는, 지역민들도 관심을 가져야 할 것 같습니다.

다음은, 광주일보의 인사내용입니다.

새로운 신임사장이 취임한 26일 인사를 단행했는데요.

전문이사 겸 관리부장에 신형우 씨, 논설고문에 조동수 씨, 주필에 서영진 씨, 영업본부장에 류제길 씨가 발령됐고요. 편집국장에 김진영 씨 등이 임명되었습니다.

그런데 여기에서 문제는 편집국장을 했던 사람이 영업본부장으로 된 것 등은 영업을 중시하겠다는 의도가 숨겨져 있는데요. 특히 기자를 영업직으로 내몬 것은 문제가 있다는 시각도 있습니다.

(2003 - 11 - 28 방송)

# 제32절 지역 갈등, 부추겨야 잘 팔리나

**1. 이번 한 주 지역언론에서 주로 다뤘던 사안이라면, 어떤 것이 있습니까?**

☞ 첫째로, 지역발전을 위한 특별법, 즉, 지방분권특별법, 국가균형발전특별법, 신행정수도건설특별법 등이 있는데요. 이런 지방 살리기 3대 특별법에 대해 수도권 국회의원들이 집단적으로 반발하는 등 총선을 앞둔 정치권의 '눈치 보기'로 연내 지방분권 입법이 어려울 것 같다는 보도를 하고 있습니다.

둘째로, 남도대학으로 통합된 구 담양대학과 남도대학의 휴학률이 40％대에 육박하고 있다는 보도가 있습니다.

이것은 광주·전남지역의 다른 대학보다 최고 4배나 많다는 겁니다.

이 보도는 양 대학이 전남도의회에 제출한 2003년도 행정사무감사 자료에 의한 건데요.

언론에서는 광주·전남지역 같은 2년제 대학인 동강대(11.5％), 송원대(11.8％), 나주대(24.1％) 보다 남도대학의 휴학률이 최고 4배나 많은 이유가 뭔가에 대한 후속보도가 있어야 할 거고요. 그에 대한 대책이나 근본적인 해결방안도 제시해야 할 것입니다.

셋째로, 광주 전남 간 지역갈등을 일으키고 있는 각종 현안들에 대한 보도가 많이 있습니다.

특히 최근 박광태 광주시장의 '빅딜' 발언과, 박태영 전남지사의 반대 입장의 보도가 많은데요. 언론에서 광주 전남이 상생할 수 있는 묘안들을 제시하면 좋겠습니다.

## 2. 광주지역 시민단체가 '박광태 시장 사퇴운동'을 벌이고 있는데, 언론의 보도 태도는 어떻습니까?

☞ 박광태 광주시장이 검찰에서 현대로부터 3천만 원을 받았다고 시인했는데요. 그 이후에 광주지역 시민단체들이 박광태 광주시장 사퇴를 요구하고 있습니다. 그리고 박 시장의 출근 저지 투쟁에 나서기로 했는데요.

광주YMCA 등 광주지역 52개 시민단체가 20일 오전 8시 30분 광주시청 앞에서 '시민우롱 뇌물수수 박광태 시장직 사퇴를 위한 범시민운동본부' 출범 선언 및 기자회견을 했고요. 박 시장의 사퇴를 위한 시민운동을 했는데요.

우리 지역 대부분의 신문들인 무등일보, 광주타임스, 광주매일, 전남매일 등은 21일(오늘)자, 1면에서 다루고 있습니다.

광주일보는 20일자에서, <박 시장 사퇴압력 격화>라는 제목으로 싣고 있습니다.

이런 박 시장의 사퇴에 대해서, 침묵을 하고 있던 시의회에서도 박 시장과 직접 치열한 공방전을 벌이는 모습도 보도하고 있는데요.

이런 언론의 태도는, 지난달 박 시장이 검찰조사를 받기 바로 직전과 직후에, 일부 언론사 편집국장과 보도국장을 만났었는데, 그때 나온 보도 태도와는 상당히 차이가 있습니다.

시민단체들이 요구하는 박 시장 사퇴요구에 대한 내용에 대해서, 지면배치나 사퇴요구에 대한 목소리를 반영하는 정도가, 종전의 보도 태도와는 차이가 있어서, 비교적 개선된 보도가 나타나고 있습니다.

그렇지만 단순한 사실 전달에만 그치고 있고요. 언론사가 독자적으로 내부의 사설을 통해서, 자사의 입장이나 구체적인 반응을 나타내고 있지 않고 있는 것이 아쉽습니다.

앞으로 시민단체의 요구와 시민들의 반응은 물론, 집행부 감시기관이라고 할 수 있는 시의회 의원들의 주장에 대해서도 좀 더 심층적으로 보도해야 할 것이고요.

일정한 한계가 있겠지만, 박 시장의 뇌물수수에 대한 실체적 진실을 밝히려는 언론의 노력도 함께 병행됐으면 좋겠습니다.

### 3. 정부합동청사 신축 문제, 2012 세계인정박람회 등 시·도 간의 갈등문제에 대한 지역신문의 보도 태도는 어떻습니까?

☞ 정부합동청사 건설과 농업기반공사 이전, 2012년 박람회 개최 문제 등을 둘러싼 광주시와 전라남도 간 갈등이 심화되고 있는데요.

특히 박광태 광주시장이 최근 "광주시가 광산업 박람회를 하고, 나주시가 경륜장을 하는 방식으로 '빅딜'하자"고 발언한 데 대해, 해당 지역주민들의 반발이 거세지고 있습니다.

그런데 지역언론들이 지역 갈등을 부추기고, 또 일부 신문은 갈등을 중계하는 듯한 보도를 하고 있습니다.

예를 들면,

전남매일, 18일자, 1면에 <경륜장·정부합동청사·엑스포 등－지역 현안'빅딜'은 없다>라는 제목을 배치하고, 박 시장이 '맞교환'을 제안했는데, 박 지사는 '부적절'하다는 입장을 보였다는 보도를 하고 있고요.

무등일보, 18일자, <"시도 현안 빅딜 사안 아니다.">,

광주일보는 19일자, <시·도 갈등 점입가경－합동청사, 농기공

이전, 박람회 등 싸고 시위, 퇴진 투쟁>,

광주타임스, 18일자, <박 시장 "시도 현안 빅딜", 박지사 "그럴 사안 아니다.">라는 제목으로 싣고 있습니다.

이렇게 제목만을 보면, 전라남도와 광주시, 양측의 '대립의견'만을 부각시키고 있고요. 지역갈등을 해결하려는 언론의 의지는 보이지 않고 있습니다.

그리고 전남일보는 여기에 한걸음 더 나가서, 마치 광주시와 전라남도의 갈등을 게임을 중계하듯이 보도하고 있어요. <제2라운드, 주도권 누가 쥘까>라는 제목을 배치하고 있습니다.

18일자 3면을 보면, <통합청사 관련 예결위 계수조정 소위 배정 놓고, 전갑길 – 배기운 '제2라운드' 채비, 국회 막판 예산통과 주도권 누가 쥘까?>라는 제목에서, 지역을 대표(광주시 광산구 – 나주시)하는 국회의원들이 국회에서 예결위 계수조정 소위원회에 배정을 놓고, 서로 주도권 경쟁을 하고 있다는 내용을 보도하고 있습니다.

이렇게 언론에서 양 시도의 갈등문제를 해결하고 분석하려는 노력보다는 갈등을 부추기고, 어떤 면에서 '제2라운드' 운운하면서 즐기려는 태도는 지역언론으로서 바람직한 태도라고 볼 수 없을 것입니다.

## 4. 광주 장애인 복지관 관련 보도는 어떻습니까?

☞ 광주시는 장애인종합복지관 운영방식을 개선해서, 분할 위탁키로 했는데요.

그동안 장애인종합복지관이 맡아 오던 장애인단체 재활프로그램 운영은 사회복지법인 씨튼수녀회에, 재가복지봉사센터와 보호 작업장 운영은 올해 개관한 광산구 장애인복지관에 각각 이관하고, 장애인전문체육관으로 운영될 현재의 시설은 지역 광주장애인총연합회를 수탁운영자로 지정키로 했는데요.

이와 관련해서, 광주시의 입장과 시민단체 즉, '장애인복지관 민주적 운영 공공성 확보공동대책위원회' 양측 주장을 단순히 나열해서 보도하는 경우가 많고요. 또 한쪽에서 반발하고 있는 사진이나 주장만을 싣고 있습니다.

예를 들면,

전남매일, 20일자, <장애인복지관 기능 분할 거센 반발, 시민·장애인단체 "행정 편의주의적 발상">,

무등일보, 20일자, <광주시 – 장애인복지관 분할 운영방침 확정, 노조 – "초법적 발상" 강력 반발>,

광주일보, 20일자, <장애인복지관 개선안 반발> 등, 언론에서 단순하게 시민·장애인 단체에서 반발하고 있는 내용을 소극적으로 보도하고 있습니다.

원래 장애인의 보호와 복지, 지원 등의 문제는, 국가와 지방자치단체에서 적극적으로 관여해야 하고요. 그 운용도 공공성과 민주성이 확보될 수 있도록 해야 할 것입니다.

언론에서 시민장애인 단체에서 반발하고 있는 내용이 무엇이고, 이것을 어떻게 해결할 수 있는지에 대해서 전문가의 시각이나, 다른 지방자치단체의 사례들을 발굴해서 보도하는 자세가 필요하리라고 생각됩니다. 장애인복지관의 운영체계에 대한 근본적인 문제들에 대한 심층 취재를 기대합니다.

## 5. 여수시의 인사문제에 신문기자 등이 관여했다지요?

☞ 감사원에 감사결과에 따른 건데요.

감사원에 의하면, "여수시가 6급 직원 인사를 단행하면서 시장 결재까지 난 인사안에 대해 신문기자 청탁으로 2명, 시의회 의장 청탁으로 1명, 모 과장 청탁으로 5명 등 모두 8명을 교체한 사실이 감사결과 드러났다."고 밝혀졌습니다.

여수시가 올해 3월 21일자로 단행한 6급 직원(계장급) 184명에 대한 전보인사에서 청탁을 받고 당초 인사안을 바꿔 인사를 단행한 사실이 적발된 것이라고 합니다.

민선자치 이후에, 자치단체장들이 인사권을 독점하면서, 인사에 대한 객관성 시비가 많은데요. 이런 인사잡음 때문에 호남지역에서도 광주시 광산구청장 부인이 실형을 선고받았고 전북 임실에서도 군수가 인사 관련 수뢰혐의로 구속 중입니다.

그런데 여수시 인사에서 신문기자가 인사문제에까지 관여한 것으로 알려서 충격입니다.

지방자치단체의 인사비리에 일부 언론인이 관여한 것은, 그동안의 공공연한 비밀이 알려진 것에 불과한데요. '관언유착'의 전형적인 결과가 아닌가 생각됩니다.

일부 기자의 잘못된 행동으로, 선량한 많은 기자들이 함께 매도되지 않도록 해야 할 것이고요. 무엇보다도 기자들이 기본적인 윤리강령을 준수하려는 노력이 있어야 할 것으로 봅니다.

## 6. 이 밖에 다른 소식은?

☞ 광주일보사의 경영진에 관한 소식과 사장취임사에 대한 내용입니다.

광주일보사 회장·발행인에 허재호 대주그룹 회장이 취임했고요. 대표이사 사장·인쇄인에 손영호 전 교보생명 부사장이 선임되어,

지난 17일에 광주일보 대강당에서 취임식을 가졌다는 소식입니다.

광주일보, 18일자, 1면에 손영호 사장은 <광주일보사 제5대 사장에 취임하며>라는 글에서, 한층 새로운 신문으로 독자들에게 다가가겠다고 밝혔습니다.

특히, 일부 시민단체에서는 "광주일보가 '건설회사의 방패막이'로 전락할 수 있다."는 우려를 제기하고 있는데요. 이런 우려를 씻을 수 있는 어떤 조치도 포함되어 있지 않은 점이 아쉽습니다.

앞으로 노사가 합의해서 편집규약이 제정되고 공포되면 좋겠고요. 외부의 입김에 흔들리지 않도록 편집방향이 제시되어야 할 것입니다.

(2003 – 11 – 21 방송)

## 제33절 신문광고만 준다면, 안전 빵

**1. 지난 한 주간 지역언론에서 주로 다뤘던 사안이라면, 무엇이 있습니까?**

☞ 첫째로, 정치권의 신당논의가 계속되고 있는데요. 원외에서 범개혁신당을 추진하고 있는 '범개혁신당추진 준비위원회'가 19일 내년 총선출마 예정자 명단 120명을 발표하면서 개혁신당 추진을 가속화하고 있다는 보도를 하고 있습니다.

여권 핵심인사가 '신당 참여 자격론'을 제기하고, 한나라당 일부 의원들이 내달 초 연쇄탈당을 시사하는 등 정치권의 신당논의 보도가 많습니다.

둘째로, 파업 관련 보도가 많습니다. 언론들이 파업사태의 본질보다는 노사 간의 힘겨루기 양상이나, 정부의 엄정 대처, 또는 파업규모가 얼마라는 것만을 게임 중계하듯 보도하고 있어요.

광주일보의 파업 관련 몇 가지 제목 기사를 살펴보면,

광주일보, 23일, <최건교 "철도파업은 불법… 엄정 대처">,

광주일보, 25일, <기업 파업/폭력·시설 점거·장기화 땐 경찰 투입>,

광주일보, 25일, <'정치적 파업' 엄정대처>,

광주일보, 25일, <현대·기아차 등 부분파업 손실액 1천억 넘어>,

광주일보, 24일, <高총리 "불법파업 주동자 엄정처리">라는 제목으로 기사를 싣고 있고요.

그래서 여전히 피해액과 함께 정부의 공권력 투입방침이나, 불법파업 주동자를 엄정하게 처리하겠다는 보도에 초점을 맞추고 있습니다.

셋째로, 방사성 폐기물과 관련해서는 '보도내용' 자체도 문제지만, '광고'는 더 큰 문제입니다.

산업자원부와 한국수력원자력(주)(한수원)의 핵폐기장 광고가 '공익'보다는, 다소 '과장하는 듯'한 내용으로 일관하고 있어서 문제가 심각합니다.

산자부와 한수원은 지난 2월에, 4개의 핵폐기장 후보지를 발표한 이래 일간지와 지상파를 통해 "핵폐기장이 안전하고 핵폐기장 건설이 지역발전을 가져온다."는 내용의 광고를 해 오고 있는데요. 이런 광고가 '여론수렴'보다는 '정책찬양'에 치우쳤다는 겁니다.

핵폐기장은 원래 '위험'하다는 인식이 많은데요. 이런 '위험'에 대해 언론에서 본질적인 내용을 다루기보다는 '핵폐기장을 유치하면, 어떤 보상이 이루어지고 있느냐'에 중점을 두고 있어서, 여론을 호도하고 있다는 느낌이 듭니다.

2. 신당 논란에 대한 지역언론의 보도가 많이 있었는데, 특히 박주선
   의원과 관련한 보도에서는 마치 민주투사 다루듯 한 부분은 문제가
   있지 않은가 싶은데요?

☞ 그렇습니다.

법 앞에는 누구든지 평등합니다. 돈이 있든 없든, 권력이 있든
없든, 평등하게 법이 해석되고 적용되고 집행되어야 한다고 생각되
는데요.

박주선 국회의원의 경우도 마찬가지입니다. 나라종금 로비의혹이
있으면, 떳떳하게 조사를 받는 것이 옳지 않은가 하는 생각이 듭니
다. 그런데 우리 지역의 일부 신문에서는 '정치보복'이니, '사법적
테러'니 하는 논조를 유지하고 있습니다.

예를 들면, 전남일보, 21일자, <"현 정부 정치보복적 표적수사">
라는 제목의 기사에서, 박주선 의원은 기자간담회를 갖고 검찰이 자
신을 '정치보복적 표적 수사'라고 주장했는데, 이런 주장을 언론에
서 그대로 싣고 있습니다.

광주타임스, 24일자, <표적수사 중단하라>라는 제목으로, 사진
과 함께 민주당 화순·보성 지구당은 성명을 발표하고 "현 정권은
박주선 위원장의 나라종금과 관련된 표적수사를 즉각 중단하라"고
주장했던 내용을 싣고 있습니다.

전남일보, 24일자, <與 '체포안' 부결키로>라는 제목에서, 민주
당은 법원이 국회에 제출한 박주선 의원에 대한 체포동의안과 관
련해서, 회기 내에 동의안을 상정, 부결시키기로 했다는 소식을 싣
고 있어요.

누구든지 의혹이 있다면, 사법당국에서 조사를 받는 것은 당연합

니다. 국민이건 국회의원이건 조사를 받는 것에 구별을 두어서는 안 될 거예요. 그리고 언론에서도 실체적인 진실을 밝히기 위해서 노력을 해야 할 터인데, 언론에서는 이런 기본마저도 도외시한 '민주투사'와도 같은 보도로 일관하고 있는 것은 문제가 있습니다.

**3. 방사성 폐기물 처분장 논란과 관련해 지역신문이 광고를 실으면서, 지면에서도 핵폐기장 안전성 등에 치우친 보도를 하는 신문도 있었죠?**

☞ 그렇습니다.

방사성 폐기물의 처분장 '유치'와 '반대'라는 의견이 첨예하게 대립되고 있어서, 균형 있는 보도가 중요합니다. 그런데 우리 일부 신문에서는 양쪽의 균형 있는 시각보다도, 한쪽 편을 들고 있고요. 이것은 산업자원부와 한국수력원자력(주)의 신문광고와 밀접한 관계가 있는 듯합니다.

신문광고에는 '노동자의 사진'과 함께 "기적을 만드는 안전한 기회 — 당신의 선택을 믿습니다."라는 문구로 광고를 내보내고 있는데요. 사실 어마어마한 광고비를 언론에 쏟아붓고 있습니다. 이런 광고를 싣고 있는 입장이라서 그런지는 몰라도 매우 편파적입니다.

방사성폐기물이 '안전'하다는 논조를 지역신문들이 앞장서서 부치기고 있습니다.

예를 들면, 전남매일, 15일자, <원자력 발전 '선택 아닌 필수'>, <'설계에서 운전까지 안전 최우선'>이라는 제목을 뽑고 있습니다. 원자력 발전이 필요하고, 지역사회 발전의 호기가 된다는 점을 강조하고 있습니다. 편파적인 보도라고 볼 수 있는 것이지요.

광주타임스, 24일자, <사설 — 핵폐기장, 도가 전면에 나서야>라는 제목에서, "…각종 보상 차원의 금전적 혜택도 적지 않았다.",

"…지역발전과 연계하면 군침이 도는 사업이다."라는 내용으로, '유치'라는 쪽만을 강조하고 있습니다.

현재는 원전수거물 관리시설 및 양성자가속기사업 유치문제를 둘러싸고 영광군민들은 지금 '찬성과, 반대' 양쪽으로 확연하게 갈라져 있고, 또 신청 마감시한이 20여 일 앞으로 다가와 있기 때문에 언론의 '중립적이고 균형적인 시각'은 너무 중요합니다.

따라서 방사성폐기물 유치를 반대하고 방사성의 위험성을 주장하는 사람들의 시각을 도외시해서는 안 될 것입니다.

### 4. 지역언론 육성법안 앞으로 어떻게 처리될 예정입니까?

☞ 지난주에 소개해 드리지 못한 지역신문발전지원법안의 시안 중에서, '지역신문발전기금의 조성과 용도' 부분에 대해서 말씀을 드리겠습니다.

지역신문발전기금은 1) 정부의 출연금 및 융자금, 2) 개인 또는 법인으로부터의 기부금품, 3) 문화관광부 소관의 다른 기금 등으로부터의 전입금, 4) 기금운용으로 생기는 수익금, 5) 기타 대통령으로 정하는 수입금 등으로 조성하게 되어 있고요.

그리고 지역신문발전기금은 1) 지역신문발전위원회의 업무수행, 2) 지역신문인의 취재, 보도 및 편집 전문성 향상, 3) 지역신문사의 경영 전문성 향상, 4) 지역사회 소외계층의 지역신문 접근 향상, 5) 지역신문사 간 공동협력체제 구축, 6) 기타 지역신문의 공익성 제고를 위해 필요하다고 위원회가 인정한 사항 등 공익사업을 위하여 사용하도록 하고 있습니다.

## 5. 지역언론계 소식이라면?

☞ 어제(25일) 조선대 치대 강당에서 '지역언론과 지역의제: 호남소외론 보도를 중심으로'라는 주제로 세미나가 열렸는데요. 광주전남언론학회의 주체로 열린 세미나였는데요. 저도 이날 토론자로 참여했습니다.

김덕모(호남대)·박선희(조선대) 교수는 '지역언론의 호남소외론 보도'라는 논문에서 "광주지역 6개 일간지는 지난 4~5월 검찰과 행자부 인사, 대북송금 특검법 공포, 문화수도 육성과 광양항 개발 공약 미진 등을 계기로 호남소외론을 기정사실로 보도한 뒤 차차 정치적 악용을 경계하는 쪽으로 바뀌었다."고 분석했습니다.

또, "지역신문은 지역통합보다 오히려 지역주의를 조장하는 데 앞장서는 태도를 보였다."며 △'~하더라'식 유언비어를 보도하는 폐해 방지, △통계자료의 아전인수식 해석 배제, △갈등이나 차별을 조장하는 선정주의 지양 등을 담은 지역보도 준칙을 제안했습니다.

(2003 − 06 − 26 방송)


## 제34절 역사 이전, 자사 이익에 따라 다르다


### 1. 한 주간 지역언론에서 주로 다뤘던 사안이라면, 어떤 내용입니까?

☞ 첫째는, 아버지의 학대로 위탁가정에서 보호를 받아 오던 한 초등학생이 아파트에서 투신해서, 목숨을 끊은 소식을 보도하고 있는데요. 대부분의 언론에서 아동학대 문제의 심각성을 보도하고 있

습니다.

둘째는, 기아자동차 노조가 부분파업에 들어갔다는 소식을 다루고 있습니다. 그래서 광주공장의 생산 차질과 협력업체의 경영난 가중이 불가피하다는 보도를 이루고 있습니다.

셋째는, 광주역 이전 통합 촉구 범시민결의대회가 22일 오후 광산구 송정리역 앞 광장에서 열렸다는 소식을 보도하고 있는데요. 신문사마다 이 대회에 참석한 사람들의 숫자가 다르게 나타나고 있는 것이 독특합니다.

넷째는, 담양 소쇄원(사적 제304호) 관련 보도입니다. 일부 사적들이 지난 20일 잇따라 붕괴되었고, 이어 나머지 건축물도 추가붕괴가 우려돼 각별한 보수·관리가 요구되고 있다는 소식들이 주류를 이루고 있습니다. 그런데 문화재청이 '사유재산'이라는 이유로 예산이나 인력 지원책을 제시하지 못하고 있다는 겁니다.

## 2. 의제 설정을 제대로 했는지요?

☞ 생활고 관련 기사와, 지역경제 관련 보도를 중심으로 살펴보겠습니다.

첫째, 생활고 관련 기사를 살펴보면, 생활고 관련 기사가 눈에 띄게 증가하고 있습니다.

'실업이 늘고 있다.', '가계가 부실하다.', '카드빚을 갚기 위한 범죄가 급증하고 있다.', '생활고로 인한 자살과 가출, 이혼 등도 늘어난다.', '가족공동체가 깨어진다.' 등의 내용인데요.

예를 들면, 광주일보, 23일자, <불황의 그늘 찢기는 가정>이라는 기사가 대표적입니다.

그런데 이런 내용들을 단순히 전달하는 데 그치고 있는 경우가 많습니다.

생활고로 인한 자살이라면, 그들만의 아픔이 아닌 우리 모두의 아픔으로 이해하는 보도 태도가 없고요. 이들을 보호하려는 복지 시스템 차원의 보도는 찾아보기가 힘들었어요.

사회보장확대나 국가적 차원의 해결노력 등에 대한 접근이 바람직하다고 봅니다.

둘째, 지역경제의 어려움을 '기업' 중심으로 보도하고 있습니다.

경제주체는 가계와 기업과, 정부라고 볼 수 있는데요. 기업중심으로만 이루어진다는 것이 문제입니다.

예를 들면, <전남매일>의 경우에 연일 1면으로 다루고 있어요.

23일자, <지역경제 발목 잡는 '노사분규'>라는 제목의 기사에서, "기아차 파업으로 지역 협력업체 연쇄도산이 우려된다."고 보도하고 있고요.

24일자, <기업파업 지역경제 큰 타격>이라는 기사도, 기아차 광주공장은 파업으로 하루 780여 대의 차량생산이 중단되면서, 손실액이 83억 원에 이르고 있다는 보도를 하고 있어요.

노동자의 파업이 "지역경제에 찬물을 끼얹고 있다."면서, 일단 불경기의 원인을 '노동자'에게 돌리고 있습니다.

그런데 지역경제의 어려움을 '노동자'에게 전가하고 있는 것은 우려할 만한 부분이라고 생각합니다.

**3. 12세 아동 자살 사건을 볼 때, 지역언론이 사건 단순 보도보다는 지역 복지 시스템을 점검하는 것도 좋았을 것 같은데요?**

☞ 그렇습니다.

그런데 대부분의 언론들이 이 사건을 단순 보도하고 있습니다.

빈곤에 시달리는 아이들, 이혼한 부모 밑에 있는 아이들의 실태, 지역 복지의 현실, 지역사회 복지 네트워크 구성에 대한 필요성을 지적하는 부분이 적었습니다.

예를 들면, 호남신문, 22일자, <아동학대 예방대책 시급>이라는 제목에서, 아동학대의 위험성에 보도의 초점을 맞추고 있고요.

광주일보, 21일자, <11살 초등생 투신자살 '충격'>이라는 기사도 단순보도에 그치고 있습니다.

광주일보, 22일자, <사설 - 아버지가 무서워 죽은 아들>이라는 제목에서, "가정 내 아동학대의 무서움을 그대로 드러낸 것"이라고 하면서, 이번 사건을 단순한 아동학대 정도로 인식하고 있어요.

전남일보, 23일자, <사설 - 11세 어린이의 投身이 주는 충격>이라는 제목도, 단순히 아동학대 차원에서 접근하고 있습니다.

사회복지는 '개인'의 문제가 아니라, '사회'적인 차원에서 해결해야 할 문제입니다.

언론에서는 어려운 생활고에 시달리는 사람들을 위해, 최소한의 사회 안전망에 대한 보도가 있었으면 좋겠습니다.

## 4. 광주역 이전 논란과 관련된 기사들은 어떻습니까?

☞ 광주역 이전 대책추진협의회는 22일 광주시 광산구 송정역 앞 광장에서 범시민 결의대회를 열었는데요.

먼저, 여기에 참석한 '숫자'가 애매모호합니다. 숫자에 대해서 소위 '고무줄 잣대'를 적용했습니다.

호남신문과 광주타임스는 1천여 명(23일자), 무등일보와 전남일보는 1천500여 명이 참석했다고 하면서, 광주역 이전을 내심 반기지 않는 모습이고요.

광주매일은 2천여 명(23일자)으로 보도했고요.

광주일보는 시민 3천여 명으로 보도하면서(23일자), 광주역을 송정리역으로 이전 통합하자는 목소리가 높아지고 있다고 보도하고 있어요.

그래서 크게는 참여 숫자가 세 배가량 차이가 났습니다.

참여숫자를 다르게 보도한 것은 신문의 공신력을 훼손시킬 수 있는 부분이고요. 광주역 이전통합문제를 지역이기주의로 인한 갈등으로만 몰아가지 말아야 할 것입니다. 장기적인 도시발전전략을 점검하는 것이 필요하리라고 생각됩니다.

앞으로 광주역 이전통합 문제에 대해서도 심층보도가 필요하고요. 광주역 이전통합에 대한 시민들의 공감대를 확산시키는 역할도, 언론에서 일정한 책임으로 느껴야 할 것 같습니다.

## 5. 굿모닝게이트 관련 보도와 관련해서는?

☞ 굿모닝시티 윤창열 회장이 로비자금 명목으로 거액의 돈을 청와대 문희상 실장을 비롯한 몇몇 정치인에게 건넸다고 <동아일보>가 실명으로 보도했었는데요.

정작 당사자들은 이것을 적극 부인하면서 소송을 제기해서 파장이 커지고 있습니다.

결국, 동아일보는 오늘(24일)일자에, 굿모닝시티 분양비리 사건과 관련, 김원기 민주당 고문 등이 거액을 받았다는 16일자 기사가 오보였다며 사과 기사를 실었습니다.

그리고 <독자 – 당사자에 사과드립니다>라는 사고를 1면에 올렸는데요. 이번 기사와 관련, 취재보도 과정에서 확인을 소홀히 해서 사실과 다른 내용의 보도를 했다고 밝혔습니다.

이것은 우리 언론의 고질적인 문제라고 할 수 있는'특종강박증'
이 원인이라고 보는데요.

중대한 사안을 보도하면서 보도의 기초적인 부분도 확인하지 않
고, 익명의 제보자만을 의존했는데요. 확인되지 않은 부분을 사실인
양 보도해 온 것은 우리 언론의 고질적인 병폐라고 볼 수 있습니다.
이것은 우리 지역의 언론들도 되돌아봐야 할 부분입니다.

### 6. 지역언론계 소식이라면, 어떤 내용이 있습니까?

☞ 대안 언론을 표방하는 지역신문이 창간되고 있다는 소식인데
요. 장성에, 주간지 <장성군민신문>이 창간 준비호를 발행했습니다.
장성군민신문은 경영의 사유화를 막기 위해, 군민주주를 모집한
다는 건데요. 1인당 1500만 원으로 제한하고 있다고 합니다.

8월 초에 정식으로 주간지를 창간한다는 계획인데요. 대안언론을
표방하는 지역신문이 광주전남의 현실에서 충실한 역할을 해낼 수
있기를 기대합니다.

(2003 − 07 − 24 방송)

## 제35절 우리 신문과 관련되면, 이것도 바꾼다

### 1. 한 주간 지역언론에서 주로 다뤘던 내용, 소개해 주시겠습니까?

☞ 첫째로, '광주−무안 간 고속도로' 건설 사업이 차질을 빚고
있다는 소식이 많은 부분을 차지하고 있습니다. 호남대학교가 최근
광주시와 광산구, 도로공사 측에 수차례 민원을 제기했고요. 건설

교통부는 지난 2일 유관기관 대책회의를 열었으나 뚜렷한 결론을 내지 못했다는 소식입니다.

둘째로, 광주시 금고를 공개경쟁방식으로 선정하기 위해 발의된 조례안이 본회의에 상정되지도 못한 채 폐기됐다는 소식을 싣고 있습니다. 광주지역 45개 시민단체는 '시의회가 시금고 조례 제정에 적극 임하라'고 촉구한 소식을 다루고 있습니다.

셋째로, 추석을 앞두고 이와 관련된 보도가 많습니다.

추석이 다가오고 있지만, 추석 불황 때문에 농산물 판매량이 급격히 하락하고 있다는 소식, 임금체불 소식들이 많은 부분을 차지하고 있습니다. 또 강도·절도가 기승을 부리고 있고, 명절을 앞둔 생계형 좀도둑이 급증하고 있다는 소식도 있습니다.

## 2. 광주 – 무안 고속도로 공사와 관련해, 특히 호남 신문이 편향된 보도를 해서 눈길을 끌고 있죠?

☞ '무안 – 광주 간 고속도로'는 이미 4년 전 고속도로 타당성 조사과정에서 협의한 것으로 고시가 끝난 국가사업인데요.

호남대학교와 광산구, 광산지역 일부 관변단체가 어등산 환경파괴 및 교육여건을 이유로 선형변경을 요구하고 있습니다.

대부분의 언론에서는 호남대와 광산구 측의 '선형변경 요구' 내용과 (사업주체인) 한국도로공사 측의 '선형변경 불가' 주장을 골고루 다루고 있는데요, 일부 신문에서는 한쪽 시각만을 부각하고 있습니다.

대부분 지역신문들이 '캄캄하다, 논란이 계속될 것이다', '계획대로 추진하라' 등의 반응을 나타내고 있고요.

예를 들면, 광주일보는 3일자, <광주~무안 고속도 앞길 '캄캄'>, 광주타임스 3일자, <광주~무안 고속도 논란 '원점'>,

전남매일, 3일자, <어등산 구간 논란 계속> 등이 있고요.

광주일보는 기존 계획대로 추진하라고 주문하고 있습니다.

즉, 광주일보는 3일자, <사설 - 광주 - 무안 고속도, 늦춰선 안 된다>라는 제목에서, "일부의 이해관계로 국책사업의 발목이 잡히는 것은 바람직하지 않다."라고 하면서, 기존에 도로공사의 계획안대로 추진해야 하는 듯한 논조를 보이고 있습니다.

이러한 지역신문의 보도 태도와는 달리, 호남신문에서는 노선변경이라는 쪽에 무게를 두고 있습니다.

호남신문은 3일자, 1면을 보면, 지난 2일에 건교부를 비롯한 유관기관회의 결과를 놓고도, <어등산 통과노선 재조정될 듯>이라는 기사 제목에서, "광산구와 호남대 측에서 제시한 3~4개 대안을 중심으로 어등산 통과 노선이 재조정될 것으로 전망된다."면서, 노선 재조정을 기정사실화 내지는 희망사항을 내세우고 있는데요.

기사의 내용을 자세하게 살펴보면, 호남대 측에 편중된 듯한 논조를 유지하고 있는 것을 알 수 있습니다. 이것은 특정대학 측과 관계가 있는 신문이, 특정대학의 주장을 대변했다는 의혹을 떨쳐버리기 힘든 부분이라고 할 수 있습니다.

### 3. 시금고 관련 조례안 부결이나 경륜장 유치 관련 움직임에 대한 지역언론 보도는 잘되었는지요?

☞ 먼저, 시금고 관련 조례안 부결과 관련한 내용을 보면, 지난해에도 시의회는 시금고 선정방식을 놓고 의원발의로 소관 상임위까지 통과된 금고 조례안을 본회의에서 부결시켜 비난을 받았는데요.

이것은 그동안 광주YMCA, 경실련 등 시민사회단체가 시의회에 시금고 조례 개정을 촉구하는 주장에도 불구하고, 우리 지역의 대부분의 신문에서는 지방의회의 조례개정안의 부결소식만을 다루고 있고요. 일부 신문만이 시금고 선정방식에 문제를 제기하는 보도를 찾아볼 수 있습니다.

시금고 선정방식에 문제를 제기하고 있는 신문을 살펴보면, 광주타임스, 1일자, <사설-광주시금고 바꿀 때 됐다>와, 4일자, <사설-광주시금고 선정 조례개정 필요하다>에서, "시금고 선정에 있어 지방은행 살리기도 중요하지만 안전성과 투명성은 물론 수익성 극대화를 통한 시재정 확충이 더 시급한 과제다."라고 하면서, "엄청난 규모의 시금고를 지방은행 살리기라는 이유만으로 수의계약을 고집할 이유가 없다고 보인다."라고 시금고를 바꿀 것을 주장하고 있습니다.

그렇지만 대부분의 신문에서는 단순히 광주시금고 조례안 부결소식과 함께, 시민단체의 반발 움직임에 대해서 보도하고 있을 뿐입니다.

무등일보도, 3일자, <광주시금고 조례안 부결> 기사에서, 광주시의회 행정자치위원회가 또다시 시금고 조례안 제정을 무산시킨 데 대해 시민단체들이 강력 반발하고 있다는 보도를 하고 있고, 전남일보, 3일자, <광주시금고 조례안 부결> 기사, 광주일보 3일자, <광주시금고 조례안 폐기>, 2일자 <시금고 선정 조례 안팎 논란>, 8월 30일자 <시금고 조례제정 규탄> 등이 거의 단순보도로 이루어져 있고요. 광주매일, 2일자, <양대노총 시금고조례안 놓고 '충돌'> 등의 기사를 싣고 있습니다.

이렇게, 우리 지역신문에서는 광주시금고 선정에 대해서는 거의 자사의 목소리를 내지 않고 있는 것을 볼 수 있습니다. 특히 광주시금고는 특정은행에서 30여 년 동안(지난 69년부터 지금까지) 시장의 독점적 수의계약 방식에 따라서 맡고 있는 실정인데요. 이에 대한 실정을 제대로 알리려는 노력을 하지 않는 것은 납득할 수 없습니다.

현재 대부분의 지자체가 공개 및 제한 경쟁방식으로 금고를 선정하고 있는데요, 거액의 건설공사를 수의계약으로 처리했을 때, 떠들어대던 언론이, 이런 시금고 선정에 대해서는 단순한 보도로 일관하고 있는데, 이런 모습은 언론의 바람직한 자세가 아니라고 생각합니다.

차제에 언론에서는 시금고의 선정방식에 대한 문제점, 운영에 대한 정확한 잣대, 그리고 다른 지역의 실태 등 다각적인 보도가 있어야 할 것입니다.

다음으로, 경륜장 유치 관련 보도를 보면, 광주와 전남이 경륜장을 유치하기 위해서 분열과 갈등, 마찰 등을 보여 왔는데요.

전남일보, 8월 29일자 <사설 – '경륜장 갈등' 지역분열 깊어진다>에서, "… 두 지자체 간의 분열과 갈등, 마찰 등을 이후 어떻게 추스르고 치유하려 하는지 걱정스럽다."고 보도했고요.

전남일보, 3일자 <시도, 입장차 커 수용 미지수>(3면), <시·도 경륜장 유치전 새국면>(1면)에서, 광주시와 전라남도의 유치노력만을 단순 보도하고 있어요.

또 어떤 신문은 사진 한 장만을 달랑 보도하고 있습니다.

광주타임스, 2일자, <경륜장 반대1인 시위>에서 사진만을 싣고 있습니다.

무등일보, 2일자, <광주·전남 시민단체 "경륜장 유치반대">라는 기사에서, 시민단체 관계자의 '1인 시위' 광경과 단순사실을 보도하고 있습니다.

이렇게 언론에서, 시민단체와 광주시의 유치찬반 주장을 단순 보도하는 데 그치고 있는데요.

경륜장의 찬반에 대한 여론조사나, 지상토론회, 또는 공청회 등

을 통해서, 경륜장 유치에 찬반을 좀 더 깊게 분석하는 심층보도가
필요하다고 생각합니다.

## 4. 순천 시민단체들이 주재기자들과 지역신문에 대해 손해배상 소송에
들어가기로 했다죠?

☞ '순천기자협회' 회원인 순천주재기자들이 순천지역 시민단체
를 공격하는 '보복성 기사'를 썼다는 의혹으로 함께, 순천지역 시
민단체들이 법적인 대응에 돌입할 예정이라고 하는데요.

지난 시간에도 말씀드린 바와 같이, 시민단체가 해외공짜여행을
비판한 데 대해서, 일부 순천주재 기자들이 시민단체를 겨냥한 보
복성 담합기사라고 반발하면서 분쟁이 시작되었습니다.

그래서 '그린순천21'과 '순천경실련'을 비롯한 시민단체들은 8개
지방일간지에 대해서 언론중재위원회에 반론보도를 청구하고, 또
언론중재위 제소와는 별도로 법원에 민·형사상 소송까지 준비하
고 있는 것으로 알려지고 있습니다.

그런데 신문에 보도되었던 일부 내용, 즉 <그린순천21>이 시민
단체의 예산지원창구로 전락되면서 각종 불법을 저지른 사실이 드
러나 수사기관의 조사를 받기에 이르렀다고 보도했는데요. 이것은
경찰조사결과 현재까지 불법사항을 밝혀내지 못하고 있습니다.

앞으로 그 중재나 소송결과를 지켜봐야 알겠지만, 언론의 책임
있는 보도가 다시 한 번 강조되는 부분입니다.

## 5. 박광태 시장이 제기한 명예훼손 2차 재판에서도 기자에게 '무죄' 선
고가 났죠?

☞ 네, 언론자유 측면에서 재판부가 '공인의 명예'보다는 '공익

성을 목적으로 한 언론 보도'에 다시 한 번 힘을 실어 주었습니다.

이번에 무죄를 선고 받은 사람은, <시민의 소리> 양근서 기자입니다. 양 씨는 지방선거를 앞둔 지난해 6월, 박광태 당시 광주시장 후보의 후보결정과정과 과거 정치행적을 비판한 보도를 했었는데요. 이와 관련해 박 후보 측으로부터 명예훼손과 선거법위반혐의로 피소된 후 지난 6월 1심에서 각각 무죄와 벌금형을 선고받았으나 검찰 측이 이에 항소한 것입니다.

그런데 광주고법(제1형사부)은, 지난 8월 28일, 지난해 지방선거 기간 박광태 당시 광주시장 후보의 후보자질 관련 비판기사를 작성한 혐의(공직선거 및 선거부정방지법 위반)로 기소된 <시민의 소리> 양근서 기자(36)에 대한 항소심 선고공판에서 검찰의 항소를 기각했습니다.

1심에서, 재판부는 "비록 기사가 확인이 부족한 점이나 일부 표현상의 문제, '설'을 기사화한 점 등 사소한 오류나 문제가 인정되지만 이로 인해 언론 보도행위가 제재돼서는 안 된다고 판단한다." 면서 피고 '무죄'를 확정했는데요.

2심에서도, 판결문을 보면, "기사가 특정인을 당선되지 못하게 할 목적이 있다는 검찰 측의 항소이유는 이유가 되지 않는다."면서 검찰의 항소를 파기하고 원심을 확정했습니다.

민주사회의 발전을 위한 언론의 자유가 인정되었다는 점에서, 중요한 의미가 있다고 봅니다.

## 6. 이 밖에 어떤 소식이 있습니까?

☞ 한국원자력문화재단과 한국수력원자력, 원자력환경기술원 등이 2000년부터 올해 7월 말까지 언론인 해외시찰 지원, 신문·방

송 광고 등의 명목으로 집행한 언론홍보비가 무려, 83억 6,600만 원에 달하는 것으로 나타났습니다.

<미디어 오늘>의 보도에 의하면, 한국수력원자력(한수원)은 지난해부터 영광지역 주재기자단 11명 유럽시찰, 군산시청 기자단 9명 일본시찰 등 해외시찰에 7,100만 원을 사용하는 등 언론홍보비로 72억 6,500만 원을 사용했고, 특히 부안 위도 핵폐기장 설치가 사회문제로 부각된 올해에 방송·신문 광고비로 71억 9,400만 원을 집중적으로 사용했던 것으로 나타났습니다.

또, 한수원은 조선일보, 중앙일보, 동아일보 등 종합지는 물론 광주일보, 무등일보, 전북일보 등 호남지역 30개 지방지에도 많은 광고를 냈었는데요. 지방지에 214회 광고를 내 5억 4,100만 원을 사용했다고 합니다.

이렇게 원자력과 관련된 기관에서 많은 언론홍보비를 지출하여 국민을 계도하는 역할을 했다고 보지만, 다른 한편으로는 언론홍보비가 필요 이상으로 지출되었다는 지적이 있습니다. 특히 지방언론에 이런 언론홍보비가 뿌려졌다는 것은, 언론의 '논조'에도 상당한 영향을 끼쳤을 것이라는 의심이 갑니다.

(2003 - 09 - 04 방송)


## 제36절 발표만 믿었을 뿐, 우리는 잘못 없어


**1. 지역언론에서 한 주간 주로 다뤘던 사안, 어떤 내용입니까?**

☞ 첫째로, 국회에서 내년 예산을 다루는 기간이라서 그런지, 국비확보를 위한 지방신문의 관심이 높습니다. 그래서 광주시 시책

사업에 대해 졸속을 우려하는 보도가 있습니다. 즉, 전신주 지중화 사업에 예산 확보가 어려울 것이라는 보도가 있고요.

둘째로, 비리 관련 보도가 많이 있습니다. 선출직 단체장이나 지방의원들의 잇따른 부정과 비리, 그리고 국악계의 비리 등 비도적적 행태가 일어나고 있다는 보도입니다.

특히 박광태 시장과 관련해서는 뇌물 수수 시인과 관련해, 사퇴를 촉구하는 목소리가 많이 있습니다.

예를 들면, 광주일보, 29일자, 1면에 <책임자치 훼손, …주민피해로>라는 기사에서, 광주시민단체협의회의 시장직 사퇴 기자회견 소식을 사진과 함께 보도하고 있습니다.

그런데 일부 신문은 이런 사퇴촉구에 대한 목소리를 축소 보도하고 있습니다. 예를 들면, 광주타임스는 30일자에, <"박광태 시장 사퇴해야">라는 제목으로 단순 보도하고 있습니다.

셋째로, 정부종합청사 유치를 둘러싼 보도와 관련한 보도가 많았습니다.

우리 지역신문의 28일자부터 많은 보도가 이루어지고 있습니다.

광주타임스, 30일자 <사설 - 정부 입장부터 분명히 해야>라는 제목에서, 행정자치부가 원칙에 입각해서 부지에 관한 입장을 분명히 하라고 주장하고 있습니다.


**2. 정부종합청사 유치를 둘러싼 보도와 관련해 일부 언론이 사실 확인 없이 광주시 발표를 1면 톱으로 썼다가 다음 날 수정하는 등 문제가 많았죠?**

☞ 네, 광주에 정부합동청사가 건립되는 것이 확정된 사실인 양

보도한 신문도 있었습니다. 대표적인 신문이 광주타임스와 전남매일이라고 할 수 있는데요.

예를 들면, 광주타임스, 28일자 1면에 <광주전남 소재 정부합동청사, 광주첨단에 짓는다>라는 제목으로, 확정되지도 않은 내용을 구체적인 장소까지 제목에 배치하면서, 확정사실인 양 보도하고 있습니다.

전남매일도, 28일자 1면에, <"광주에 정부합동청사 건립">이라는 제목으로 뽑고, 소제목으로 <정부, 광주시 '이전반대 존치건의' 수용>이라는 제목을 배치해서, 정부가 광주시의 건의를 완전히 수용한 것처럼 보도하고 있습니다.

비록 전남매일의 경우에, 따옴표(" ")를 붙이긴 했지만, 사실 확인절차 없이 일방적인 광주시의 주장을 그대로 대변하는 경우라고 볼 수 있습니다.

다음으로, 이들 신문의 보도 후에, 이튿날인 29일자의 보도를 보면, 광주타임스는 <"합동청사 갈등" 정부가 제공>이라는 제목을 뽑고, "광주시와 나주시가 대결국면으로 접어든 가운데, 행정자치부의 '일방통행식' 정책결정에 비난이 일고 있다."면서, '광주시의 정보력 부재와 탁상행정'도 꼬집고 있습니다.

광주타임스가 28일 사실 확인 없이 보도한 것을, 광주시의 정보력 부재에서 찾고 있는 것을 볼 수 있습니다.

또, 나주시장의 주장을 따서, "광주 존치 사실 아니다."(1면 하단에)라고 보도하면서, 전날의 사실 확인 없이 보도한 것을 슬쩍 넘어가고 있는데, 이건 책임 있는 언론사의 보도 태도라고는 할 수 없습니다.

전남매일도, 29일자 1면에 <광주전남 막 가는 공방전>이라는 기사를 배치해 놓고, 전날 전남매일이 사실 확인 없이 보도한 내용을 행정자치부의 탓이나, 시·도 간의 갈등으로 묘사하며 넘어가고 있습니다.

기사내용에서 "광주시와 전남도 간의 갈등이 걷잡을 수 없다.", 그리고 "행정자치부가 오락가락 졸속행정으로 시도 간 갈등을 조장하고 있다."라는 보도를 하고 있는데, 시도 간의 갈등을 내세우며 넘어가고 있어요.

사실을 보도하는 것은 언론의 생명이라고 할 수 있습니다. 1면 톱으로 썼던 기사를 다음 날 수정하면서, 자신들의 잘못을 하나도 시인하지 않는 것은 언론의 무책임한 자세라고 볼 수 있습니다. 언론의 책임 있는 자세가 필요합니다.

### 3. 박광태 시장과 뇌물 수수 시인, 그리고 여러 가지 행보와 관련한 언론 보도도 문제로 지적되고 있죠?

☞ 네, 권력을 감시해야 할 언론사의 자체 목소리가 별로 없고요. 시민단체가 박 시장의 '사퇴'를 요구하고 있는데, 이것도 축소 보도하거나 단순 전달하는 데 그치고 있습니다. 그리고 오히려 박 시장이 사퇴하면, '시정(市政) 공백'이 있을 것이라는 주장을 하고 있는 신문도 있습니다. 박 시장을 두둔하는 듯한 보도라고 볼 수 있는데요.

예를 들면, 전남매일, 27일자에 <광주시정 공백 '비상'>이라는 제목에서, "광주시정에 커다란 공백을 가져올 것으로 예상된다."면서, "시장이 전면에 나서야 하는 업무들은 당분간 매끄럽게 진행되지 못할 것"이라는 보도를 하고 있습니다.

시장의 '사퇴' 쪽보다는 '공백'을 걱정하는 보도를 함으로써, 시민단체의 주장은 축소하고 박 시장의 편을 드는 듯한 인상을 주고 있습니다.

광주타임스, 30일자, <사설 - 박광태 시장에 대한 퇴진 요구>라는 제목에서, 광주시정의 혼란이 있을 수 있음을 주장하고 있습니다.

이처럼, 박 시장의 사퇴보다는 오히려 시정공백을 우려하고 있는 보도형태를 볼 수 있습니다.

그런데 이런 언론사의 보도행태 이면에는, 박 시장이 언론사 간부들을 '접대'한 것과 무관하지 않다는 지적입니다.

박 시장이 대검찰청 중앙수사부에서 조사를 마치고 광주에 온 것은 지난 24일이었는데요. 이날 저녁 6시 30분께부터 밤 10시까지 광주의 모 음식점에서 지역언론사 보도·편집국장들을 초청해 폭탄주를 곁들인 저녁식사 자리를 가졌다는 겁니다. 이 지역신문·방송사의 보도 및 편집국장 9명이 자리를 함께하면서 이뤄졌다는데요. 일부는 2차 술자리로 이어지기도 했다고 합니다. 일종의 향응이 베풀어진 셈인데요.

이런 향응접대가 보도논조에 어떠한 영향을 주었는지는 몰라도, 일부 언론은 직접 '박 시장 사퇴'를 주장하지 않고 있고요, 단순히 '도덕적인 불감증'이나 '추상적인 비리'라는 주장만을 하고 있습니다.

### 4. 국악계 관련 보도형태는?

☞ 광주·전남지역 국악계는 국악인 조상현 씨가 구속됐다 보석으로 풀려난 데 이어서, 국악공연 정부지원금 수억 원을 횡령한 대한전통예술보존회 회장 양 모(74) 씨에 대해 업무상 횡령 혐의로 구속영장을 신청했고, 또 양 씨의 부인 성 모(69·광주시립국극단장) 씨도 배임수재 혐의로 사전 구속영장이 신청된 상태인데요.

국악경연대회의 심사위원을 둘러싼 로비와 사례금 지급은 '관행'

이나 '관례'라는 이름으로 공공연히 이뤄져 왔다는 것입니다. 언론에서 이런 '관행'에 대한 구체적인 보도가 이루어지지 않고 있는 것을 볼 수 있습니다.

국악계 내부의 목소리를 담아서, 보도하고 있는 것을 볼 수 있고요. 이런 보도도 거의 단순보도로 일관하고 있습니다.

예를 들어 제목만 보면, 광주일보, 30일자, <광주, 전남 국악계 잇따른 비리 자성 목소리>, 전남매일, 31일자, <국악보존회 이사장 구속영장>, 광주타임스, 30일자, <정부 지원금 횡령 국악인 영장>, 광주매일, 31일자, <국악공연 정부 지원금 3억 8천여만 원 횡령> 등에서 볼 수 있듯이, 관행이나 관례로 이루어지고 있었다면서, 구체적인 비리에 대해서 심층보도가 없습니다.

비리에 대한 연결고리를 끊을 수 있는 시스템의 마련이 중요한데요. 차제에 언론의 심층보도를 기대합니다.

(2003 - 10 - 31 방송)


## 제37절 도정질의 파행, 일단 부추겨 보자


**1. 이번 한 주간 지역언론계에서 주로 다뤘던 사안이라면, 어떤 내용입니까?**

☞ 첫째로, 정부 특별기관 합동청사 신축을 둘러싼 광주시와 나주시 간의 갈등이 위생매립장 갈등으로 번질 우려가 있다는 보도입니다.

예를 들면, 광주타임스, 12일자, <합동청사 갈등 엉뚱한 방향으

로 전개>라는 기사인데요. 언론이 지역 간 갈등을 부채질하지 않도록 해야 하고, 갈등 조정노력이 있어야 할 것입니다.

둘째로, 정부가 최근 광주시 전 지역을 투기과열지구로 지정했는데요. 이와 관련된 보도가 많습니다.

광주지역 아파트 값이 크게 변동이 없고 거래조차 뜸한데, 정부가 이런 지역의 현실을 무시했다고 지적하고 있습니다. 그래서 광주시가 빠른 시일 내에, 시에 대한 투기과열지구 지정을 해제해주도록 건설교통부에 건의키로 했다고 하는데요. 언론에서는 지구지정 해제에 대한 합리적이고 구체적인 근거로 심층 보도하면 좋겠습니다.

셋째로, 전북 부안의 핵 폐기장(방폐장, 원전센터) 건설 계획을 원점에서 재검토하기로 했다는 보도와 함께 영광, 장흥이 또다시 술렁이고 있다는 보도를 하고 있습니다.

예를 들면, 호남신문 11일자, 1면에 <영광 장흥 또다시 술렁>이라는 제목을 배치하고 있는데요. 앞으로 언론에서 갈등을 부추기는 보도 태도는 자제하고, 주민들의 의사를 충분히 수렴하는 역할을 해야 할 것입니다.

## 2. 도의회 도정질의 파행과 관련한 지역언론 보도 태도는 어떻습니까?

☞ 지난 8일 전남도의회가 민주당과 열린우리당 의원들 간의 세(勢)싸움으로 도정질의가 무산되었는데요. 민주당 소속이던 이윤석 의장의 당적 변경으로, 민주당 의원들이 전원 퇴장하는 바람에 정족수 미달로 회의가 열리지 못했습니다.

그래서 우리 지역신문들은 제목에 '파행', '고성' 등의 용어를 배치하면서, 제목을 뽑고 있습니다.

예를 들면, 광주매일, 9일자, 1면 <도의회 파행 '지방자치 멍든다'>, 전남일보, 9일자, 1면 <전남도의회 파행운영 '비난' – 의장 당적변경 싸고 의원끼리 고성 도정 질문 무산>, 무등일보, 9일자, <도의회 막말 오가며 파행>, 광주타임스, 9일자, <고성·집탄 퇴장… 국회 축소판> 등을 배치하고 있습니다.

이렇게 언론에서 전남도의회 의장의 당적변경 문제, 개인문제, 또 특정정당(민주당) 내의 문제에 초점을 맞추고 있을 뿐입니다. 도의회가 '파행'으로 나타날 주민들의 피해, 그리고 지방의회가 중앙정치에 종속되어 있는 문제점 등은 제대로 전달하지 못하고 있습니다.

이번 회의는 도정 전반에 관한 질문을 벌이기로 하고, 의사 일정도 이와 관련해서 짜여 있기 때문에, 올해와 새해의 전남도정 전반을 점검하는 중요한 의미가 있습니다. 그런데 언론에서 도의회 안건 내용이나 의사일정에 따른 보도를 등한시하고, 의원들 간의 갈등에만 비중을 두고 보도하고 있습니다. 언론의 전형적인 '갈등 부추기기'라고 볼 수 있습니다.

언론에서는 개별의원에 대한 정책감시와 발언내용, 그리고 집행부의 답벼 등을 지속적으로 보도해야 할 것입니다. 갈등이나 파행을 부각하기보다는, 의원들이 제기한 정책대안들과 지적사항들도 차분하게 보도하길 기대합니다.


3. 총선을 앞두고 출마를 선언하는 후보자들을 다루는 지역신문이 입맛에 맞는 후보를 키우고, 무명 후보는 전혀 거론 않는 등 보도에 문제가 있는 것 같은데요?

☞ 그렇습니다.

내년 4·15총선이 4개월 앞으로 다가왔기 때문에, 출마를 선언한 후보자는 물론 언론들도 관심을 갖고 보도하고 있습니다. 특히 내년 총선에서는 30~40대 정치신인들의 출마가 많을 것 같은데요. 신문에서는 특정 후보들을 중심으로 보도를 하고 있습니다.

현행 선거법은 현역 정치인에게만 의정보고회 등 무제한 정치활동을 허용하고 있어서, 정치신인들은 가장 고전적인 출판기념회에서 각종 강연, 무료 변론, 지역신문 기고 등을 통해서, 자신들을 알리고 있습니다. 그런데 신문들이 자사의 판단에 따라, 특정 후보들을 키우고 있다는 지적도 있습니다. 또, 지역별 출마 인사를 보도하면서도, 특정인에게 초점을 맞추는 경우도 있습니다.

예를 들면, 호남신문, 10일자, <17대 총선, 나주시 - 최인기 씨 출마여부 '태풍의 눈'>이라는 제목에서, 특정인에 대한 동정을 중심으로 기사를 다루고 있고요.

12일자는, <17대 총선, 담양·장성 - 김효석·국창근 '간판' 격돌>이라는 제목에서, '재선'과 '재입성'이라는 맞대결이 팽팽하다는 보도를 하고 있습니다.

그래서 특정 유력 후보를 중심으로 보도하고 있는 것을 볼 수 있고요.

일부 신문은 무명후보들은 단순 처리하거나, 아예 거론하지 않는 경우도 있습니다.

언론의 공정하고 객관적인 보도를 기대합니다.

## 4. 수능 정시 모집 등 수능 관련 기사에서 지역 대학을 서열화 하는 등, 수능 보도도 문제가 있죠?

☞ 그동안 대학별 지원가능점수표 보도가 비교육적이고 대학서

열화를 조장한다는 지적을 받아 왔고요. 또 대학별·모집단위별 수능성적 반영방식이 다양해져서 실제로 수능점수의 일률적인 기준표가 절대적이지는 않은데요.

우리 지역신문에서는 지난 3일을 전후로 대부분의 신문에서, 지역 주요대학 지원 '배치기준표'를 실었습니다. 그 이후에도 계속해서 올해 정시모집에서 전남대 의예과는 몇 점 정도면 되고, 또 동신대 한의예과는 어느 정도가 되어야 한다며, 특정대학과 학과를 지칭하며, 점수대를 나열하고 있습니다.

그러면서 대학 간의 '서열화'를 계속 부추기고 있습니다.

예를 들면, 광주일보, 10일자, 9면에서는 <360~370점대 지방 의예·한의예과, 320~360 점대 국립대 상위원 학과>라는 제목으로, 수능을 중심으로 점수를 예시하고 있습니다. 그리고 의예과 한의예과 등 의사가 되는 것이 모든 수험생들의 목표인 양 보도하는 것도 문제입니다.

결국 언론에서 '학벌지상주의'를 조장하고 있고, 반면에 학생의 다양한 개성과 특성을 무시한다는 비판을 면하지 못할 것입니다.

한편, 현재 대학 입시철인데요. 대학을 소개하는 기사들이 많이 있습니다.

예를 들면, 광주매일은 기획 면에서 '우수 대학 탐방'이라는 제목으로 보도를 하고 있습니다.

광주매일, 11일자, <"세계 일류대학으로 발돋움할 터">, <젊은 인재들의 열린 요람>이라는 제목으로 특정대학의 사진, 총장인터뷰 등을 크게 다루면서 특정대학을 소개하고 있고요.

광주매일, 10일자, <개성을 중시하는 창조적 인재 양성>이라는 제목에서도, 특정대학을 소개하고 있습니다.

또, 무등일보, 12일자, <21세기 상아탑을 가다>라는 기사도, 특정대학을 소개하고 있습니다.

이런 기사들은 대학 지원자들에게 대학의 정보를 제공한다는 측면에서, 긍정적인 측면이 일정 정도 있습니다.

그런데 경우에 따라서는 대학의 정보를 제공하는 기사인지, 대학을 홍보하는 기사인지 구별이 애매한 경우가 있습니다. 특히 최근의 일부 보도는 특정 대학의 홍보지를 방불케 하는 경우도 있습니다. 어떤 신문의 경우에는 특정 대학광고가 크게 나가고, 아주 밀접한 시간대에 관련 대학의 홍보성 기사가 보도되는 경우가 있습니다.

### 5. 보도방 도우미 관련 기사에서 각 신문이 여성들을 범죄자로 모는 듯한 태도를 보이고, 기사 내용도 제각각이었는데요, 어떻습니까?

☞ 사실에 근거해야 할 언론이 팩트(fact) 자체가 신문 간에 차이를 보이고 있습니다.

그리고 일부 신문은 "요즘 다른 부인들도 노래방 도우미로 활동하며 생활비 정도는 거뜬히 벌어 온다."는 남편의 말을 여과 없이 기사로 처리해서, 노래방 도우미로 나서는 여성들이 많은 것처럼 보도하고 있습니다.

또, 기사 제목도 거의 '남편에게 영장을 청구했다.'는 것을 비롯해서, '남편은 손님이고, 아내는 노래방 도우미'였다는 제목 등에 이르기까지, 사회면에서 다루는 범죄내용을 다루는 보도 태도가 매우 온정적으로 취급되고 있다는 인상이 듭니다.

예를 들면, 호남신문, 11일자, <아내 도우미 고용 '돈벌이', 불법 보도방 운영, 30대 영장>, 전남매일, 11일자, <남편 손님 … 아내 노래방 도우미>라는 제목에서, "아내가 일하는 인근 노래방에서 친구들과 술을 마신 뒤, 도우미를 불러 아내가 들어오자 아내(강씨)를 폭행한 것으로 확인됐다.”고 보도하고 있고요.

전남일보, 11일자, <노래방 나가라더니….>, 무등일보, 11일자, <‘도우미’ 부르자 아내가…>, 광주타임스, 11일자, <아내에 노래방 도우미 강요>라는 제목에서, 아내에게 노래방 도우미를 강요한 것에 초점을 맞추고 있습니다.

이렇게, 보도방 관련 기사의 내용에 차이를 보여서, 독자들의 혼란을 야기하고 있습니다. 그리고 여기서 형사상 문제는 남편에게 있거든요.

남편(정 모 씨)이 청소년 등 속칭 ‘여성 도우미’ 20여 명을 고용, 노래방에 알선해서, ‘직업안정법’ 등을 위반한 ‘범죄행위자’인데요.

초점을 ‘아내가 노래방 도우미로 등장한 것’에 맞추고, 너무 흥미 위주로 다루고 있고요. 비정한 남편이나 사건 뒤에 숨겨져 있는 생활고에 시달리는 사람들의 모습을 다루는 데에는 크게 미흡한 것 같습니다.

(2003 - 12 - 12 방송)

박동명

**▌약력**

법학박사
(전)광주전남 민주언론시민연합 의장
신문개혁국민행동 광주전남본부 집행위원장
언론개혁광주시민연대 신문방송위원장
대선미디어국민연대 광주전남본부 운영위원장
민주평화통일자문회의 자문위원
CBS광주방송 및 PBC광주평화방송 출연(미디어비평)
무등일보 칼럼 필진 및 편집자문위원
대통령직속 여성특별위원회 강사
법무부 인권옴부즈만
광주광역시청 근무
광주대학교 겸임교수
경원대학교 사회정책대학원 외래교수
(현) 서울특별시의회 입법조사관

**▌주요논문 및 저서**

<현대생활과 법률>
<여성과 법률> 외 다수

지역언론개혁의 현장, 그곳으로 출동한다!

# 언론개혁 어떻게 했나?

초판인쇄 | 2010년 1월 20일
초판발행 | 2010년 1월 20일

지은이 | 박동명
펴낸이 | 채송순
펴낸곳 | 한국학술정보㈜
주  소 | 경기도 파주시 교하읍 문발리 파주출판문화정보산업단지 513-5
전  화 | 031) 908-3181(대표)
팩  스 | 031) 908-3189
홈페이지 | http://www.kstudy.com
E-mail | 출판사업부  publish@kstudy.com

등  록 | 제일산-115호(2000. 6. 19)

ISBN  978-89-268-0746-0 03070 (Paper Book)
      978-89-268-0747-7 08070 (e-Book)

어담 는 한국학술정보(주)의 지식실용서 브랜드입니다.